中国煤炭业重组研究：

ZHONGGUOMEITANYECHONGZUYANJIU

产权交易与金融支持

CHANQUANJIAOYIYUJINRONGZHICHI

赵志华等　著

山西出版集团

山西人民出版社

图书在版编目(CIP)数据

中国煤炭业重组研究：产权交易与金融支持 / 赵志华编著.—太原：山西人民出版社,2011.7

ISBN 978-7-203-07331-4

Ⅰ.①中…　Ⅱ.①赵…　Ⅲ.①煤炭工业 – 工业企业 – 企业重组 – 研究 – 中国　Ⅳ.①F426.21

中国版本图书馆 CIP 数据核字(2011)第 111910 号

中国煤炭业重组研究：产权交易与金融支持

编　　著：赵志华
责任编辑：贺权
装帧设计：晋美文化
出 版 者：山西出版集团·山西人民出版社
地　　址：太原市建设南路 21 号
邮　　编：030012
发行营销：0351-4922220　4955996　4956039
　　　　　0351-4922127(传真)　4956038(邮购)
E–mail：　sxskcb@163.com　发行部
　　　　　sxskcb@126.com　总编室
网　　址：www.sxskcb.com
经 销 者：山西出版集团·山西人民出版社
承 印 者：山西荣博印业有限责任公司
开　　本：787mm×1092mm　　　　　1/16
印　　张：12.75
字　　数：350 千字
版　　次：2011 年 7 月　第 1 版
印　　次：2011 年 7 月　第 1 次印刷
书　　号：ISBN 978-7-203-07331-4
定　　价：33.00 元

《中国煤炭业重组研究：产权交易与金融支持》

课题主持人：赵志华

课题总协调：王小平

课题组组长：张中平

课题执笔人：张中平　褚　文　刘　巍　马　丽

　　　　　　李勇五　武宏波　张　杰　宋建伟

参与讨论人员：冀思阳　曹丽东　宁雪慧　扈照轼

　　　　　　郭　钢　谭　晋　杜　伟

编 辑 校 对：武宏波

前　　言

多年以来,中国人民银行太原中心支行围绕中央银行职能及中心工作,结合山西经济金融发展特点,长期跟踪研究辖区内煤炭金融领域的发展动态与趋势,形成了具有强烈地域特色和优势的研究领域。《中国煤炭业重组研究:产权交易和金融支持》就是近年来开展特色研究的重要成果。

当今世界经济的竞争是能源经济的竞争。煤炭作为重要的基础性能源,对人类社会、经济可持续发展具有举足轻重的作用。从世界煤炭工业发展现状来看,煤炭企业呈现出一种通过兼并重组,以形成经营集团化、生产规模化的发展特点。从中国的现实情况看,在未来较长时期内,煤炭资源仍将是推动我国工业化进程和经济增长的主要力量,但是目前的煤炭工业发展还面临着结构性矛盾突出、产业集中度低、市场竞争无序等问题。在煤炭企业重组方面,政府行政力量渗透与主导煤炭资源配置的现象仍然存在,并仍在不断地影响着企业发展目标和绩效。因此,在追求科学发展、以人为本、低碳经济的中国,煤炭业顺应国际发展潮流,加快企业重组已不仅仅是煤炭产业自身结构优化的内在要求,同时还关系着国家的能源、经济的安全;关系着全国人民的根本利益和子孙后代的福祉;关系着中国社会经济的全面、和谐、可持续发展。

本书的研究遵循社会主义市场经济发展规律,基于科学合理地解决煤炭业重组过程中政府、市场和企业的关系,对如何准确借鉴国内外煤炭企业重组经验,科学选择产业重组模式,充分发挥金融支持作用以及产权交易市场介入等问题进行了深入的探讨。主要的研究内容有:

第一,阐述了中国煤炭业兼并重组的本质及理论依据。重组的本质是企业产权的交易,是交易主体依据既定制度安排而进行的一种权利让渡行为。交易的动因源于规模经济、协同效应和交易费用的节约,而政府主导与市场调节相结合的资源配置模式是重要产业重组的主要方式。中国的现实条件,以及煤炭具有的产业特性和金融属性决定了我国煤炭业重组必须坚持科学发展,以人为本,政府推动和市场运作相结合,自主创新等原则,同时还要处理好市场与计划、政府与企业、实体产业与金融等重要关系。

第二,归纳和总结国国内外煤炭企业重组经验。通过对国际煤炭三大巨头美国皮博迪能源、德国鲁尔、澳大利亚必和必拓重组的经验说明,煤炭业重组是市场化发展的必然结果,市场在重组中发挥着主导作用,而政府的适当干预支持也是必不可少的,同时应注意产融的密切结合。通过探讨中国神华和兖矿两大集团的重组实践说明,政府的推动作用至关重要,应积极协调政企关系;同时也应坚持以市场为导向,充分利用资本市场的功能。

第三,探索了我国新一轮煤炭业重组模式,即"政府推动 + 市场导向"模式。在政府指导和市场导向的作用下,以资源为基础,企业为主体,金融为媒介,资本和产权为纽带,打破地域、行业和所有制界限,通过协议转让、联合重组、控股参股、收购兼并等多种形式,加快推进煤炭业重组,组建区域性、综合性煤炭企业集团;培育和发展一批具有核心竞争力的大型骨干企业和企业集团,形成合理的产业布局。政府仍然要参与重组,但应更多地进行宏观指导和推动。同时应注意进一步理顺煤炭企业产权,加强相关交易市场建设等问题。

第四,分析了金融在支持煤炭业重组中应该发挥资金支持功能、资源配置功能、中介协调等功能,并根据中国的宏观政策和环境,提出了金融支持的一些重要的创新工具和服务方式。

第五,通过对产权交易市场介入煤炭业重组的理论分析和实证分析,证明了中国煤炭业重组在不完全市场中遇到的困难,可以通过产权交易市场的介入而得到解决和改善;在正确处理政府与市场关系,发挥市场的基础性作用方面提供了创新思维和有效途径。

第六,探讨了山西省煤炭资源整合案例。通过问卷调查,对重组中的资源优化配置、煤矿安全生产、撤出资金流向、补偿标准、金融支持等热点问题进行了分析。

本书利用丰富翔实的数据资料,采用定性与定量相结合、规范与实证相结合的方法,通过严密的逻辑论证,以重组理论为研究起点,通过总结社会主义市场经济条件下煤炭业重组的指导原则,进一步丰富、拓展和完善了重组理论体系,为我国重组(特别是能源产业的重组)构建了崭新的理论框架;通过考察国内外煤炭业重组历程和现状,为我国科学选择煤炭业重组模式提供了可资借鉴的先进经验;通过定量分析我国煤炭业重组的产业效应和市场效应,为政策的制定和执行提供了客观的经验证据;通过探索我国煤炭业重组目标模式及其实现路径,为新一轮的煤炭业重组提供了完整的思路和可行的对策；通过提出有针对性的金融支持要点，为我国金融支持煤炭业重组提供了明确的方向、系统的对策和操作性强的工具；系统性地构建了产权交易市场介入煤炭业重组的理论体系，并以创新的思维和视角提出了产权交易市场介入煤炭业重组的战略思路和路径选择；通过阐述和剖析山西本次煤炭业重组案例，为今后煤炭业重组的顺利推动提供了清晰的参考范式与合理的参考依据。因此，本书的研究成果对于我国煤炭业顺利重组，煤炭产业竞争力增强，节能减排工作落实具有重要的战略指导意义，必将对我国转换能源产业布局，促进经济社会可持续发展产生积极而深远的影响。

目　录

第一章 导 论

2

第一章 导 论

一、选题背景

煤炭问题一直是我国经济发展和能源安全的焦点问题。尽管多年来,我国能源结构已发生很大变化,但以煤炭为主的能源供应格局在未来较长时期内是不会改变的。在《中国可持续能源发展战略》研究报告中,20多位院士一致认为,到2010年煤炭在一次性能源生产和消费中将占60%左右;到2050年,煤炭所占比例不会低于50%。可以预见,煤炭产业在国民经济中的基础地位是稳固的,煤炭资源将是长期推动我国工业化进程和经济增长的主要力量。

煤炭业重组是当前世界煤炭工业发展的重要特点。一方面战略性重组趋势明显。澳大利亚、美国、加拿大及南非等国的煤炭企业逐渐重组为几家大型跨国公司,控制世界80%的煤炭出口量,汹涌澎湃的兼并重组浪潮必将引领世界煤炭产业组织走向寡头竞争。另一方面通过重组,生产趋向集中化、大型化。产业集中度的提高使得世界主要产煤国家生产效率逐渐提高,生产成本逐渐降低,市场竞争能力逐渐增强,市场份额逐渐增大,从而导致煤炭企业大型化。此外,重组使得煤炭资源利用趋向综合化。由于经营范围和规模经济的形成,煤电一体化、煤化一体化、煤路港航一体化、煤炭的深加工、煤炭的综合利用等联合生产经营与综合利用已成为国际化大型能源企业的发展趋势。

中国煤炭业重组不仅是顺应世界发展潮流的必然,也是我国煤炭业发展的必经之路,对我国经济的全面、协调、可持续发展有着重要的现实意义。虽然经过多年的重组和发展,我国已基本建成了比较完整的、有一定现代化水平的煤炭产业体系。但煤炭产业总体看还是粗放型的,目前仍面临着结构性矛盾突出、产业集中度低、市场竞争无序、安全状况差、资源和生态环境代价畸高等许多不容忽视的困难和问题。在追求科学发展、以人为本、生态经济的今天,这样的煤炭业发展模式已经对我国煤炭业甚至社会经济整体可持续发展形成严重的制约,已经难以为继。国际市场日趋激烈的竞争和中国经济的快速增长,都对我国煤炭产业提出了更高要求,现有的产业、资源和生态格局,决定了我国煤炭业在保持市场竞争的同时,必须顺应经营集团化、生产规模化的潮流,提高产业集中度,加快煤炭企业产业重组步伐。

　　在 2009 年哥本哈根会议上,降低碳排放成为关注的焦点,发展低碳经济成为世界各国的共识。本次会议上中国政府郑重承诺,到 2020 年我国单位 GDP 二氧化碳排放比 2005 年下降 40%——45%。由于在温室气体排放方面,单位热量燃煤引起的二氧化碳排放,比使用石油、天然气高出约 36% 和 61%,单位热量燃煤引起的传统污染物排放则更高。因此对以煤炭为主体能源的我国来说,完成减排的任务十分艰巨。通过煤炭业重组,发展洁净煤技术,延长煤炭产业链,将成为我国降低碳排放、发展低碳经济、迎接绿色革命的重要途径。

　　对于煤炭企业重组的目的不仅是要提高企业的综合竞争力,实现产权配置的高效和活力,满足经济可持续发展中的能源需求,而且还要营造一个国有与非国有成分动态平衡、同台竞争的市场环境,尽量规避由行业垄断带来的低效率。然而,当前中国煤炭业重组的现实是:政府行政力量渗透并主导了煤炭资源配置的整个过程,影响了煤炭业重组的目标和绩效。因此,如何准确地把握政府、市场和企业在兼并重组的角色定位就成为一个非常重要的研究课题。而产权交易所介入与加大金融支持就成为较好选择。

　　金融在市场经济中居于核心地位,它一方面依靠资金形成与价格发现机制,按照资金运用的风险与收益均衡原则,通过投融资行为促进资金的加速形成和有效利用;另一方面借助信用协调和风险防范机制,减少信息不对称、降低交易成本,通过中介服务来确保重组得以顺利进行,而金融支持的关键点在于如何为重组提供高效的融资便利、创新的金融工具、丰富的咨询服务和完善的交易市场。

　　产权交易市场是在本质上提供了一个以市场化运作、专业化管理为基础的市场平台。产权交易市场善于"发现投资人,发现价格",以多种方式竞价撮合,能够合理充分地发挥市场的资源配置功能。更为重要的是,产权交易市场在规范国有产权转让,保障国有资产保值增值、盘活存量资产,引导资源重组和优化配置、合理调整产业结构等方面积累了丰富经验,而且在信息聚散、价格发现、中介服务方面具备了比较优势。可以说,把产权交易市场机制引入煤炭业重组,对于提高重组过程的市场化程度将具有重要意义。

　　2008 年山西煤炭资源整合拉开了新一轮煤炭业重组序幕,也为我们提供了一个研究案例。有人说:"煤炭是中国能源的缩影,山西煤炭是中国煤炭的缩影;读懂了煤炭就读懂了中国能源,读懂了山西煤炭就读懂了中国煤炭。"煤炭业重组是一个系统工程,关于重组的原则与模式,理论中还在争论,实践中还在探索。山西本次重组在得到广泛关注的同时,也引发了深度思考。2010 年 10

月,国务院制定和下发的《关于加快推进煤矿企业兼并重组的若干意见》,可以预计,更大规模、更大范围内的我国煤炭业重组即将拉开序幕。

本书高度关注并试图解决现阶段社会主义市场经济条件下如何客观理解产业发展和运行规律,如何科学选择产业重组模式,如何准确借鉴国内外有关的重组经验,如何正确界定政府和市场作用的边界,如何充分发挥金融在重组中的作用等问题。这些问题的解决具有重要的理论意义和实践价值,必将有效补充和丰富我国社会主义重组理论体系,也必将有力地指导和推动我国未来的煤炭业重组实践活动。

二、研究框架

本书遵循了"从分析基本理论到发现实际问题、从历史经验借鉴到现实路径选择、从抽象模式归纳到具体案例分析"的逻辑思路。全文共分为七个部分:第一部分为导论,对研究的选题背景进行了阐述,对研究的基本思路进行了确定,对研究的总体框架进行了构建,对研究的主要方法进行了介绍,对研究的重点创新进行了归纳。第二部分为煤炭业重组的理论分析。该部分逐层递进地深入剖析了重组的理论内涵、煤炭业重组的内在动因和当前我国煤炭业重组的相关理论,在此基础上归纳出我国煤炭业重组的基本原则。本部分是全文研究的理论起点和依托,为后续研究提供了指导思想。第三部分是国内外煤炭业重组的实践分析。分别从国际和国内两个层面考察了煤炭业重组的历程和发展现状,并选取典型案例进行分析。第四部分则探讨了我国煤炭业重组应选择的、符合社会主义市场经济原则的模式及其实现路径,此外还提出了既非常重要、又尚未解决的若干重组相关问题;第五部分结合国家经济金融政策环境,有针对性地指出金融支持我国煤炭业重组的着力点。第六部分根据煤炭业重组中政府、市场和企业的关系,探讨了产权交易市场介入重组的理论依据和创新路径。这是对以前研究的延续和结果,又为接下来山西煤炭业重组案例分析提供了明确的依据与合理的框架。第七部分以山西煤炭业重组为案例,在全面揭示重组背景、客观反映重组进程、准确归纳重组特点的同时,列举了本次重组的关键数据资料以及热点问题的调查结果,并就这些问题提出了相应的看法。最后一部分是附录,主要包括了煤炭业并购重组政策法规的摘要。本部分的作用在于为文中主体章节研究过程和结论提供相应支持与佐证。

三、研究方法

（一）定性分析与定量分析相结合

定性分析和定量分析都是非常重要的方法，在具体运用中应相辅相成。一方面定性分析是定量分析的前提和目的，许多定量分析就是定性分析所得到结论的定量化，定性分析往往能减少定量分析的复杂性；另一方面，要想从总体上获得最优结果，只有尽力将问题函数的各个变量关系数量化，在适当的地方用抽象数字表述形象问题。

煤炭业重组是一个综合系统，涉及的因素很多，相互联系纷繁复杂。面对如此庞大而复杂的问题，要想从总体上获得最优化结果，只有尽力将系统各方面的关系数字化。但与此同时，煤炭产业组织研究中的许多因素或指标还不能精确量化，而定性分析往往能更有效地简化分析和提供有益思路。本书中的第二章在分析我国煤炭业整合重组必要性和可行性的基础上，结合现阶段煤炭业重组特殊的历史起点、特殊的产权制度基础以及特殊的法制环境，定性归纳出我国煤炭业重组应遵循的原则和必须处理好的几种关系。

（二）实证分析和规范分析相结合

实证研究就是综合运用统计、归纳和调研等各种手段和方法，对相关理论和假设进行验证，并最终通过实际结果对这些结论的真伪进行辨别，而不是进行主观评判。如课题中山西案例分析部分就是通过实际的数据、事例来真实客观地反映山西此次煤炭业重组的情况。

规范分析是研究经济活动"应该是怎样的"，也就是说在研究分析过程中，其得出的有关判断或结论是以一定主观价值标准为前提的。如本书中对中国煤炭业重组的目标模式及其实现路径进行探讨就运用了方法。

（三）历史总结和现实分析相结合

重组的一个重要特征就是具有很强的实践操作性，因此要探索出一套行之有效的重组模式，必须对煤炭产业的发展进行历史考察，在大量事实和数据的基础上进行分析，找出各种数据和变量的历史逻辑关系及煤炭产业经济发展变化规律，用来指导现实。

但每次煤炭业重组都有其特殊的时代背景和外部环境，不能照搬历史经验，要透过不断发展变化的现实状况，认识当前背景下出现的新问题，以史为鉴、立足现实，确立发展的、动态的重组思路。本书客观分析了我国煤炭产业的现状，在把握社会主义市场经济内在运行规律的前提下，总结了当前需要解决的几个重要问题及其方案。

(四)静态研究和动态研究相结合

静态研究是指考查研究对象在某一时点上构成事物整体的个体现象和规律,该方法对于把握某一问题在某一阶段的状态有着重要的意义,课题在归纳重组内在动因及煤炭业特殊性时就运用了该方法。

虽然通常意义上认为静态分析是动态分析的起点和基础,但对中国煤炭产业重组的研究更要着眼于动态分析,所以动态分析是本书研究的主要方法。动态分析主要用于研究煤炭业组织随着时间的推移所显示出的各种演进规律,特别是中国煤炭业所处的外部环境、内在的运行机制、具体的运作模式等规律性问题。课题立足当今国际、国内煤炭业发展现状,明确中国煤炭业存在的现实条件,同时把握其未来发展和变化趋势,使研究既符合经济发展实际,又具有前瞻性和战略性。

(五)理论剖析和政策考量相结合

成功的重组离不开正确理论的指导,但理论体系不是一成不变的,需要随着经济环境的变化而不断地完善、更新和升华。本书将重组基础理论同煤炭业特殊属性有机结合,深入剖析了我国煤炭业重组应遵循的指导原则。

由于我国的特殊国情以及煤炭业在国民经济中的重要地位,重组同时具有很强的政策性,本文在提出相应模式的同时还对相关政策进行了考量,从中发现需要关注和解决的问题,从而提高了研究的有效性和实践指导性。

四、主要创新

1.在深入分析煤炭业的特殊性和重组内在动因基础上,结合现阶段我国煤炭业整合、重组的必要性和可行性,全面构建了包括我国煤炭业重组核心内容、现阶段煤炭业重组特殊性、重组指导原则、必须正确处理好的几个重要关系以及金融支持等在内的我国煤炭业重组理论框架。这不仅厘清了理论要素之间的关系,完善了社会主义市场经济条件下的重组理论体系;而且对煤炭业整合重组形成了现实而有力的指导。

2.对国际和国内煤炭业的重组历程、发展的现状和趋势进行考察,从国内外不同的社会环境、经济体制等视角系统地总结了大型煤炭企业集团重组的经验;同时找出目前我国煤炭业重组存在的差距和问题,为我国煤炭业确定重组模式、选择变迁路径提供了良好的经验、清晰的思路和坚实的基础。

3.构建了我国新一轮煤炭业重组中"政府推动＋市场导向"的目标模式，从企业、金融、资本、产权、所有制、区域经济以及交易途径等方面，以系统优化的视角提出了重组模式的实现路径与需要继续解决的问题，一方面进一步补充和丰富了我国煤炭业重组的理论体系，另一方面在抽象理论研究与具体对策探讨之间搭建了联系纽带，增强了理论对现实的解释力与应用性。

4.从金融的资金支持、资源配置、中介协调、价格发现等功能出发，对我国煤炭业重组过程中产生的金融相关问题进行了较为系统的回答，指出金融应基于供给资金、创新产品、提供服务、完善市场等角度对重组形成支持和导向，既形成了对我国煤炭业重组理论体系的有益补充，又丰富和扩大了我国煤炭业重组目标模式的内涵和外延，而且为我国金融业支持经济发展和产业调整提供了崭新的思路。

5.系统性地构建了产权交易市场介入煤炭业重组的理论体系；从案例分析的角度研究了目前煤炭业重组的功能缺陷；以创新的思维和视角提出了产权交易市场介入煤炭业重组的战略思路和路径选择。

第二章 煤炭业重组的理论阐述

第二章 煤炭业重组的理论阐述

一、重组的理论内涵

(一)重组的本质

重组分为狭义和广义,狭义重组是指对相关主体既存的各类资源要素,运用经济、行政、法律手段进行分拆、整合及内部优化组合的过程。广义重组是指主体之间依照市场规律通过产权流动和整合带来的企业组织形式调整。更具体地说,它是通过相关主体联合、合并、兼并、收购、破产、承包以及租赁等进行的产业或企业组织的优化与再造。[①]并购是兼并与收购的合称,可解释为一家企业以一定的代价和成本(如现金、股权等)来取得另外一家或几家独立企业的经营控制权和全部或部分资产所有权的行为。从上述定义可知,并购包含于重组,是重组的一种常见的、重要的形式。

重组的本质在于产权运动过程中,各权利主体依据既定制度安排进行的一种权利让渡行为;完善的产权市场为重组提供了一种组织化、制度化环境,能够在更大范围内实现生产要素优化配置。虽然重组只改变资源要素在不同产业或企业的分布,并不增加社会资源总量,但重组涉及实业资本、金融资本、产权资本和无形资本的重新整合,而不是资产的简单叠加。因此符合经济发展客观规律的重组能够提高资源要素的配置效率。

(二)重组的内在动因

假设相同产品市场中有若干个生产者参与,各自的单位平均成本不同且对于产量富有弹性,厂商个体的单位平均成本为 C_i,产品价格为 P,市场所有生产总量为

$$Qn = \sum_{1}^{n} Qi$$

按照利润最大化原则对单个厂商利润函数 $\theta i = PQi - CiQi$ 求 Qi 的一阶偏导,得出等式(1)

$$\partial \theta i / \partial Qi = P - Ci - Qi \partial Ci / \partial Qi$$

按照厂商利润最大化的约束条件(一阶偏导为零),得出等式(2)

$$P - Ci = Qi \partial Ci / \partial Qi$$

注:本章执笔人:李勇五,课题组全体成员参与讨论。

[①]本课题的研究对象以广义重组为主。

公式两边同时乘以 Qi/Qn，并除以 Ci，得出等式（3）

$$\frac{(P-Ci)Qi}{QnCi} = \frac{\partial Ci/Ci}{\partial Qi/Qi} * \frac{Qi}{Qn}$$

其中 Qi/Qn 为厂商的市场份额,表示为 Hi; $\dfrac{\partial Ci/Ci}{\partial Qi/Qi}$ 为产品单位平均成本对产量的弹性,表示为 Ecq ; $(P-Ci)Qi$ 为厂商的个体利润,表示为 Ri,对等式（3）左右两边取绝对值,得到等式（4）

$$\frac{|Ri|}{|Qn||Ci|} = |Ecq||Hi|$$

由等式（4）可知,在市场整体产量既定的前提下,厂商市场份额与利润成正比,与单位平均成本成反比;利润与产品的成本产量弹性成正比。对于厂商而言,必须尽力提高市场份额（产量）,才能获得更多利润,特别是对于产品成本产量弹性较大的厂商更应如此。厂商如果要在所处产业中获得竞争优势,必须扩大市场份额,这样产品的成本产量弹性越大,厂商扩大市场份额（产量）的动机就越强,通过重组扩大规模、提高份额就是一条比较理想的途径。而平均成本较高厂商的市场份额将不断下降,很可能成为重组对象。

上述分析表明,重组是市场经济发展中的必然现象和客观规律,其发生具有一定的内在动因,相关主体会从规模经济、协同效应与交易费用节约等角度出发进行重组。

1.规模经济

规模经济指在一定科技水平下生产能力扩大使长期平均成本下降的趋势,包括规模内部经济和规模外部经济。规模内部经济是指当一种产品的单位成本取决于厂商的生产能力时,企业可以通过重组对生产要素进行补充和调整,使其达到最佳规模的要求。于是厂商的规模越大,产品的单位成本就越低,规模经济效应就越明显。规模外部经济是指由于整个产业规模变化而使产业内个体企业的收益增加。在其他条件相同的情况下,产业规模的集中会导致该产业及其辅助部门在同一或几个地点大规模高度集中,产业相关经济活动在空间上的积聚将产生外部聚焦效应,不仅能扩大影响,吸引外界注意;而且可以增强产业整体凝聚力和竞争力,使其在产业间的谈判中具有更强谈判力和更多话语权。从而引起规模收益递增。产生了较小规模无法带来的经济效率。

2.协同效应

协同效应经常被表述为“1+1>2”,是指两个以上的企业进行重组整合以后,新企业总体运营效率高于重组前单独经营主体运营效率之和的效应。协同效应主要表现为以下三种形式:管理协同、财务协同、经营协同。管理协同是指如果存在两个管理效率不同的企业,特别是一个企业拥有高效率的管理团队,管理能力又有"外溢",那么其重组管理效率低下的企业,能大幅度提高重组后的整体管理效率;管理协同源于低效率公司的非管理组织成本与高效率公司过剩的管理成本之间的有机组合。财务协同是指由于重组各主体的整合而带来的内部财务资源配置效率的提高;这一方面是因为企业可以将高市场份额而低市场成长性的部门所产生或占用的资金再投资于高市场成长而低市场份额部门,以实现内部资金流转和运用的高效率、低成本;另一方面是因为税法、会计处理原则及证券交易等相关规范作用而产生的财务筹划机会。经营协同主要是指重组为企业生产经营活动带来的效率提高及其产生的积极效应;如双方在研发、技术以及销售能力等方面存在的互补性可以大大提高重组后主体的经营能力。

3.交易费用节约

企业与市场是不同的交易机制,市场机制以价格信号配置资源,企业机制以行政手段配置资源。资源配置可以在价格信息引导下进行,但这种方式需要支付成本,因此通过一个组织并让某种权力(企业家)来支配资源,就可以节省部分市场费用,这就是交易费用理论的依据,也是企业存在的理由。当市场交易费用高于企业内部交易费用时,为减少交易费用,企业可以"内化"市场交易,从而企业比市场更有效率。交易费用理论对解释重组动因的作用在于:假定市场存在有限理性、投机动机、不确定性和不完全性的状况,市场运作的复杂性会导致交易完成要付出高昂交易费用(包括调查、谈判、监督等费用),为节约这些费用,可用新的交易方式——重组内化来代替市场交易。由于资产专用性、交易不确定性和交易发生频率等因素导致的交易费用越高,相关主体重组的愿望就越强烈,重组后内化外部市场交易(把重组前由市场承担的组织协调缩小为企业内部的组织协调)的效应也就越明显。

(三)重组的实现形式

重组不仅限于企业实施的一系列涉及业务组合与资产、资本以及组织与管理等方面的调整。宏观动态优化也需要相关主体产权在更大范围内进行重组。因此重组可以从宏观、中观和微观三个层面来理解:宏观重组是指在全社会范围内,对大部分资产存量进行的重组,这种情况多发生于社会经济出现重大变革时,如上世纪东欧国家实行的私有化运动。中观重组是针对特定的一个或几个产业进行的重组。这类重组一方面是由于市场需求与供给结构的变化,国民经济中各项产业发生更替或兴衰调整,会使要素的流向因产业而异;更重要的根源是某一产业在发展到一定阶段会面临着产业内部竞争格局改变,产业自身的结构升级,提升产业整体话语权以应对日益激烈的关联产业间竞争等问题。微观层面主要是指企业重组,这是企业为求生存发展的自我调整,代表了以最小成本保持和恢复效率的途径。通过这种重组可以发挥扩大边界、优化内部结构的作用,使企业内部的要素流动更有效率。

市场是配置资源的重要形式,但它并不是万能的,在自然垄断产业、外部性行为或者公共产品生产等方面会出现失灵,此时单纯借助市场调节会降低社会总体福利水平;当然,如果完全依靠政府调控,在很多情况下也无法实现帕累托最优。就重组而言,必须区别情况,结合特定重组所处的层面决定在政府和市场之间究竟何者应发挥主导作用,抑或两者相互结合? 如果政府与市场共同作用,二者作用的边界又应如何确定?

宏观层面重组由于涉及社会总体,不仅经济关系重大,而且还带有一定政治色彩,应以政府主导为主。微观层面重组属于个体企业的自我调节行为,若市场在其中发挥主要调节作用可以更有效地进行要素分配。相应的,在中观层面重组中应将政府主导与市场调节相结合,使两者互补,共同发挥作用。需要指出的是,重要产业重组过程中,政府应加大调控和推动力度,着力克服市场失灵;不仅要制定实施有针对性的产业政策,而且要运用财政、税收、信贷等经济杠杆进行干预和调节,还要加大制度指引和规范保障力度。特别是对于技术相对落后、产业集中度较低,不重组将给整个社会带来不可忽视负外部性的产业,市场力量本身很难快速、高效地组织和完成重组过程,政府适当的强制性和鼓励性措施尤为重要。

二、煤炭业重组的内在动因

重组的内在动因表明:重组是企业发展到一定阶段的必然要求。西方发达国家的经验告诉我们,在工业化发展的过程中必须提高产业集中度。世界煤炭生产大国一般都有一个或者数个占有垄断或控制地位的大公司,在更大范围内实现生产要素优化重组和资源合理配置,提高规模经济效益,增强国际竞争力。煤炭业的重组既要遵循一般重组的规律,也要从煤炭业特殊的自然属性和社会属性出发研究煤炭业重组的特殊性,才能探索出既符合煤炭业自身发展规律,又符合我国社会主义市场经济背景的重组模式。

（一）煤炭业特殊性

煤炭业具有特殊的自然属性和社会属性。煤炭业的加工对象是自然矿物资源煤炭，煤炭企业产生的自然基础是富集煤炭资源的矿山，加上资本、劳动力、机器厂房等生产要素共同构成了煤炭的生产企业组织。

煤炭作为主要能源，由于其全球分布的广泛性和在能源消费中的绝对比重，在许多国家形成了以煤炭为主的能源消费格局。煤炭具有自然垄断性和不可再生性，是重要的战略物资，在国民经济中具有举足轻重的地位；煤炭还被赋有独特的金融属性，煤炭价格与产量与国际金融市场关系密切。

1.煤炭的自然垄断性和不可再生性

煤炭资源的赋存、分布、质量和开采条件决定了煤炭的基本产出水平，又决定了煤炭产业的基本布局、规模结构、生命周期、资源交通运输条件等，其自然垄断性直接导致了煤炭产业和煤炭企业发展的不平衡。

煤炭开采还使区域经济发展具有不平衡性。煤炭需求强烈的地区易受煤炭供应短缺矛盾的影响，影响经济增长速度；而煤炭开采区和以煤炭主导的区域，经济往往会遭受生态环境破坏、工业产值偏低，经济效益不好，人均收入偏低，贫富分化等煤炭经济不良外部性的影响，产生经济发展的不平衡。

煤炭业具有投资大、生产周期长、生产和建设同步进行的特点。煤炭的矿藏分布特点决定了开采须进行大量投资，采用先进的技术和设备。一个矿区的开发，前期要经过地质勘探、矿区(矿井)设计、施工准备和建设施工等多个阶段，花费几年到十几年进行生产的前期投入和准备。

煤炭业还具有劳动生产率低、资源消耗大、效益低的特点。采煤要消耗巨大的人力资源和动力能源，煤炭开采还必须进行地质、环境保护方面的投入，进行长期的资源规划、维护和管理工作。煤炭业要处理好矿区开发和综合治理在内的一系列关系，如工农关系、生产与环保的关系等。

煤炭业的效益具有后续传递性。煤炭产业是资源性产业，也是基础产业，煤炭属于初级产品，煤炭企业的效益向后续加工业传递。煤炭开采的价值和效益体现在后续产业和对国民经济发展的支撑作用上。

2.煤炭是重要的战略物资，煤炭业在国民经济中占据重要的战略地位

煤炭既是能源之本，也是原料之基。煤炭产业在 GDP 的构成中不仅作为采掘业直接构成产值和收入，而且作为能源和原料，由于其效益的向后传递作用，也间接构成了电力、冶金、农业、化工等产业的产值和收入。煤炭还是城乡生活的重要物资，在能源的进出口贸易中也占有一席之地。作为重要的能源品种，

煤炭还具有极重要的战略保障地位,是各个国家的主要储备能源。

煤炭价格和煤炭产量的剧烈变化往往对国民经济产生巨大影响,对资源型地区经济的影响更加显著。由于能源基础对煤炭的依赖,煤炭生产带来的负面效应也越来越大,主要表现在环境损害和制约方面,而且,由于煤炭资源成本和生产危害并未在国民经济核算中进行剔除[②],以煤炭等资源消耗、牺牲环境和健康为代价的粗放型经济增长对很多地区经济发展产生了负面影响。

3.煤炭作为资源性产品所具有的金融属性

作为基础性能源,煤炭对经济发展具有重要影响,煤炭的生产和运输受社会条件、自然条件的显著影响,随之产生煤炭产品价格的剧烈波动,影响到经济的稳步发展。在国际金融市场上,通过建立大宗商品交易的期货市场,对资源性产品的定价、平抑经营风险,起到了积极作用,同时也建立起煤炭与金融的直接联系。石油、煤炭能源基于其战略性和重要性因此成为各方面资金密切关注和跟踪投资的对象,能源价格由于其自然垄断性和季节性等因素引起的价格波动,为国际游资提供了巨大的投机市场。在金融市场上,能源的价格要通过股票市场、期货市场、能源指数形成并反映出来;能源价格变动可能引起世界范围内金融资源的流动,上世纪末和本世纪初,"石油美元"几乎成为国际金融投机资本的代名词,而"煤炭金融"、建立煤炭期货交易市场、进行煤炭金融创新等提法也已经赫然出现在我国金融界。

4.煤炭业特殊的市场组织结构

从生产者角度看,煤炭资源分布极其广泛,但资源分布很不均衡,部分资源有着集中分布的特点,煤炭生产企业数量多,大小不一,产量和布局分散。据统计,仅我国就有 3 万余家规模不等的各类煤炭企业。前 4 大煤炭生产商产量仅占全国产量的 14%,而在美国该比例达到了 41%。[③]从购买者的角度看,由于煤炭在国民经济中一次能源构成中的地位,煤炭用户遍布国民经济中的各个产业部门,煤炭产业链条延伸较长。煤炭行业进入壁垒偏低和退出壁垒偏高。煤炭作为公共资源,一般遵循属地管理原则,在地方的利益格局中占有重要地位,其

[②]以 1994 年北大可持续发展研究中心为代表的研究机构,曾提出依照可持续发展目标提出对 GNP 核算的系统的修正,消除由于经济增长带来的对环境资源消耗和破坏造成的影响,采用 EDP = GNP − DAC − CNR 的公式,其中 EDP 代表考虑环境后的净国民生产总值,DAC 为人造资本的折旧,CNR 为自然资本的损耗。即"绿色 GDP"的构想,但尚未正式应用于国民经济统计与核算。
参阅:《可持续发展之路》,北京大学出版社,1994。
[③]资料来源:JPMorgan,EIA,国家统计局。

至成为地方经济发展的重要支柱,地方政府往往要通过行政干预造成煤炭进入壁垒偏低和退出壁垒的偏高。

5.煤炭业与发展低碳经济关系重大,是节能减排工作的主要战场

煤炭业是碳排放的大户,煤炭燃烧排放的温室气体约占人类活动甲烷排放总量的10%;煤炭工业生产和加工过程SO_2排放量占全国排放量的比例超过10%,我国电煤的平均灰分达到28%。因此,实现煤炭业的可持续发展,向生产洁净、环保产品,延伸产业链条,提高产业附加值,做大做强煤炭企业的目标发展,始终是突破现有经济增长方式,实现发展方式转变的重要内容之一。

(二)煤炭业重组的内在动因

鉴于煤炭自身的特殊性和对于一国能源系统、经济发展与经济安全的重要性,搞好煤炭业、提高煤炭业运行效率至关重要。为此须通过资源整合和重组来改善和优化煤炭产业、市场结构,塑造有效竞争的以大企业为主导,大、中、小企业共存的垄断竞争市场结构目标模式。

1.实现煤炭业集中垄断生产的趋势性要求

由于煤炭资源的自然垄断性特点,扩大煤炭企业规模可以更大程度地发挥资源集中的优势,从而产生企业管理协同、财务管理、信息和资产管理的协同效应,消除矿产资源要素的闲置、浪费以及外部不经济现象。随着煤炭企业生产规模的扩张,企业内部分工协作更加合理,生产技术更加先进,产品产量显著增加,成本也会大幅削减。煤炭资源的稀缺性和不可再生性,要求煤企在不断扩大生产规模的同时,必须提高资源回采率和资源利用率,只有中大型企业在较高利润率和较强经济实力支撑的基础上,才能够兼顾生产规模和资源的合理利用,制定科学的采煤规划和进行综合治理,确保煤炭生产的可持续进行。

2.建立国有大型煤企主导煤炭业格局的规范性要求

煤炭作为基础性能源、原材料对国民经济正常发展发挥着基础性作用,每个国家都必须确保煤炭供应和消费的大体平衡,都把煤炭、石油等能源战略作为国家发展的关键,多数国家采取了部分国有大型企业集团或国有控股集团集中经营的局面。在西方主要经济发达国家,成熟的传统能源产业基本形成了寡头竞争型市场结构,产业内部的重大投资计划、价格政策、原材料供应以及市场划分等活动,都由少数大企业集团所把持。这一方面是市场选择的结果,一方面也充分体现了煤炭等能源在国民经济中的重要战略地位。

3.要求体现公平市场的效率原则和资源优化配置原则的基本要求

煤炭业现有的市场组织结构呈现出煤炭生产企业数量众多、分布分散、大

小不一等特点,煤炭产业链条延伸得不够长。从根本上看,提高产业集中度和扩大企业规模是煤炭市场结构调整和升级的需要。提高产业集中度能够消除企业之间的无序竞争,维护煤炭市场的正常秩序,提高产业整体竞争力和要素配置效率。保持较高的产业集中度,形成"垄断与竞争并存,以垄断为主的"市场格局,才能不断优化资源配置效率,最终实现帕累托最优。

4.为煤炭企业产品的融资和定价提供基础的内在要求

煤炭的价格最终是由煤炭的现货市场和期货市场决定的。在现货市场上,煤炭的产量和进出口量与煤炭消费量的匹配关系决定了煤价的上涨和下跌,由于煤炭产量的季节性等因素的波动,现货价格波动频繁,给下游工业企业带来很大风险。借助煤炭期货市场的价格发现功能,煤炭价格的波幅趋缓,风险将被提前预支,成为真正可参照的价格标准。因此,金融在煤炭等能源价格上的发言权越来越大。但无论现货市场还是期货市场,都需要具备一定规模和影响力的大型煤企集团作后盾,提高自身在市场上的话语权和定价优势。而进行产业集中正符合国际能源金融定价的需要。

三、当前我国煤炭业重组的理论依据

西方的产业组织理论体系为制造大型企业创造了理论依据,但并未明确在不同产业内部这个规模到底多大合适。我国的煤炭业,企业的所有制形式、规模、现代化程度呈现多样性,很难完全用西方经济理论去指导解决问题。不能否认,西方经济理论在解释重组的一般理论依据方面发挥了积极作用,但要深刻认识和正确解决我国煤炭业的现实问题,既要了解我国社会主义市场经济阶段的市场、法制环境,还要清楚我国煤炭业发展的独有历史背景,用适合我国国情的基本方法来阐释问题和解决问题。

(一)现阶段我国煤炭业重组的必要性和可行性

进入21世纪,产业重组及企业重组理论已基本成熟,世界范围内并购重组的多数案例显示:重组日益成为经济资源重新进行市场效率配置,塑造健康经济肌体,满足不断进步的社会需求的必要方式。尽管国际国内各行各业成功进行并购、重组案例不胜枚举,但具体到我国煤炭业的特殊性和我国国情的特殊性,只有认真研究、区别对待,才能顺利实现重组目标。

1.必要性

(1)深化市场经济体制改革的必然结果

当前,以国有重点企业为主导的企业改革已经进入优化资产结构、完善法人治理结构,建立现代企业制度的最后攻坚阶段。企业发展的体制性矛盾基本解决,影响企业发展的资源配置、权责关系、收入分配、价格形成机制等主要不合理因素基本消除,以市场调节为主,辅之必要的行政指导的社会主义市场调节方式基本确立。企业改革的重心转移到提高劳动生产率和经济效益,转变经济增长方式,提高自主创新能力等崭新的时代内容上来。党中央审时度势提出进行国有重点企业的战略重组,"有进有退"、"有所不为有所为"的理论指导方针。因此煤炭行业进行历史性资源整合和企业重组具有重大现实意义,是社会主义市场化改革不断深化发展的必然结果。

(2)经济发展的客观要求

煤炭业重组是提升经济效益,提高企业盈利能力,增强抵御风险能力,增强国际竞争力的需要。目前煤炭行业组织结构不合理、产业集中度低、市场稳定性差,总体规模与效益同其他行业相比仍然处在较低水平,行业形象与国民经济地位不符。全国各类煤矿年平均生产能力约7万吨,普遍存在经济效率低下,大煤矿无法制约中小煤矿无序生产,煤企恶性竞争的现象,许多小煤矿逃脱国家监管,逃避配套安全措施和税费,以低价销售煤炭获利。长期以来,煤炭行业重开采轻加工、重生产轻利用,多数企业仍是单一产业、单一产品,致使煤炭企业产业链条过短,盈利能力提升缓慢,职工收入长期在低水平徘徊,严重制约了煤炭企业的可持续发展。国际上,煤企重组已成为趋势,澳大利亚、美国、加拿大及南非等国的煤炭企业逐渐重组为几家大型煤炭销售跨国公司,控制世界80%的煤炭出口量,在国际上拥有强势的定价权。国内煤炭企业必须适应国际煤炭企业发展的大趋势,加快组建大型企业集团步伐,迎接日益激烈的国际煤炭市场竞争。

(3)实现全面可持续发展、构建和谐社会的内在诉求

中央提出践行科学发展观、构建和谐社会以来,煤炭领域的"民生"问题越来越受到社会各界的关注。作为高危行业,煤炭业涉及矿井安全和地质安全,环境保护和煤矿工人安全和福利等一直是困扰煤炭业和谐发展的难题。近年来,矿难频发、环境破坏、暴富暴穷、腐败孳生等现象成为一连串不容回避的特殊现象,应当追问的是为什么煤炭资源留给资源地区的不是和谐富足,而是落后与矛盾,是经济发展的不可持续。可持续发展要求以经济发展质量替代单纯的速度和规模,为此,国家和地方连续出台各项政策对煤炭业发展进行规范。党中央把学习和落实科学发展观、构建和谐社会当成近期开展工作的主要方

针；党的十七大要求"加快转变经济发展方式，推动产业结构优化升级"。国务院批准要"加快培育和发展大型煤炭企业集团"，④"争取用三年左右时间，解决小煤矿问题"，⑤以煤炭工业为主导的各地区积极落实党中央的号召，结合实际，走新型能源基地的道路，通过战略重组组建大型煤炭产业集团。

（4）贯彻中央转变经济增长方式，提倡节能减排，发展低碳经济的要求

当前的世界经济正在步入以低能耗、低污染、低排放为基础，强调能源高效利用、清洁能源开发和追求绿色 GDP 为特征的低碳经济社会。目前，我国已经制定了 2020 年碳减排的目标，即单位 GDP 二氧化碳排放比 2005 年下降 40% 至 45%，并将这一目标作为约束性指标，纳入国民经济和社会发展中长期规划。鉴于我国"富煤贫油少气"的能源结构，强调节能减排，发展低碳经济意味着对资源能源耗量大、严重污染企业的减排指标要求将更加严厉，措施也将更加具体。对煤炭业进行重点改造和升级成为落实和发展低碳经济的客观要求。这就要求煤炭业坚持资源开发与节约并重，节约优先，注重生产过程中的节约，努力降低资源消耗，进而要求大型煤矿企业利用自身的技术优势对中小型煤矿实施整合改造，淘汰落后生产力，提高矿井技术水平。强调节能减排，发展低碳经济意味着企业的技术创新和技术改造将广泛启动，这就要求煤炭企业要发挥技术管理优势，搞好煤炭深加工和精加工，实现资源的深度开发和综合利用，要求煤炭企业重组目的发生改变。强调节能减排，发展低碳经济意味着国家将大力发展可再生能源、积极推进清洁能源和节约型产业建设，要求大力发展循环经济，实现"减量化、资源化、再利用"，走资源节约型的发展道路，要求煤炭企业形成清洁能源、二次能源和煤系化工转化的产业链，以保证煤炭业可持续发展。

2.可行性

（1）以国有大中型煤炭企业为主的大型煤炭集团的形成，为煤炭业重组奠定了市场格局

目前，我国由大型煤炭企业集团领导的煤炭行业格局已经基本形成。至 2006 年，煤炭产量排名前五位的神华集团、同煤集团、山西焦煤集团、兖州煤业集团、中煤集团年产量合计达 4.7 亿吨，约占全国煤炭总产量的 20% 以上。近期，神华集团和中煤集团原煤年产量均已达到 1 亿吨以上，而山西焦煤、大同煤矿、潞安矿业、平煤集团、兖矿集团、国投新集集团以及冀中能源集团，这 7 家企业也将经过一系列重组程序，在 2010 年后进入亿吨煤炭集团之列。2005

---

④国务院国函[2006]52 号文。

⑤《关于制定煤矿整顿关闭工作三年规划的指导意见》（国家安委办〔2006〕19 号）。

年,全国前 4 大煤炭集团产量合计占全国总产量的比例为 16.09%,前 10 大企业产量合计占全国总产量的比例为 26.14%;2007 年, 上述两项比例分别提高至 18.62% 和 28.31%。我国大型煤炭集团的形成和正在酝酿中的多个大集团的整合重组战略,为煤炭业开创崭新格局奠定了良好基础。

(2)矿产资源的保护和综合利用水平逐步提高,为煤炭业重组创造了基本条件

矿产资源的保护和综合利用,对不合乎规范的小型煤矿安排有序退出或者并入大型企业,进行科学、合理的开发、生产,避免矿产资源浪费。在有关部门的努力下,本着建设资源节约型、环境友好型社会要求,正确处理当前与长远、局部与整体、资源开发与环境保护的关系,统筹安排矿产资源勘查、开发、利用与保护的任务。目前,矿产资源持续供应能力不断增强;重要优势矿产开采总量得到有效调控,矿产资源开发利用布局不断优化,矿业集中度明显提高;矿山地质环境和矿区土地复垦状况明显改善;矿产资源管理能力与水平明显提高。

(3)金融产权交易机制的建立、健全,为煤炭业重组搭建了交易平台

国内交易平台的建立逐渐成为金融支持煤炭业重组的重要手段。煤炭业重组要借助市场的力量,在市场上进行资源配置、价格发现和融通资金。首先资本市场是产权交易的理想平台,产权交易市场属于资本市场的范畴,其功能主要是为未上市企业资产提供流动性。煤炭业重组涉及煤炭探矿权、采矿权等交易,还涉及企业资产的交易,在非上市情况下,无疑要借助产权交易市场才能完成。1997 年修改后的《矿产资源法》明确规定,国家实行探矿权、采矿权有偿取得制度,探矿权、采矿权凡能采用招标拍卖方式的,一律不得用行政审批方式授予。目前全国各地设立的产权交易机构中,矿权交易的比例有不断增加的趋势。国内首部由矿产交易机构制定的《矿业权转让项目进场交易指南》进入了最后的论证阶段。矿业权经过拍卖,它的财产属性不仅数量化了,而且货币化了,跨入可以利用金融市场进行调节的范围,对煤炭的市场化和金融化创造了有利条件。

(二)我国煤炭业重组的核心内容

煤炭业重组因其特殊的自然社会属性,以及由此产生的重组特殊要求,决定了其重组的核心内容既包含继续深化煤企体制改革的历史成分, 也有提高产业质量效益的现实要求,还包含有在经济发展、制度变迁条件下,关注民生实现可持续发展等多义性。

　　1.提高经济发展质量和效益

　　我国煤炭产业发展中存在着很多问题,最主要的问题是效率低下和效益不足,部分企业以牺牲资源,牺牲经济发展的长远利益为代价维持暴利。目前,迫切需要借助实施煤炭企业战略重组,建立现代企业制度,规范内部治理结构,提高产业集中程度,建设大型煤炭集团,促进我国煤炭产业健康发展。

　　首先,煤炭业重组可以获取更多资源和市场,发展规模与效益,避免恶性竞争,煤炭企业依靠兼并收购和战略重组,很大程度上将会实现资源、产量、运力以及市场等相应扩张的关联效果,实现企业快速、低成本扩张,提高企业市场竞争力,使企业的自身规模实力和市场话语权得到迅速提升。其次,重组后较大规模的煤企,具有较强的资金和技术实力,便于进行安全和环保投入,便于受社会的管理监督。第三,通过跨地区跨产业的并购重组,不仅可以将产地扩大到市场前沿,也可以实现跨所有制的资本产权流动,采取资产转换、法人间相互持股等方式,吸引各种非国有资本进入,从而不断改善企业产权结构,实现多元化,进而建立科学、规范的企业法人治理结构,推进企业管理体制和经营机制的转换,最终实现建立现代企业制度的目标。

　　2.实现体制改革的深化

　　首先,煤炭业重组是我国"二元"经济结构的适应性调整。现阶段,我国经济体制改革已到了如何深化和完善的关键阶段。经济问题的症结之一是"二元结构"明显,这个二元结构既是指城乡二元结构,也包含"传统"部门与"现代"部门之间的二元结构关系。煤炭产业部门也存在"二元"关系,如果把采用先进生产模式和具备规模效应的大型煤炭企业看作"现代"部门,则大量依赖农村剩余劳动力,采用不规范经营手段的许多乡镇、村办、个人中小煤矿则属于"传统"部门。当前,在加快现代部门经济发展的同时,必须不断提高传统部门的劳动生产率,以解决长期经济发展的失衡问题。采取合理兼并、整合、重组的方式进行"传统"部门改造,有利于传统部门的现代化升级,对经济的平衡发展起到重要作用。

　　其次,煤炭业的重组符合产业结构合理化的一般要求。在经济改革的过程中,各地方为了能够"自给自足"和"发挥比较优势",形成了"大而全"或"小而全"的产业格局。煤炭业"多、小、散、低"的产业格局日益影响着煤炭业提高经济效益、提升产业结构的自我完善和发展。加之条块分割、地方保护等行政思维,不但固化了这一分散格局,而且还形成了煤炭产品市场和原料市场壁垒。因此,抓住机遇进行煤炭产业重组,不仅有利于煤炭业的协调发展,更加有利于支持煤炭业的传统改革和结构升级,建立全国范围公平的煤炭产品市场,为建立现代化煤炭业格局铺平道路。

3.明晰企业产权制度

煤炭业重组包含着重要的产权内容,甚至有学者认为:重组的实质是产权改革,以实现国有企业的持续发展的动力。重组是以产权为连接纽带而实施的资源调配。重组的实质是在控制权运动过程中,各权利主体依据企业产权所做出的制度安排而进行的一种权利让渡行为。实质上,重组的整个过程确实可以看做是企业产权的运动与流转的过程。分解煤炭企业的产权结构,所有权、矿业权、经营权并立,所有权分为两个层次,一个是矿产资源所有权,一个是企业所有权。根据《宪法》的规定,矿山资源所有权属全民所有,企业所有权则按照所占股份分作多种所有制形式。矿业权主要有采矿权和探矿权,采矿权根据《矿产资源法》由煤炭企业取得,探矿权由专业机构取得,采矿权和探矿权都不允许自由买卖和交易。[⑥]煤炭业的重组,其实质是要通过企业重组、资产合并、拍卖以及其他转让形式实现厂房、设备、土地等物质形态资产和货币资产、债权债务、技术专利、商誉等无形资产的转移和生产要素的流动。作为资源配置的过程其核心内容之一就是产权关系的重构,产权的流动不可能单单依靠行政命令,而应主要依靠市场建立平等的交易关系进行解决。

4.完善市场法制规范

煤炭业重组作为涉及各方面利益、牵动经济各部门的复杂的经济行为,必然有着较强的规范性。大到资源配置、产权流动、结构调整,小到对价支付、资源补偿、债务债权清算都需要相关法律法规和市场规则的跟进和配套。但当前我国有关产权、物权等方面的法律体制还很不完善,煤炭业重组完全依靠法律和市场规则不具有可行性,因此在重组实践中法律和市场规则的需求会影响到有关规则的明确和制定,使相关产业和企业的重组真正变为"有法可依,有规则可循"的市场行为。

(三)现阶段煤炭业重组的特殊性

三十年来,社会主义市场经济体制改革建设比较成功地解决了国有企业的所有制归属问题,建立了市场调节机制,完善了市场功能,各类所有制企业向建

---

⑥《矿产资源法》第六条:"探矿权人有权在划定的勘查作业区内进行规定的勘查作业,有权优先取得勘查作业区内矿产资源的采矿权。探矿权人在完成规定的最低勘查投入后,经依法批准,可以将探矿权转让他人。""已取得采矿权的矿山企业,因企业合并、分立,与他人合资、合作经营,或者因企业资产出售以及有其他变更企业资产产权的情形而需要变更采矿权主体的,经依法批准可以将采矿权转让他人采矿。"

立"产权清晰、权责明确、政企分开、管理科学"现代企业制度方向发展。但是，不容回避的是企业改革还有许多未尽之处，市场体制改革需要借助渐进式改革力量逐步完成，具有长期性、复杂性和曲折性。我们的重组必须在尊重历史基础上，置于社会主义市场经济理论框架下才可能稳妥进行。

1.特殊的历史起点

我国煤炭行业改革和发展有着比较特殊的历史轨迹。从上世纪70年代末80年代初开始的经济体制改革，对于建立社会主义市场经济体制具有重大意义。煤企改革由于自身具有的特殊自然属性和社会属性，呈现出特殊的体制改革轨迹。

一是承包制的产生和完善具有特殊性。改革初期，国企改革大都经历了推行和完善"经营责任制"、"承包制"阶段，对于煤炭企业来说，改革施行的承包制包括对国有大型统配煤矿实行投入产出总承包，主要分解为产量、基建投资和财务亏损三项指标。其特殊性主要表现在，不仅对产量等经济指标进行承包，也对投资、开采等产业规划类指标进行承包。总承包的层层进行影响到对中小煤矿的改革思路。

二是80年代初到90年代初，对小煤矿实行了从办矿体制、资源划分、产品运销、技术服务等方面放开搞活。在矿权归属、定价、交易机制、资源补偿、基本技术要求等机制普遍缺乏的情况下，甚至提倡县级以下的乡、镇、村、居民、小组、个人集资办煤矿的现象，投资开采蔚然成风，小煤矿遍地开花，不出几年形成地方煤炭企业、乡镇煤矿与国有重点煤企三分天下的煤炭产业布局。

三是市场改革阶段进行了以市场化为目标的国有经济战略调整。承包制极大地促进了企业改革进程，影响了人们的观念，但其并不能解决诸如法人治理结构、可持续发展等企业发展的深层次问题，后来进行的市场化改革，在内部要求建立健全内部治理，推动企业进行股份制改造，外部则把企业推向市场竞争，要求企业做大做强。2005年，国务院出台了《关于促进煤炭工业健康发展的若干意见》，特别提出以建设大型煤炭基地、培育大型煤炭企业和企业集团为主线，构建与社会主义市场经济体制相适应的新型煤炭工业体系。

总结煤炭业改革历程，最初的改革，是在煤炭短缺、煤炭企业效率极为低下的条件下进行的，由于缺乏长期科学规划和区别对待的战略眼光，各类型煤炭企业一哄而上，形成了发展粗放化、分散化的局面。至90年代中后期，随着煤炭产量屡创新高，煤炭市场从供不应求逐步转为供大于求，从卖方市场转为买方市场，国民经济由以往的"以煤定产"转变为"以销定产"，煤炭业在应对经济波动和供求转向时,出现了煤价大幅波动,存货缺乏和积压状态交替,许多企业经营困难,中小型煤企过度竞争,管理混乱,事故频发的局面。煤炭资源进行大范围、大规模的整合重组摆上了历史日程。

2.特殊的产权制度基础

产权明晰既是煤炭业重组的核心内容之一,也是企业重组的重要微观经济基础。重组是利用市场对资源的重新配置,重组是有条件的。一般来说,企业重组要求重组主体是适应市场的法人实体和竞争主体,重组的过程必须依靠一个良好的允许生产要素自由竞争和流动市场环境,进行重组须有一个基本清晰的制度环境。

在西方国家,由于股份制进行得比较彻底,企业的产权归属最终由股份来决定,很多问题可以由市场和股份来决定;但在我国,煤炭企业产权归属不是非常明确,在转移和交易过程中行政色彩很浓,以行政指令替代市场规则的事情时有发生。当国有大中型企业作为重组主体,重组过程将通过资产所有权的流动,引起中小型民营企业或其他所有制形式企业的所有者主体结构发生改变,企业多元化的所有制形式被重组主体的公有制吸收,从而产生"国进民退"现象。但现阶段,我国产权制度基础薄弱,由政府调解的情形远远多于由市场主导的情形,导致真正的产权交易规则建立不起来。而市场化重组要求无论是国有企业产权还是其他所有制产权都应具备可流通性和可交易性,可流通性要求克服国有产权的封闭性弊端,[7]使国有资产流动起来。可交易性要求克服交易市场的体制性障碍,允许产权走市场化定价交易的道路。因此,缺乏公开透明的产权交易市场和交易规则,成为阻碍资产重组和资本运营的主要制度障碍。

3.特殊的法制环境

现实中,我国物权、矿权法制基础还不完善,基础比较薄弱,实施还有困难,给煤炭业重组带来很多法律问题。当前,虽然我国《物权法》等产权类法的制定工作已经取得较大突破,但在矿权方面的进展还很不足。1986年,全国人大常委会颁布、1996年修正的《矿产资源法》,国务院1998年发布的《探矿权采矿权转让管理办法》、国土资源部2000年颁发的《矿业权出让转让管理暂行规定》是目前煤企产权交易仅可为凭的几部法律,加之全国人大2007年颁布的《物权法》,而且有些法律条文不甚清楚,法律框架和法律条文均不支持矿权、探矿权可交易的问题。具体到煤炭业重组的矿权交易中,还有很多具体问题,例如:当事人之间采矿权转让合同将可能被《矿产资源法》认定为无效;当事人为了转让

---

⑦常修泽等:《产权交易——理论与运作》,经济日报出版社,第55页,1995。

采矿权而采取的"企业合并、分立、与他人合资、合作经营，或者因企业资产出售以及有其他变更企业资产产权的情形'的行为，可能因当事人"以合法形式掩盖非法目的"而被认定为无效；《矿产资源法》规定采矿权的转让须经行政主管机关批准等，构成了受让人的潜在风险。

4.发起和重组程序特殊

一般按国际惯例，企业资产重组和资本运营的发起者和决定者是债权人或者所有者。煤炭业的重组除部分重组的发起由市场发起外，重大重组往往是由政府发起。发起重组可以是债权人，当企业不能清偿到期债务而出现清偿危机时，债权人面临的基本选择是重组或清算。除了债权人，企业重组也可由所有者发起和决定，而不管债权人权益是否受到威胁。煤炭由于关系国计民生，并且主要由于煤炭业市场化程度还比较低，煤企大多属于国有或地方政府所有，因此按照所有人发起原则多数应为政府发起。政府发起和决定企业重组的弊端在于：发起人和债权人在权力、利益和风险上的不匹配，利益与债权人存在明显的不一致，会损害债权人的利益，软化对重组者的预算约束，丧失重组的效率目标。煤炭业的重大重组由政府发起意味着政府的强制力和公信力要在重组过程和利益分配格局中占有重要比重。由于煤炭业重组发起人的特殊性，要求在重组进程中必须协调好政府和市场的关系，既要依靠市场调节使资源向效率好的企业配置，也要在政府指导下完成重组目标。

一般来说，重组的程序依次是确定重组的双方主体，进行资产评估，公开市场竞争和成交价的形成，进行缔约、审批、公证，最后产权交接。煤炭业重组一般由居于主体地位的国有煤炭企业或者政府发起，在经历重组双方主体的确定时，一般根据煤炭企业的资金规模、技术实力、财务状况等进行选择。在资产评估的时候政府和市场都要参与进来，既要考虑市场价值，也要兼顾历史因素，形成对产权和资产的合理估价。通过资本市场进行重组的，首先要进行股份制改造，组建上市公司，吸收投资主体参与，将股权通过出售或定向增发，扩大企业控制资产的规模。通过债务重组的，可将负债过多的企业进行股权、债券的置换，或者通过破产清算，使存量资产流向优势企业。

（四）煤炭业重组的指导原则

煤炭业的特殊性决定了煤炭业重组的特殊性，而煤炭特有的分布格局和组织形式决定了煤炭重组单纯靠市场触发不具有现实可能，煤炭重组更需要借助政府指导的框架和原则，依靠市场"看不见的手"和政府"看得见的手"的双重力量，共同推动煤炭业重组的前进。注重发挥市场的功能，首先必须解决煤炭业重组的市场环境、法律环境问题,实现产权、矿权的可交易;依靠政府的力量,应本着科学发展、以人文本的原则,转变发展方式,制定煤炭业的长期发展规划和战略重组计划,以市场手段、金融手段的综合运用为基础,推动煤炭业重组走上市场化、人本化、规范化的正确道路。

1.指导原则

(1)科学发展、以人为本的原则

2005年,国务院发布了《关于促进煤炭工业健康发展的若干意见》,指出煤炭业的发展必须以邓小平理论和"三个代表"重要思想为指导,全面落实科学发展观,坚持依靠科技进步,走资源利用率高、安全有保障、经济效益好、环境污染少和可持续的煤炭工业发展道路。

必须要以科学发展观为指导。煤炭是关系到我国经济命脉的重要基础能源,煤炭业的重组整合,必须坚持以科学发展观为指导,把煤炭工业健康发展作为煤炭业重组的落脚点和归宿点。必须要坚持安全发展、和谐发展和可持续发展。安全生产事关人民群众的生命财产安全,事关改革稳定大局,也是促进煤炭整合重组的必然要求,必须要依靠先进科技和自主创新能力,坚持提高生产力,提高生产的集约化程度。煤炭业的重组是优势煤矿企业利用自身的技术优势对中小煤矿企业实施整合改造,淘汰落后生产力,提高资源回采率,保护稀缺的煤炭资源。

总的来说,煤炭业的重组必须坚持节约发展,清洁发展,安全发展,可持续发展,以培育大型煤炭企业集团为主线,充分发挥大型煤炭企业技术、管理、资金等优势,加快推进煤炭业重组,转变发展方式,提高煤炭生产集约化程度和安全生产水平,提高煤炭产业与相关产业的关联度,增强煤炭产业竞争力和国家调控力,保障国家能源安全。

(2)政府推动和市场运作相结合的原则

煤炭业重组应坚持政府推动和市场运作相结合的原则。我国多数的大中型煤炭企业属于国有或者国有控股企业,政府以出资人身份支持和推动重组整合顺理成章。此外,煤炭业的重组会涉及不同级次的政府部门,涉及铁路、电力、运输等相关行业的利益和关系,需要政府出面进行调整。我国还处于市场经济进一步完善时期,煤炭业重组过程中的许多历史和现实问题,不是单个企业能够彻底解决的,也需要政府的支持和协调。

煤炭业重组也必须坚持市场主导的原则。煤炭业重组是我国煤炭经济体制改革和发展的客观要求,是市场经济条件下产业组织形式的重大变革。因此,必须要满足市场经济体制的基本要求，坚持以市场机制为基础，以企业为行为主体，尊重市场规律，以市场为导向。

（3）自主、公平和创新的原则

煤炭业重组应坚持自主性原则。煤炭业的重组是一个动态、综合性很强的经济行为过程，是煤炭企业在一定煤炭产业整合和市场环境整合下，从各自的条件和经营目标出发的一种自主性行为。煤炭业重组既不能一厢情愿，也不能强迫包办，只能在双方自愿情况下才能进行。因此，煤炭企业的重组既要符合煤炭产业政策的基本导向，也要考虑市场因素和自身条件等多种因素的制约，遵循企业自主的原则。

煤炭业重组应坚持公平性原则。煤炭业重组要促进社会和谐，统筹协调和调动相关各方的积极性，保障各方利益，维护社会公平。

煤炭业重组应坚持创新性原则。煤炭业的重组是发展先进生产力，淘汰落后生产力的过程。煤炭业重组要坚持把提高自主创新能力作为煤炭科技发展的战略基点。在积极推进科技创新的基础上，实现重组整合模式的创新。

2.必须正确处理好的几个关系

（1）正确处理市场和计划的关系

煤炭业的重组实质上是煤炭资源的重新配置活动，这种资源的重新配置在市场条件下主要依靠产权流转实现。因此要主要通过市场的方式来解决产权交易流转的关键环节。但是煤炭业重组没有政府的计划指导是难以行得通的，实践证明正是由于市场调节不到位和政府管理的缺位才使得煤炭行业的战略整合及重组推迟到目前来解决。在市场方面，要建立公正、公开和透明的产权交易市场，培育发达的资本市场，建立有效竞争的评估中介机构市场，为上市、非上市煤炭企业产权、股权交易提供基础服务。政府方面要制定全面、前瞻、公正的煤炭业发展规划，适时动用行政手段力量，合理调整煤炭产业中的滞后环节，不断推动和深化煤炭领域的改革和发展。

（2）正确处理国有和非国有的关系

作为一个发展中的社会主义市场经济体，国有经济的存在和发挥主导作用对于克服市场失灵，实现国民经济稳定协调发展和长期动态平衡具有重要意义。国有经济表现为在一些不完全竞争的，具有重要宏观意义的部门占据优势，其存在和发挥作用是有限的。而非国有或非公有制经济同样是社会主义市场经济的重要组成部分，担负着繁荣市场、扩大就业、增加税收、满足多样化的市场需求的重任。正确处理国有和非国有的关系，要把正确认识建立在具有中国特色社会主义市场化改革的不同阶段、不同领域,避免单纯地把阶段性重组看做是"国进民退",而应历史地看待部分小煤矿逐步退出的合理性,辩证地评判不同阶段的重组动机和重组方式,本着促进社会可持续发展的原则,向更多地体现国民平等,国民竞争,和谐、有序的方向转变。

(3)正确处理政府与企业的关系

参与煤炭业重组的企业与政府的关系成为关注的重点。企业是重组的主体,责无旁贷地承担着重组责任和义务,政府方作为重组的重要发起者担负着社会责任和民众期望,理应在重组中发挥论证、指导、监督、评价的重要作用。但政府也要与企业划清边界,尊重企业的自主权、定价权、选择权,这是政府职能转变,市场体制深入发展的客观要求。政府还要做好煤炭产业的宏观调控,一是政府应该根据煤炭需求的地域特征和产业区域布局,合理规划煤炭产业布局和规模;二是要做好煤炭资源市场供给总量的规划控制,促进煤炭行业健康发展而实施的大基地、大集团战略,对煤炭业的重组整合发挥导向作用。三是要出台煤炭业并购重组整合优惠政策,如融资支持政策、股权转让便利等。

(4)正确处理中央和地方的关系

我国频繁的煤炭管理体制变迁,导致煤炭企业产权构成非常复杂。煤炭企业客观地形成了多元化、多级次的中央、地方利益格局,导致行政干预和地方保护主义抬头。因此,理顺正确处理中央和地方的关系,对完善煤炭管理体制十分重要。正确处理中央和地方的关系,首先要维护中央的权威,在中央统一指导的前提下,赋予地方必要的权力,合理划分中央与地方的事权。根据"影响面比较大,又需在地方办的,或地方无力自己完成的事务,则作为中央对地方的委托事务"的原则。煤炭业重组应在中央的统一安排部署下,具体由地方管理和运作,地方协调不了的应交给中央统管,地方能解决的应主要由地方解决,中央政府对地方行使委托、监督和协调的权限。

(5)正确处理政令与法制的关系

在市场经济条件下,在调节市场方面一般是法制为主、政令为辅,政令是法制的补充。在煤炭业重组问题上,由于《能源法》还没有出台,《煤炭法》、《矿产资源法》等尚在修订完善中,《物权法》、《国有资产法》还缺乏详尽的可利用的细则,因此有必要采取一定行政制度来弥补法制的缺位,保持政令贯彻的有效、政令畅通、政令精确具有重要意义。

(6)正确处理实体产业与金融的关系

煤炭业重组整合的方式和手段是多样化的,总体来说,就是遵循政府指导,搭建市场平台,以资本为纽带,采取多样化的金融手段实现煤炭资源的优化配置,煤炭企业产权流转。当代任何产业的发展只有依靠金融的力量才能更加有效地进行存量资产的优化配置,实现产权的便利可交易,有充分的力量落实发展战略规划等。因此着重发挥金融在支持战略重组中的作用,对促进煤炭业重组的顺利实施具有重要作用。

第三章 国内外煤炭业重组的实践分析

第三章　国内外煤炭业重组的实践分析

煤炭业重组实质是煤炭资源的重新配置。从国际上看,煤炭业重组已经有近百年的历史,而中国的煤炭业的重组只是近十几年来才有的事情。因此认真学习国际煤炭业重组的背景、原因、过程、方式等情况,并借鉴于我国煤炭业重组的改进和完善,不失为他山之石、可以攻玉之良径。

一、国际煤炭业重组历程及经验借鉴

(一)国际煤炭业的重组历程

国际煤炭业的重组的历史由来已久。事实上,早在 1897 年第一次并购浪潮中,煤炭业就参与其中。而真正意义上的国际煤炭业重组是从 1929 年开始的,主要分为四个阶段:大危机到二战结束阶段、石油危机阶段、八十年代经济衰退阶段、跨国重组并购阶段。

1.大危机至二战结束阶段(1929—1945 年)

1929 年的大危机使各国的煤炭业陷入困境,加之石油资源的大量开发,迫使煤炭产量出现下降和徘徊局面。国际煤炭业进行了第一次大洗牌,经过关停并转,各国的煤矿实施了结构大调整,生产集中度和开采效率均显著提高。"二战"期间,各国煤炭产量迅速回升,煤炭发挥了重要的战略能源作用。1940 年后,欧美各国经济复兴,随着采煤机械化的应用和电力行业对煤炭需求的增加,各国煤炭产量迅速回升,各大煤炭公司开始崛起。

这一时期的煤炭重组主要形式是横向重组。通过横向重组兼并,各国煤炭业集中度显著提高,行业内的公司数量急剧下降,大型煤炭公司生产规模和市场份额都得到提高,盈利能力大大增强。

2.石油危机阶段(1960—1980 年)

20 世纪 60 年代,全球性煤炭总量过剩,煤炭市场供过于求,竞争加剧,各国煤炭业内部出现了一系列的兼并重组,很多规模较大的、实行多元化经营的煤炭公司先后兼并了中小煤炭公司。通过重组,产业集中度得到提高,煤炭产量持续增加。同时,随着国际石油储备持续下降,各主要的石油公司开始将目

注:本章执笔人:马丽、张杰、刘巍,参与讨论:张中平、褚文、武宏波。

光转向煤炭资源,纷纷购买煤矿或与各煤炭公司进行兼并重组,这在一定程度上刺激了煤炭价格的提高。70 年代的石油危机更是加剧了这种行为,经营范围伸向了煤炭行业。各石油公司将高企的石油价格所产生的利润投资到煤炭行业,寄希望于石油价格能够继续上涨,从煤炭中提取出的合成石油和天然气可以获利。众多钢铁、电力企业为了确保原料来源的可靠性,也加入并购煤炭业的浪潮中。

这一时期,煤炭业重组的形式主要是纵向重组,重组主体不再仅为煤炭企业,石油、电力企业成为主力。通过纵向重组将煤炭、石油、钢铁、电力等产业集中到一个企业集团中,形成一个统一运行的联合体。这有助于维持生产的连续性,减少流转环节,节省交易费用,能更有效的利用资源,以获得更多的利益。大量的纵向重组极大地促进了煤炭业的整合和发展,提高了煤炭工业的效率。

3.80 年代经济衰退阶段(1983—1988 年)

第三波国际煤炭业重组开始于 1983 年。出于扩大生产规模、提高经营效率和市场策略的原因,各大煤炭企业开始寻求合适的兼并重组对象。同时随着各国对环境保护的重视力度加大,各大煤炭企业纷纷向低硫煤的煤炭企业伸出了重组之手。80 年代早期的经济衰退对钢铁行业带来沉重的打击,很多生铁和焦炭企业陷入经营困境。由于生铁和焦炭产出减少,钢铁公司生产焦炭用的煤炭减少,于是他们就出售煤炭资产来改善整个企业的现金流。1980-1985 年,U. S. Steel、Republic Steel、Armco Steel、LTV 公司出售了他们的煤炭资产。1986 年,Consolidation Coal Co.重组兼并了 Inland Steel 的附属煤炭公司 the Inland Steel Coal Co.。同时,由于煤炭价格下降,利润率降低,各大石油天然气公司逐渐退出煤炭行业,将精力集中于其核心资产——石油天然气的开发、生产、提炼和运输。随着环境保护法律的实施,石油企业的炼油和运输能力的升级成为必要。因此,出售煤炭等非核心资产来改善财务情况成为石油企业发展的战略。如休斯敦天然气公司出售 Zeigler Coal、Getty 兼并 Amoco 的煤炭附属企业 Cyprus Minerals and Texaco、皮博迪重组东部天然气燃油联合公司的煤炭企业。[8]这一时期重组的主要形式是反纵向重组,重组主体为各大煤炭公司,重组资产为石油钢铁公司企业分拆出来的煤炭资产。通过兼并重组,各大煤炭公司资产规模和生产能力得到进一步扩大,市场竞争力得到进一步增强,行业集中度也得到进一步提高。

---

[8]The Changing Structure of the U.S. Coal Industry: An Update, DOE/EIA-0513(93)

4.跨国并购重组时期(2000年至今)

最近十多年来,随着全球化的加剧,煤炭市场竞争日趋激烈和国际化。国际煤炭跨国公司为确保自身经营的持续增长和竞争优势,在境外大肆并购、重组和相互参股。皮博迪集团于2003年12月22日与鲁尔集团公司签订了购买鲁尔委内瑞拉煤炭资源的协议,获得委内瑞拉优质动力煤和炼焦煤,并通过其在怀俄明州波德河煤炭的生产能力,来扩大向加拿大的出口。在敏锐察觉到亚洲钢铁市场强劲的需求态势后,皮博迪成功进入澳大利亚,拥有3个当地大型煤矿,以此辐射亚洲、欧洲和南美市场。几经购并,皮博迪集团连续多年稳居世界煤炭行业第一。鲁尔集团到2001年时,在国外开采煤炭产量已达6770万吨,加上重组部分煤炭产量2330万吨,本国煤炭产量2700万吨,鲁尔集团年总产量已达1.18亿吨,成为世界第四大煤炭公司。

这一时期,煤炭业重组的形式主要为境外并购重组、相互参股,重组主体为各大煤炭公司。各大煤炭公司通过跳跃式扩张,大大增强了其对世界煤炭资源生产的控制能力,提高了与买方谈判的筹码,在煤炭市场竞争中占据主动地位,并通过其良好的经营状态和发展趋势,从金融市场融得低成本的生产和发展资金,建立较为先进的管理系统,使得整体经营成本大幅下降,综合竞争优势日益明显。

表3-1　　国际煤炭业重组历程表

阶段	重组方	被重组方	方式	效果
1929-1945年	煤炭企业	煤炭企业	横向重组	生产集中度和开采效率显著提高
1960-1980年	石油电力企业	煤炭企业	纵向重组	维持生产的连续性节省交易费用
1983-1988年	煤炭企业	石油钢铁公司剥离出来的煤炭资产	反纵向重组	生产规模得到进一步扩大行业集中度更加提高
2000年至今	大型煤炭企业	其他大型煤炭企业	境外并购重组、相互参股	对世界煤炭资源生产的控制能力得到增强,经营成本大幅下降,综合竞争优势日益明显

(二)国际煤炭业重组后的产业特点

近年来,经济全球化进程进一步加快,世界经济日益繁荣,国际煤炭业在经过几次大规模重组后,产业发展逐渐呈现出以下特点:

1.产业集中度进一步提高

世界十大煤炭公司依托核心竞争力,通过兼并重组等方式,大大提升了世界煤炭工业的集中化水平。美国前四家煤炭企业生产集中度CR_4[⑨]在1986年仅为19.6%,1996年为32.9%,2006年为46.6%;德国除褐煤以外,只有鲁尔公司一家企业生产煤炭,其相对生产集中度为100%;澳大利亚的前五位煤炭公司占总产量的71%;在南非的前四家公司的生产集中度为62%;印度煤炭有限公司一家占印度煤炭总产量的89%。

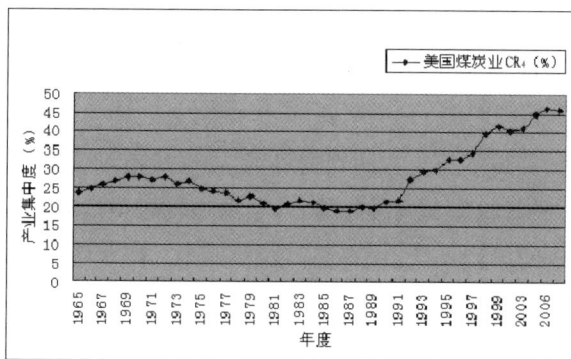

数据来源:美国能源情报网　http://www.iea.org

图3-1　　美国煤炭产业集中度曲线图

2.跨行业、跨地区、跨国生产经营行为普遍

从国际上来看,在社会化大生产的当代,跨国公司通过股份制的方式实现集团化,使得国际性的大型煤炭企业已经超越一个行业、一个地区甚至一个国家的概念。如荷兰皇家壳牌公司在澳大利亚和委内瑞拉拥有煤矿资产,1998年煤炭出口量达1380万吨。美国埃克森公司拥有哥伦比亚Cerrejon北矿50%的股份,该矿1996年产量超过1500万吨。英国石油公司拥有印尼Kaltim Prima煤矿50%的股份。皮博迪能源集团在全美9个州拥有煤矿,阿奇集团的煤矿分布6个州,力拓公司生产业务遍及19个国家,必和必拓集团的企业遍及世界17个国家,有的公司海外经营赢利能力超过了本土。美国塞浦洛斯——阿迈克

---

⑨衡量市场集中度的指标有绝对集中度、相对集中度、H.I指数等。其中绝对集中度CR_4用产业内规模处于前四位的企业的某一数值(产量、产值、销售量等)的合计数占整个产业市场相应数值总量的份额表示。由于其简单、直观、易于测量,同时又能较好的反映产业内市场集中的状况,显示市场垄断与竞争的程度,因此是使用最为广泛的市场集中度指标。

斯煤炭公司购买了澳大利亚 Oakbridge 公司的大部分煤矿股份。澳大利亚力拓公司购买了美国、哥伦比亚、巴西等一些煤矿的股份。

3.产业呈现相关多元化格局

近年来,大型煤炭公司的产业呈现出相关多元化的格局,基本形成了产业链,煤炭产品在企业内部直接进行消化和深加工,大大减少了初级产品直接进入市场的数额,降低了产品的综合成本,提高了产品的附加值。南非萨索尔公司 2002 年生产煤炭 5200 万吨,其中 4600 万吨进行深加工,液化生产成品油 740 万吨,煤炭收入仅占总收入的 9.1%。在经营煤炭生产的同时,各大型煤炭公司还广泛经营各种与煤炭消费和流通有关的业务,如电厂、码头港口、船队业务。澳大利亚必和必拓公司除生产煤炭、钢铁、石油等产品外,还经营船队、信息咨询公司、国际贸易公司等,煤炭收入在集团总收入中的比重降为 18.2%。美国皮博迪能源公司拥有 DTA 煤码头股份的 30%;德国鲁尔集团是欧洲 ARA 区域煤码头的股东,拥有鹿特丹港 21% 的股份。

4.实现生产与安全的协调发展

近二十多年来,以信息技术为先导的世界新技术革命成果,迅速渗透到煤炭领域。具有先进采煤技术和设备水平的国家在实现煤炭生产工艺综合机械化的基础上,向遥控和自动化发展,煤炭工业由劳动密集向资本密集和技术密集转化。在矿井开采方面,以日产万吨的超大型综合机械化采煤工作面为核心的生产工艺,从根本上改变了矿井的面貌。机器人与人工智能和专家系统相结合,为采煤自动化开辟了新的途径。1980 年,美国长壁工作面平均日产 1095 吨,1994 年达到 8034 吨,十多年间工作面单产提高了 7 倍多。美国产量最高的长壁工作面年产量由 1989 年的 440 万吨提高到 1999 年的 790 万吨。美国 20 英里矿 1997 年 6 月,工作面单产达到 908271 吨。

技术进步从根本上改变了煤炭工业的面貌,在高技术领先的美国尤为突出。1980—2004 年,美国煤产量增长 48.9%,职工总数减少 68.2%,矿井平均全员效率提高近 2.5 倍,事故死亡率下降 85.9%。(见表 3-2)

表 3-2   美国煤炭工业技术进步引起的变化

指标	1980 年	1990 年	1995 年	2004 年
产量(Mt)	747.1	933.3	936.9	1112.1
煤炭工业职工数(万人)	22.5	15.5	11.4	7.15
全员效率(t/工)	14.8	28.01	43.24	50.96
事故死亡人数(人)	126	66	47	27
事故死亡率(人/Mt)	0.17	0.072	0.05	0.024

资料来源: DOE/EIA,Coal Industry Annual,2005.

5.积极推广洁净煤技术

　　世界煤炭大国积极参与洁净煤技术开发,推广煤炭气化、液化技术,不断改进煤炭产品品质,使之真正成为洁净、高效、可靠的能源,从而适应市场的需求和当今世界加强环境保护的趋势。美国 1990 年实施大气法修正案后,东部高硫煤地区煤炭产量在总产量中的比重从 1990 年的 61%降为 1996 年的 53%,2000 年的 47%。美国从 1986 年开始实施洁净煤计划,欧盟也制定了"兆卡计划",德国、荷兰、瑞典等国已经成功运行了煤气化联合循环大型电站;日本在烟气脱硫、水煤浆、型煤等技术方面已经处于世界领先地位;南非大力发展煤炭气化和液化技术,目前已经进入工业化生产,成为世界上最大的以煤为原料生产合成油及化工产品的煤化工国家。

(三)案例:国际三大煤炭巨头重组实践

　　一个世纪以来,各国煤炭企业通过不断的兼并重组,最终形成了三大煤炭巨头。目前三大煤炭巨头控制着全世界的煤炭资源的生产供应、贸易和国际市场。学习三大巨头的重组成长历史将对我国众多煤炭企业的发展具有重要的借鉴作用。

　　1.美国皮博迪能源公司(Peabody Energy Co.)

　　皮博迪能源公司是美国第一大煤炭公司, 也是世界上最大的煤炭公司。2001 年的煤炭产量为 1.90 亿吨, 约占全国总产量的 16.7%, 拥有煤炭储量 84.35 亿吨,可以满足其 51 年的开采需要,当年销售收入 24.31 亿美元,营业利润 1.17 亿美元。从一定程度上看,皮博迪能源公司的成长过程见证了美国煤炭业重组的历史。

　　1883 年,弗朗西斯·皮博迪(Francis Peabody)在芝加哥创立了皮博迪煤炭公司。1895 年,他在伊利洛斯州的威廉姆森县(Williamson County)开发了第一个煤矿,并开始购买伊利洛斯产煤区数千亩的储量。1949 年,皮博迪煤炭公司在纽约证券交易所上市。20 世纪 50 年代初期,大量的低成本露天开采煤在市场上占据了主导地位,当时名列第八的皮博迪煤炭公司经营困难。1955 年,第二大煤炭公司辛克莱尔(Sinclair)公司与皮博迪公司合并,由于皮博迪的上市资格可以为辛克莱尔公司提供资金来源,皮博迪煤炭公司的名称得以保留。新公司大规模的收购煤矿,建设新矿,并更新开采设备。在州法案和联邦法案作出规定的许多年前,皮博迪公司就实行了对已采矿区的恢复计划。1957 年后,产量成倍增长,皮博迪公司开始了史无前例的西部勘探计划,并在澳大利亚的昆士兰建立了第一个北美以外的业务。

1968年,卡耐克特铜矿公司(Kennecott Copper Corp)的收购活动和反托拉斯诉讼使皮博迪公司成为股权由许多公司控制的新公司。1984年,皮博迪购买了阿姆科(Armco)的西弗吉尼亚煤矿(West Virginia mines),三年后,又收购了东部燃气燃料联合公司(Eastern Gas and Fuel Associates)的煤矿产权。1990年,美英合资的汉森公司(Hanson PLC)收购了皮博迪公司。1996年,汉森公司将皮博迪公司和一家英国电力公司合并,建立能源集团公司,这次联合使公司年销售收入达到60亿美元。1997年,波兰的太平洋公司(Pacific Corp)收购皮博迪公司。一年后,皮博迪集团成为独立的美国能源公司。2001年,皮博迪能源公司在纽约证券交易所上市。2002年6月,皮博迪能源公司并购了毕威·登煤炭公司(Beaver Dam Coal Company)在西肯塔基州的一家煤矿,9月又收购了阿克拉煤炭股份有限公司25%的资产。2003年4月,皮博迪又完成了对黑·博伊特煤炭公司18%资产份额的收购。2006年7月,皮博迪完成了对澳大利亚Excel Coal公司的收购,进一步扩大了规模。

不难发现,皮博迪的发展史实际上是一部资源扩张的历史。无论是在20世纪20年代末和40年代末的行业低谷时期,还是两次世界大战和石油危机期间的高度景气阶段,皮博迪不断收购和扩张,通过兼并重组,提高了竞争力,优化了产业组织,实现了外延式发展,最终成长为美国乃至世界第一大煤炭公司。

2.德国鲁尔集团(RAG)

德国西部的北莱茵—威斯特伐伦州的鲁尔区,被称为煤的故乡。以煤炭开采业为基础发展起来的鲁尔工业区,在德国经济中占有十分重要的地位。鲁尔矿区以及20世纪60年代末组建的鲁尔集团的发展历史,集中反映了德国煤炭工业重组的发展历程。

1958年起,大量的美国廉价煤炭涌入德国市场。德国煤炭贸易公司和其他用煤大户争相同美国煤炭公司签订长期合同。欧洲许多原来使用德国煤炭的钢铁公司也纷纷进口其他国家的廉价煤炭。此外,能源市场上石油和天然气所占比重也不断增加,德国煤炭工业受到严重冲击。面对这一危机,德国硬煤开采企业采取共同行动策略,按市场需求实行限产和减产,关闭和合并矿井,降低成本,提高效率,以提高市场竞争力。从1958年到1966年,鲁尔区矿井数从146个减少到87个,产量从1.32亿吨下降到1.12亿吨,采煤机械化程度从16%提高到77%,井下工人效率从1.6吨/工提高到2.9吨/工。在这种情况下,

表 3—3 美国煤炭行业发展的三个里程碑及皮博迪的快速成长

时间	背景	皮博迪公司战略	影响
1880s	首次在矿井中采用压缩空气驱动的采煤机,工会力量在煤炭行业中兴起	公司于 1883 年成立,向家庭和企业出售高品质煤	
1900s	煤炭的井内运输得到机械化,提高了采煤效率,产煤量达到 2.81 亿吨	于 1903 年与一主要电力供应商签订长期合同	业务成长 获取资本扩张,收购了大量产煤土地和多处煤矿
1910s	产量超过 5 亿吨,比 10 年前增 3000~4000 万吨,煤炭在美国的战后发挥主要作用,大公司开始崛起	受美国总统 Wilson 指派,致力于稳定煤炭价格和暗高军队(铁)路运力,又稳定美国经济(战后全国产量达到 7.07 亿吨/年)	成长在美国多个州和暗陲高每年生产超过 1200 万吨煤
1920s	煤矿安全开始受到重视,境内石油大量开采,煤炭产量下降	公司在芝加哥股票交易所上市,成为伊利诺斯州最大的煤炭生产商	通过融资和收购,使公司煤炭储量超 10 亿吨
1930s	大萧条,煤炭行业进入最暗淡的时期,第一次大洗牌和结构性大调整	全球经济表现,公司保持稳定利润和增长	
1940s	采煤机械化,产量快速回升,电力行业的发展增加了煤炭需求,最大的产煤州 West Virginia 70%的煤通过机器开采	Peabody 煤炭公司 1949 年在纽约股票交易所上市	煤炭产量在 1944 和 1945 年创下纪录
1950s	煤炭生产技术突破,连续采煤机出现,替代性能源中由于工会活动导致煤炭生产量下降	1955 年公司并购 Sinclair 煤炭公司,(使用纽交所上市赢得声誉和资金,开始实行无时间的西部煤矿)计划	成为美国第八大煤炭生产商
1960s	60 年代初,煤矿成为电力行业的主要燃料,用电量的增长拉动了煤炭需求	在西部地区科罗拉多等大量煤矿被收购,并开始进入澳大利亚市场	美国西南部 10 年用电量翻一番及资源辐射潜在煤公司迅速壮大
1970s	1971 年露天煤矿的产量首次和井矿持平,煤炭成本下降,再加上欧佩克对美国的石油禁运,需求导致煤炭产量大幅增加,但后期产品上升,生产率退	1973 年较较大型石油禁运美国,油价高涨让客户转而使用煤	销量迅速增加,年海运量达到 6700 万吨煤,成为最大的私人煤生产商
1980s	高油价的及电力行业对煤炭高涨导致 80 年代初煤炭需求下降,小煤矿关闭,生产率退步	转向大型高效率的露天矿场,适应市场对低碳煤炭的需求多个矿场,收购 Armco's WestVirginia 矿厂	迅速扩张,拥有后来世界上最大的煤矿场——Powder 河床地区
1990s	煤炭价格继续下跌,小煤矿关闭或被收购,市场集中度进一步提高,生产率进一步提高,矿井开采迅速转向地表开采,联邦建立终端使用低碳煤,发电需求增加,产量首次突破 10 亿吨	生产低碳煤适应客户面对的二氧化碳排放要求,通过计和收购,Peabody 能源集团在纽约证券交易所上市	从 1990~2001 年,Peabody 的煤炭产量提高了 95%,占全美总产量的 84%,运营成本下降 43%,并成长为全球最大的煤炭公司
2000s	新建电厂增加,电力需求增加,煤炭价格自 2000 年起趋稳定上涨,同附美国煤炭产量和出口也在增加	全球煤炭需求迅速加大,在包括亚洲地区的世界各地建立终端办事对外拓展业务,分离部分资产在纽约成立 Patriot 煤炭公司	分享全球煤炭需求增速加的成果,在澳大利亚的产量增长了 3 倍
2007		开发中国内蒙古地区的煤矿和煤化工项目	进入快速成长的中国市场

资料来源:长江证券研究部

德国政府和煤炭企业认识到,要提高德国煤矿的效率和竞争力,就必须进行企业间的联合重组。1969 年 7 月 18 日,鲁尔区煤矿在企业自愿、联邦德国经济部推动下,联合组建了私营的鲁尔煤炭公司。新组建的鲁尔煤炭公司有 52 个煤矿、29 个炼焦厂、5 个型煤加工厂,职工人数 18.6 万,年产煤炭 9490 万吨,占鲁尔区硬煤产量的 94%,联邦德国硬煤产量的 74%。鲁尔公司成立后,以提高效益和降低成本为中心,调整煤矿布局,进行技术改造,提高市场集中化程度,采煤机械化程度达到 100%,煤炭开采进入了现代化新时代。此时的鲁尔集团,主要产业集中在本土的煤炭开采上,下设下莱茵矿业股份公司、奥伯豪森矿业股份公司、格尔森基辛矿业股份公司、赫尔纳／莱克宁豪森矿业股份公司、埃森矿业股份公司、多特蒙德矿业股份公司、威士特伐伦矿业股份公司等 7 个股份公司。随后,鲁尔集团一方面巩固本土煤炭开采业、拓展海外煤炭市场,另一方面大力发展其他产业。为适应这种变化,鲁尔集团的组织架构也相应调整为专业化公司的管理模式(见图 3-2),集团公司(鲁尔股份公司)下属德国烟煤、鲁尔国际煤炭、鲁尔 EBV、STEAG、RUIGERS、SAARBERG6 大公司和鲁尔培训、鲁尔计算机技术、鲁尔保险服务 3 个服务性公司。德国烟煤公司是对原有 7 个矿业公司重组整合而成的,负责本土的烟煤开采和焦炭生产;鲁尔国际煤炭公司,负责国际采矿、国际煤炭贸易、销售业务及采矿技术;鲁尔 EBV 公司、STEAG 公司、RUIGERS 公司、SAARBERG 公司承担住宅房地产开发与服务、商品贸易、电厂经营、IPP 国际业务、电子系统、化学品、塑料等各类非煤业务。最近几年,根据区内煤炭资源逐渐枯竭的实际,鲁尔集团积极拓展海外煤炭市场,通过资本运作,成功进入美国并迅速发展。2000 年,鲁尔集团并购美国的赛普路斯—阿马科斯煤炭公司和匹兹堡煤炭公司,当年在美国生产煤炭 58.1 万吨,占美国煤炭总产量的 6%,在美国排在第五位,成为美国最为重要的煤炭公司之一。同年,鲁尔集团海外业务销售收入占到集团总销售额的 30%,2003 年这个比重增长到 45%。

从上述发展过程可以看出,鲁尔集团经济发展总起来可以分为三个阶段:第一阶段,鲁尔集团成立初期为单一煤炭生产时期;第二阶段,随着集团发展,开始涉足多个领域并逐步发展成为集能源生产、房地产开发、化工塑料生产、培训、咨询、保险业为一体的跨国公司,经营范围涉及 35 个领域,其中有 16 个主要经营领域、19 个其他经营领域,其非煤收入已经过半。第三阶段,跨国跨地区经营时期,近年来虽然鲁尔集团不断向国外扩张,但其始终把煤炭产业放在主业地位,注重发挥自身技术优势。因此,经营以煤为主,优先发展相关产业仍然是鲁尔集团的发展趋势。

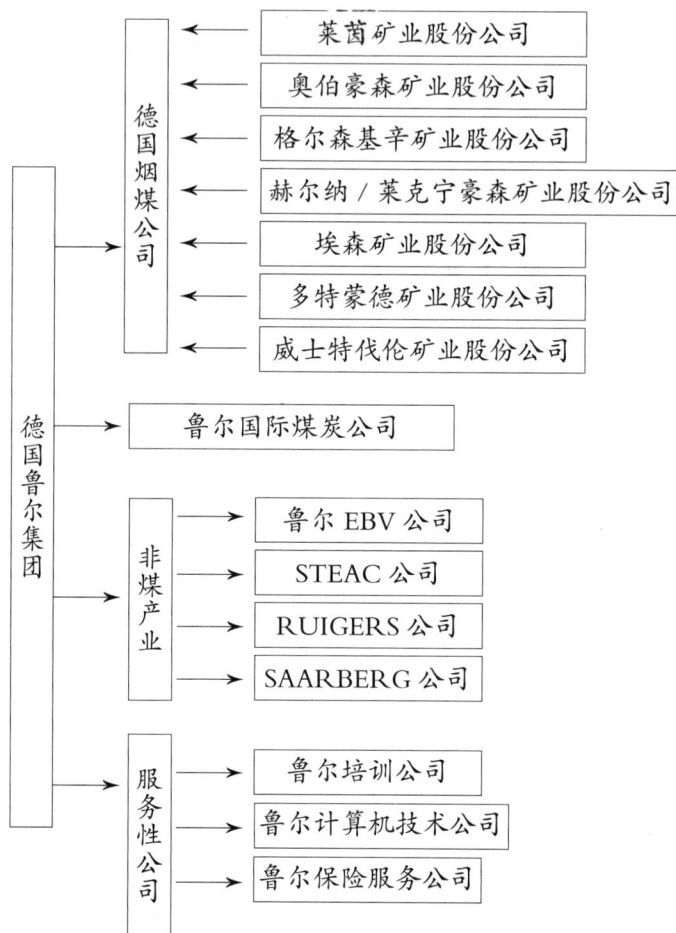

```
                    ┌──────────────────────────┐
              ←─────│   莱茵矿业股份公司          │
              ←─────│   奥伯豪森矿业股份公司      │
              ←─────│   格尔森基辛矿业股份公司    │
        德    ←─────│   赫尔纳／莱克宁豪森矿业股份公司│
        国    ←─────│   埃森矿业股份公司          │
        烟    ←─────│   多特蒙德矿业股份公司      │
        煤    ←─────│   威士特伐伦矿业股份公司    │
        公                                       
        司                                       
   德                ┌──────────────────────────┐
   国   ──────→      │   鲁尔国际煤炭公司          │
   鲁                
   尔            ──────→ │   鲁尔 EBV 公司        │
   集        非   ──────→ │   STEAC 公司          │
   团        煤   ──────→ │   RUIGERS 公司        │
            产   ──────→ │   SAARBERG 公司        │
            业
                     ──────→ │   鲁尔培训公司        │
          服    ──────→ │   鲁尔计算机技术公司    │
          务    ──────→ │   鲁尔保险服务公司      │
          性
          公
          司
```

　　3.澳大利亚必和必拓集团（BHP　Billiton）

　　二十世纪 60 年代,澳大利亚抓住战后日本经济起飞,急需大量煤炭这一有利时机,采用先进开采技术,扩大生产规模,大力发展外向型煤炭工业。经过四十年的发展,澳大利亚已经成为世界煤炭产量增长最快的国家之一。目前,澳大利亚的煤炭资源主要掌握在必和必拓、埃克斯(Xstrata)、安道尔(Anglo　Coal)、力拓(Rio　Tinto)等国际大型煤炭公司。2001 年,比利顿公司和 BHP 公司强强联合在国际煤炭市场上引起轩然大波。比利顿公司成立于 1860 年,主要生产铝、氧化铝、铬锰矿石及合金,镍钛矿石和煤炭,2000 年生产煤炭 68.6 万吨,居世界大型煤炭集团第 5 位,出口煤炭 34 万吨,居世界第 2 位。BHP 公司成立于

1885年,总部在堪培拉,主要从事钢铁生产销售、石油天然气勘探。2000年生产煤炭54.1万吨,居世界煤炭大型集团第7位,出口煤炭35万吨,居世界第一位。(见表3-4)

2001年,两公司重组合并成必和必拓集团。重组后,在经营方面实现了优势互补,经营效率提高;同时,实现了市场的有机整合,建立起统一的全球性销售体系,设立铝、碱金属、碳钢材料、不锈钢材料、动力煤、石油和钢铁销售公司,这样能更好地满足客户要求,同时也有利于共享市场信息,节省营销成本。另外,通过购买澳大利亚和南非的优质煤炭资源迅速提高了煤炭出口量,国际化经营的实力显著增强,成为世界上最大的煤炭出口商,2003年其煤炭出口量占总产量的66%。目前必和必拓公司跃居世界矿业公司第3位,2003年集团产煤11632万吨。

表3-4　　BHP与Billiton各自的重组历史表

Billiton	BHP
从事于南非国际采矿业务开发,盈利商品和地域多元化	致力于澳大利亚的国际采矿业务开发
主要重组项目: 南非Ingwe煤炭公司(1998) 南非Samancor煤炭公司(1998) 加拿大Rio Algom公司(2000) 出售的资产: 出售与Alcoa组建的Integris(2004)	主要重组项目: 澳大利亚的Lysaght(1963)、Australian Industrial Refractory(1974)、UTAH(1984)、美国能源(1985)、美国Hamilton石油公司(1987)、新西兰钢铁(1988)、Supracote(1991)、Tintaya Copper(1994)、美国Magma公司(1996) 出售剥离的资产: 出售澳大利亚Newcrest矿业公司(1994)、Bhp Hawaii(1997);剥离澳大利亚One Steel(2000)完成业务重组

(四)国际煤炭业重组的启示

1.煤炭业重组是市场化发展的必然结果

煤炭业作为资源类自然垄断行业,具备相当的规模效应。如果产能规模不够,那么不仅生产成本无法有效降低,同时也无法抵御外部市场的变化。同时煤炭是上游能源行业,其受经济周期的影响十分明显。因此,只有通过重组并购,把小资本集中成大资本,小企业集中为大企业,形成足够的市场集中度与产业规模,才能以规模化来抵御宏观经济的外部冲击。从国际三大煤炭巨头的发展历程中可以清楚地看到这点,正是由于市场发生变化,煤炭业的发展背景和企业的经营环境也随之发生变化,导致煤炭企业的发展战略改变,才有了各国煤炭业的重组兼并。所以,煤炭业重组是市场自身发展的客观要求。

2.市场在煤炭业重组中发挥着主导作用

发达市场经济国家煤炭企业集团的成功案例证明了市场这只"看不见的手"在煤炭业重组过程中发挥了主导作用。由于相对于建新矿,重组并购能更快实现扩张,而且更能获利,因此一些大的国际煤炭公司在"看不见的手"的引导下,频繁的进行兼并、联合与重组,使得煤炭企业向集中化发展,市场竞争能力得到提高。二十世纪 60 年代,美国煤炭业进行大重组,经过关停并转、优胜劣汰,全美煤矿实施结构调整,集中生产,煤炭生产效率显著提高。70 年代的石油危机前,由于预期煤炭价格将会上涨,大型煤炭公司都增加煤炭储量,产量连年上升,市场集中度也一路走高。90 年代中期以来,随着经济的快速发展,采矿技术的不断进步和机械化设备大型化趋势的加快,生产成本下降,价格下跌,许多中小煤炭公司出现库存增加、经营效益下降甚至亏损等不具备抗风险能力的劣势,为了生存和发展只能选择兼并重组;而大型煤炭企业凭借自身优势,不断扩张企业规模,增强自身实力,又一次引发了美国煤炭工业的重组兼并。产业集中度迅速提高,在 2006 年创造出 CR4=46.6%的历史高点。在煤矿个数减少的同时,煤炭产量不断扩大。1997 年,美国共有煤矿 1828 个,到 2004 年时仅存 1300 个。而煤炭产量则从 1995 年的 936.9 百万吨增加到 2004 年的 1112.1 百万吨。

3.政府的适当干预支持是必不可少的

煤炭业固有的特点,使得它面临着不利的经营环境,存在着明显的市场缺陷。因此,所有市场经济国家的政府,都对煤炭业的重组给予不同程度的支持,以实现政府的经济和社会目的。虽然也有些限制性条款,但支持是主流,是大方向,限制是在支持的大前提下对不规范行为的限制。

主要的手段有:

财政补贴。德、英、法、西班牙等产煤国,煤矿开采条件差,生产成本高,在这些国家的煤炭企业重组过程中,政府给予了大量财政补贴和强制销售合同支持。

政策性融资。日本政府对煤炭工业提供政策性融资,主要由日本开发银行提供优惠贷款,用于购买矿井现代化设备、煤矿建设、煤矿重组联合、受灾矿井恢复、改善煤矿经营、煤炭运输设备和海外煤炭勘探等。

政府税费减免和优惠。俄罗斯、波兰、匈牙利等东欧国家由政府出面,采取关闭煤矿、减免债务、免除利息、延长偿付期、借款变股本金等多种形式,帮助煤矿转产发展,促成煤矿企业兼并、重组,形成大型企业集团。德国对煤炭企业所得税给予退还、豁免或扣除。同时,还允许煤炭企业加速折旧,促进生产合理化。

法律制度保障。1999年1月,日本政府通过修改《禁止垄断法》,大大简化了企业兼并重组时的有关手续。8月通过《产业再生法》,并修订了《租税特别措施法》,以鼓励企业重组与合并。2000年5月,促进企业重组、建立公司分拆制度的《商法修正案》和《劳动合同继承法》在参议院获得通过,2001年1月实行。两法生效后,将简化企业将经营好的部门独立出来及亏损部门分离的手续,有利于企业的重组和增强竞争力。日本政府还在《商法修正案》的基础上同意公司可通过证券交换方法实行兼并重组,从而允许重组公司成为拥有被重组公司100%股息的母公司,这一措施大大降低了重组成本。

4.产融结合是国际煤炭业重组的突出特点

一般来说,一场大的重组并购浪潮往往需要多种资本的参与,单单依靠产业资本是无法支撑并维持重组并购市场的繁荣。目前金融资本已经广泛的介入到重组并购市场,并扮演越来越重要的角色。煤炭作为资本密集型产业,其重组并购也越来越依赖于金融市场。国际上,煤炭业在兼并重组的长期实践中,基本上利用了金融市场上所有的融资方式,如股权交易、贷款、并购基金、向国际金融机构贷款等。

股权交易。在国际上,煤炭企业的融资渠道主要为股票市场。目前,全球煤炭企业股票上市的证券交易市场主要有:悉尼、温哥华、多伦多、纽约、伦敦、约翰内斯堡。很多世界煤炭大集团都是上市公司,有的还在多个交易所上市。例如,力拓公司在伦敦、纽约、澳大利亚和新西兰证券所上市,安格鲁尔在伦敦、南非、瑞士、博茨瓦纳和纳米比亚股票交易所上市。

煤炭企业的上市在短期内可以筹集到大量的发展资金,促进管理水平的改善,提高公司稳健经营和盈利能力,同时也为资本并购提供了场所和空间。美国Total CFP公司在南非拥有部分煤矿资产;美国Cyprus矿物公司与A—max公司合并后,购买了澳大利亚Oakbridge公司的大部分煤炭股份;澳大利亚力拓公司购买了澳大利亚煤炭联合工业有限公司的大部分股份和美国的一些煤炭资产;1989年Newmont采矿公司是美国皮博迪控股公司的主要股东;1990年,Hanson公司购买了皮博迪公司的全部股份。1996年,Hanson公司将皮博迪公司和一家英国的发电和配电公司——东方公司合并,成立能源集团公司。这些国际煤炭企业通过在股票市场上进行一系列的股权交易,加强了资本化程度,提高了公司的融资能力。

并购贷款和搭桥贷款。向银行贷款是国际上煤炭企业重组并购时普遍采用的一种融资方式。由于银行借款较迅速,且融资费用相对较低,所以当重组并购方闲置资金不足,发行证券融资费用又较高时,会优先采用这种融资方式。

在美国,虽然多层次资本市场体系完善,参与并购融资的投资机构众多,但银行信贷在煤炭企业并购重组中仍然发挥着重大作用,几乎所有重大并购活动中都有银行信贷资金的参与。从总体上看,在煤炭企业并购重组中,商业银行贷款占20%以上,发行新股(包括换股)占50%多,其他为企业债券等,占20%—30%。

从具体项目的并购重组融资安排上看,金额巨大的并购行为,一定有银行信贷的参与,要么是并购贷款,要么是搭桥贷款。在杠杆收购中,收购方企业用于收购的自有资金只占收购总金额的很小部分,通常在10%左右,其余大部分通过从银行和其他金融机构贷款及发行垃圾债券筹得。一般的,从事杠杆收购的美国公司的资本结构大致为:股本5%—20%,垃圾债券10%—40%,银行贷款40%—80%。此外,在杠杆收购中搭桥贷款也很流行。收购方企业为了并购融资顺利完成,会向商业银行或其他金融机构申请搭桥贷款,但利率较高,搭桥贷款由收购方企业在并购完成后公开发行新的高利率、高风险债券所得款项,或以并购完成后主并购方以较高的股利政策进行偿还。

银团贷款。银团贷款又称为辛迪加贷款(Syndicated Loan),是由获准经营贷款业务的一家或数家银行牵头,多家银行与非银行金融机构参加而组成的银行集团(Banking Group)采用同一贷款协议,按商定的期限和条件向同一借款人提供融资的贷款方式。其产品服务对象为有巨额资金需求的大中型企业、企业集团。银团贷款对煤炭业重组的作用主要体现在解决煤炭业重组过程中的资金需求上。对于资本密集型的煤炭业,银团贷款的好处是:第一,在贷款条件上,其相对于发行债券有相当大的灵活性,借贷双方可以充分协商,从而达成满足双方各自要求的意见。第二,可以分期提款和分期还款,从而减少利息支出;第三,可以约定提前偿还,有利于节约利息支出;第四,银团贷款的市场容量很大,可以动员全球的银行参与;第五,一笔银团贷款可以同时使用多种不同的货币。

在国际煤炭业重组过程中,随着交易的资产规模和金额越来越大,银团贷款越来越频繁地出现在重组并购市场上, 显示出与全球资本市场强烈的融合趋势。如 2000 年 Billiton 为收购 Rio Algoma 而从摩根大通获得 20 亿美元的银团贷款;2001 年 4 月,Xstrata 在收购 Asturiana 时在投资银行的帮助下获得 6 亿欧元的银团贷款。

并购基金。私募股权基金是企业融资的主要组成部分,在煤炭业的重组、升级、整合中发挥作用。并购基金作为一种专注于对目标企业进行并购的私募股权基金,其通常投资于处于发展期的目标企业。该类基金的投资手法一般是,通过收购目标企业股权,获得对目标企业的控制权,然后对其进行一定的重组改造,卖掉部分资产而再买入需要资产,持有一定时期待企业发展成熟、增值后,通过上市、转售或管理层回购等方式,出售其持股而获利。

国际并购基金市场的发展起源于私募股权投资的发展和国际并购浪潮的推进,于 20 世纪 60 年代悄然兴起。并购基金随着国际并购浪潮的推进,大规模参与跨国并购,使得国外直接投资(FDI)间接化,推动了产业资源的全球重新整合, 加快了全球产业更新换代的步伐。如今在国际煤炭产业重组兼并的背后,越来越频繁地看到了并购基金活跃的身影。

国际金融机构贷款。世界银行通过资金支持成员国的改革和企业重组,向政府或国有企业提供特许或非特许权的项目融资,向私人部门提供商业性债务或股本资金,向在发展中国家进行的包括矿业在内的私人项目提供长期政治风险担保或其他担保。

二、国内煤炭业重组历程及发展现状

从国际上看,近年来世界各大煤炭巨头以占有煤炭资源、市场为主要目的的兼并收购和战略重组不断加剧, 世界煤炭工业发展呈现出企业经营集团化和生产规模大型化两种趋势,企业通过重组向集团化发展,竞争力日益增强。从国内看,我国煤炭业经过多年的重组和发展后,也取得了阶段性的成果,对推动煤炭工业发展起到了积极的作用,但是与国际上主要产煤国相比,我们的差距还很大,进一步重组的任务还很艰巨。因此,客观地分析当前我国煤炭业重组的发展现状对进一步加快煤炭业重组有着重要的现实意义。

(一)我国煤炭业重组历程

我国煤炭业的重组是伴随着煤炭产业组织的发展、市场化进程的加快而逐步推进的,不同的阶段体现出不同的特点,总体来看,主要分为三个阶段:即计划经济时期、改革开放初期、市场化改革时期。

1.计划经济时期:(1949-1978 年)

新中国成立以后,经过三年的经济恢复和"一五"到"五五"时期的大规模建设,伴随着工业化进程的发展,耗能高的工业逐渐成为国民经济主导部门,这种产业结构造就了煤炭产业的支柱性地位和对国民经济的决定性作用。因此,我国政府制定了"以钢为纲,以煤保钢"和"煤炭工业是国家工业化的先行工业"的方针战略,一系列加快煤炭增长和促进煤炭节约的政策措施陆续出台,如,投资向煤炭产业倾斜、大力发展乡镇煤矿等等。在 1949 年至 1978 年近 28 年的时间里,煤炭产业经历了恢复期和调整期,在国家政策的支持下,政府对国有煤矿基建投资速度达到了年均 8%以上,使得煤炭工业的基建投资在各个计划时期均占到全国工业基建投资的 12%左右, 全国年产 3 万吨以上矿井的生产能力增长 30 多倍,全国煤炭总产量年均增长率达 10%。

这个时期,煤炭行业一直都由国家有关机构下设的煤矿管理局或煤炭工业管理局实行计划经济管理,煤炭企业的自主经营权非常有限,煤炭企业的并购重组现象较为少见。在 1964 年,国家以行政指令方式重组了华东煤炭工业公司、贺兰山煤炭工业公司、渭北煤炭工业公司,但由于后来爆发了"文化大革命",这三个煤炭工业公司都没有能够继续办下去。其中,华东煤炭工业公司作为新中国成立以来组建的首个大型煤炭企业集团,是由煤炭工业部在华东地区的 9 个矿务局、1 个直属矿、30 个煤炭勘探、设计、施工单位和 23 个辅助工厂组成的日产原煤近 10 万吨的大型联合企业,虽然公司仅试办了两年时间,但这种重组形式是我国煤炭工业经济管理体制的一次有益尝试。

2.改革开放初期:(1978-1992 年)

改革开放以后,国家对煤炭产业采取了"大中小煤炭并举"的鼓励性政策。在继续加大国有煤炭投入、特别是在加快国有重点煤炭建设的同时,大力发展乡镇小煤矿。1983 年 3 月,国务院颁发了《关于加快发展乡镇煤矿的八项措施》等文件,倡导"有水快流"、"国家修路,群众办矿";1985 年 1 月,国家又制定了"国家、集体、个人一齐上,大、中、小煤矿一起搞"等发展煤炭产业的新方针、新战略,并采取了发放低息贷款、对出省煤炭给予财政补贴等金融支持措施,煤炭产业规模实现了快速扩张, 煤炭产量呈直线增长。1990 年原煤产量达 10.8 亿吨,首次跃居世界第一位,充分显示了中国计划经济动员经济资源,组织经济活动的力量和优势。

1984 年 7 月，河北省保定市纺织机械厂和保定市锅炉厂以承担全部债务的形式分别并购重组了保定市针织器材厂和保定市鼓风机厂，拉开了中国企业并购重组的序幕。在煤炭工业管理体制方面，为了加快资源开发，我国对东北内蒙古煤炭集团公司、安徽煤炭工业公司、重庆煤炭工业公司等一批关系国民经济全局的大型骨干煤炭企业进行了重组。1987 年，出现了一系列鼓励并购的政策，1988 年，在组建能源部时，又组建了中国统配煤矿总公司。

这个时期重组的公司，完全是在政府的主导下，以行政手段重组的具有较强行政管理职能的半官方性质的企业集团，重组的特点主要是数量少、规模小、同地区、同行业，重组的目的主要是减少亏损、减轻财政负担，从并购方式看，由于 1988 年 5 月武汉成立了第一家产权转让市场，同年，成都、保定、太原等地也相继成立了产权交易市场，因此，并购方式主要是承担债务和出资购买，其中 70%多为承担债务形式。煤炭企业的这种重组形式是我国计划经济向市场经济逐步过渡这一特殊时期的特殊产物。

3.市场化改革时期：(1992 年至今)

1992 年，邓小平南巡讲话确立了市场化改革的方向，随着中国经济改革的深化，煤炭产业也开始了由计划经济向市场经济的转型，中国的发展进入了一个经济转型时期，煤炭业的重组也经历了一个逐步趋于规范化的过程。为了具体了解这个时期煤炭产业的发展及重组情况，我们将分四个阶段分析其过程：

1992 年–1995 年，煤炭产业市场成长初期，重组情况较少

由于从 80 年代中、后期一直到 90 年代初期，国家对煤炭行业始终采取的是鼓励性产业政策，因此小煤矿成为当时中国煤炭产业的重要组成部分。政策的支持，进入壁垒的低下，导致煤炭企业数量迅猛增加，市场容量增大了，经营个体增多了，但大型煤炭企业数量少，煤炭产量增加相对迟缓，处于市场化初期的中国煤炭产业呈现出竞争分散的特征，并且表现出所有产业市场成长初期的共性，即市场集中度随产量的提高而降低。1995 年，中国煤炭产业的市场集中度 CR4 仅为 6.53%，比 1990 年的 7.55%下降了 1.02 个百分点。

市场化改革方向的确立使得煤炭工业管理体制改革步伐加快，国企改革不断深化，为煤炭企业的并购重组创造了良好的环境。1993 年，中央将军队办的煤矿企业以移交的方式并入了地方。1995 年，煤炭行业开始企业化改制试点，原国家改革委将兖州、邢台、平顶山矿务局以及平朔煤矿等列入 100 个试点单位，同年，原国家计委按企业化运作模式牵头组建了中国神华集团和中国煤炭进出口公司。

1996-1998 年,煤炭产业市场逐渐向成熟化迈进,煤炭重组步入良性轨道

1996 年,我国煤炭行业创造了年产量 13.74 亿吨的历史最高水平,但是,市场集中度低仍然是煤炭行业面临的一个突出问题。据统计,到 1997 年底,我国共有各种煤矿 8.4 万个,其中各类小煤矿就有 8.1 万个,占总数的 96.43%。同样年产 10 亿吨煤炭,美国却仅有 2196 个煤矿,是中国的 1/38。1998 年 12 月 3 日,为实现我国煤炭产业市场结构的理性发展,国务院颁发了《国务院关于关闭非法和布局不合理煤矿有关问题的通知》,决定到 1999 年底之前,关闭 25800 个小煤矿。

这期间,煤炭企业的并购重组也开始步入良性轨道。1996 年,第八届全国人大第十二次会议通过了《关于修改〈中华人民共和国矿产资源法〉的决定》以及与之配套的《矿产资源勘察区块登记管理办法》、《矿产资源补偿费征收管理规定》等多项法规和规章,为煤炭企业的并购重组提供了法律上的保障。在政府主导下,煤炭行业展开了以资源整合为手段的煤炭集团化制度改革。至 1997 年,兖矿集团等 32 家国有重点煤矿先后通过重组整合实现了公司化和集团化。兖州煤矿、大同煤矿、平顶山、平朔煤矿等煤炭企业开始组建股份公司,并准备上市。大型企业在中国煤炭产业中的主导作用开始显现,1996 年至 1998 年,煤炭产业集中度微幅上扬,CR4 达到 7.1%,CR8 达到 12.45%。

1999 年 -2001 年,煤炭产业组织结构不断优化,重组效应初步显现

在国家限制性产业政策和市场需求减缓的双重压力下,我国煤炭总产量被控制在合理的范围之内,1999 年 -2001 年, 年产量分别为 10.44 亿吨、9.99 亿吨、10.89 亿吨,市场容量趋于恒定。小煤矿的数量也由 1997 年的 8.1 万处锐减到 2000 年的 3.3 万处,占全国煤炭总产量的比重由 43.1% 下降到 27%,下降了 16.1 个百分点, 与此同时, 国有重点煤矿产量占全国煤炭总产量的比重由 39.9% 提高到 53.6%,上升了 13.7 个百分点。煤炭产业组织的状态有所改观。

1999 年 -2001 年, 我国煤炭产业的市场集中度也迅速上升,CR4 和 CR8 分别从 1998 年的 7.1% 和 12.45% 上升到 2001 年的 14.23% 和 21.3%,提高了近一倍的水平。这除了得益于市场容量的恒定状态和数以万计小煤矿的强制性关闭外,煤炭业的重组对煤炭产业集中度的提高起到了重要的作用。这期间,一方面,优势企业不断壮大,市场积聚向寡占型结构进化。其中山西阳泉煤业集团在 1999 年开始了并购重组;2001 年 10 月 16 日,由西山、汾西、霍州三家大型煤企联合组建的山西焦煤集团公司挂牌营业。另一方面,近年来相继重组的大型煤炭企业对煤炭行业的贡献率逐步加大。从表 4-1 可以看出,前四位企

业的煤炭年产量逐年增加,即使在 2000 年全国煤炭总产量大幅减少 4500 万吨的情况下,前四位企业的产量依旧增加 1988.42 万吨,值得注意的是,前四位中除了大同矿务局,其他三家都是近几年通过重组的企业,尤其是 1995 年组建的神华集团,经过短短五年的发展,在 2000 年首次超过保持了 20 多年全国第一的大同矿务局。

表 3-5 1999 年 -2001 年全国前四位煤炭企业基本情况

单位:万吨、%

年份	年产量居全国前四位企业	煤炭年产量	占全国煤炭总产量的比重
1999 年	大同、兖州、中煤、神华	10017.21	8.25
2000 年	神华、大同、兖州、中煤	12005.63	9.76
2001 年	神华、兖州、大同、中煤	14895.29	14.23

资料来源:潘克西,《中国煤炭市场集中度研究》,《管理世界》2002.12。

2002 年至今,煤炭大企业和企业集团化发展加快,重组逐步趋向规范化

2000 年, 全国原煤年产量达到 13.8 亿吨, 恢复到了 1996 年的最高水平,2002 以来,原煤年产量呈逐年上升趋势,2008 年达到了 27.16 亿吨,其中,煤炭产量过亿吨的企业有三家,5000 万吨级以上的煤炭企业 5 家,1000 万 -5000 万吨级的企业有 27 家[10]。

从重组的进展看,随着 2002 年加入 WTO,中国与世界接轨,政府制定了一系列关于并购的法规,如《上市公司收购管理办法》、《上市公司股东持股变动信息披露管理办法》、《外国投资者并购境内企业暂行规定》;此外,还修订了《公司法》、《证券法》等,我国并购重组活动逐步走向规范化;2004 年出台了《煤炭工业中长期发展规划 (2004-2020 年)》,提出了大型煤炭基地建设的初步规划;2005 年, 国务院发布《国务院关于促进煤炭工业健康发展的若干意见》(国发〔2005〕18 号);2007 年《煤炭工业发展"十一五"规划》出台,明确提出要打破地域、行业和所有制界限,加快培育和发展若干个亿吨大型煤炭骨干企业和企业集团。这些政策为煤炭企业重组提供了方向上的指导。

在国家产业政策的支持和提高议价能力的利益驱动下,各地积极推进煤炭

[10]见《中国煤炭工业发展报告(2009)》,社会科学文献出版社,2009,第 23 页。

企业重组,形成了一批大型煤炭企业和企业集团。同煤集团、宁夏煤业集团、陕西煤业化工集团、龙煤集团、沈煤盛隆公司、四川省煤炭产业集团、金牛能源集团、中国平煤神马能源化工集团等煤炭企业都是在 2002 年以后经过重组后形成的大型企业集团。截至目前,原隶属于煤炭部的 94 家国有重点煤炭企业并购重组为 46 家大型企业集团。

这一期间煤炭业重组表现出的特征主要是:政府主导为主,市场力量逐步增强;并购主体不再局限于国有企业,民营企业和外资企业也纷纷参与;重组规模逐步扩大,重组模式向多样化发展,包括跨行业、跨区域、跨所有制、跨国并购重组。

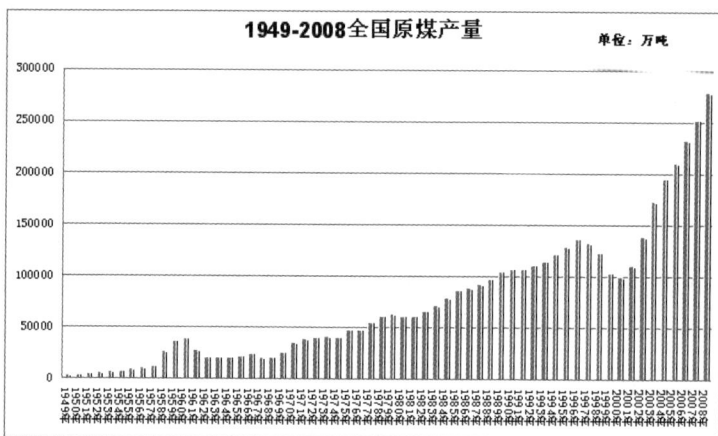

数据来源:煤炭资源网 http://www.coal.com.cn

图 3-3　　　我国煤炭业重组历程中原煤产量的变动情况

(二)我国煤炭业重组的现状

从目前的现状看,经过多年的重组实践后,我国煤炭业重组已经取得了阶段性的成果,基本建立起了比较完整的、有一定现代化水平的煤炭产业体系。但是,与国际煤炭业近百年的重组历史相比,我国的重组才刚刚经历了一个短暂的发展历程,煤炭产业发展水平与国际煤炭业仍存在着很大的差距。

1.煤炭业重组的初步成果[11]

产业集中度得到明显改善。对于煤炭产业这样的基础性能源产业,一定的

---

[11]对于我国煤炭业重组取得的初步成果,本文将分别采用定性和定量相结合的分析方法来说明,鉴于文章结构的安排,此处只做了定性分析,对重组成果的定量分析在后面的一文中专门做了具体的实证研究。

产业集中度是产业健康发展的重要保障条件。经过重组后,我国煤炭产业的集中度得到了明显改善,从图 4-2 可以看出,2008 年末,我国煤炭产业集中度 CR4 达到了 19.55%,较 1994 年提高了 12.37 个百分点,CR8 达到了 27.35%,较 1994 年提高了 15.98 个百分点。据煤炭工业协会统计,2008 年,原煤产量过亿吨的企业的产量合计占全国总产量的 14.57%,较 2007 年提高 1.13 个百分点;产量 5000 万吨以上的企业的产量合计占全国总产量的 26.54%, 较 2007 年提高 6.5 个百分点;产量 3000 万吨以上的企业的产量合计占全国产量的 38.75%,较 2007 年提高 6.8 个百分点。

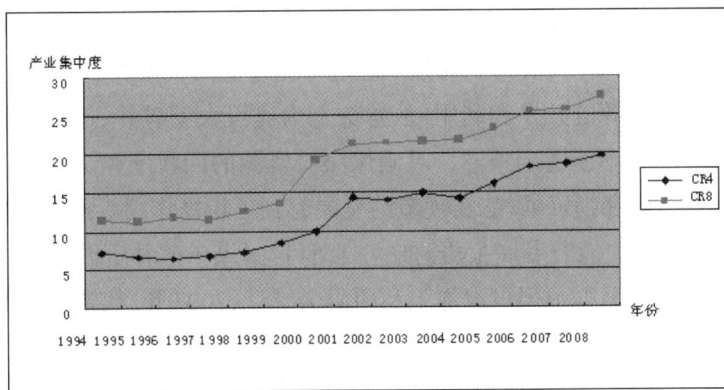

数据来源:《中国煤炭工业发展报告(2009)》

图 3-4 　　煤炭业重组过程中产业集中度的变化趋势(单位:%)

多元化产业格局正在形成。煤炭业的重组加快了煤炭产业结构调整的力度,促进了煤炭企业在煤炭综合开发一体化、综合利用、产品深加工等方面的延伸,使得煤炭工业以煤为主、多业共同发展的格局正在形成。例如,在中国煤炭工业协会发布的"2009 年中国煤炭企业 100 强"名单中,有 82 家企业以煤炭生产为第一主营业务, 其中煤炭生产收入占企业总营业收入比重在 50%以上的有 45 家,比重在 40%-50%的企业有 8 家,比重在 30%-40%的企业有 6 家,比重在 30%以下的有 3 家,可以看出,煤炭业多元化发展的格局正在形成。

安全形势得到好转。煤炭产业的特殊性决定了煤炭企业只有实现了规模发展,才能够运用先进技术改善矿井生产条件,增加安全投入,提高安全保障程度, 而煤炭业的重组加快了大型煤炭企业集团的形成和众多小煤矿的整顿关闭,进一步提高了煤炭的安全水平。2001 年以来煤炭生产百万吨死亡率持续下降,由 2001 年的 6.02 下降到了 2008 年的 1.18,下降了 4.84。其中 2008 年,全国煤矿企业生产事故 1954 起,同比下降 19.3%;全国煤矿企业生产事故死亡

3215 人,同比下降 15.1%,煤炭产业安全状况进一步得到了提高。

企业改革与发展步伐加快。煤炭业的重组和企业的改革发展有着相互促进的作用。一方面,煤炭业的重组促进了煤炭企业的改革和发展,为煤炭企业提供了体制、机制和制度保障,企业进一步建立健全了"产权清晰、权责明确、保护严格、流转顺畅"的现代产权制度,也形成了大发展所需要的物质条件,大项目的开发和建设成为企业发展的引擎;另一方面,企业为了保障重组的顺利推进以及重组后企业的顺利运行,改革的积极性和主动性进一步加强,逐步按照市场经济体制的要求建立了新的法人治理结构和运行机制,满足了现代企业制度的要求,企业的综合竞争力也不断得到提升。

煤炭工业节约化发展得到加强。通过重组建立的大型煤炭企业集团,可以科学统筹煤炭资源的开发和利用,从源头上为建设大型矿井、运用先进技术提高煤炭资源回收率创造了条件,对确保煤炭资源的回收率和降低煤炭开采过程中的能源消耗和物资消耗、实现节约发展起到了积极作用。据中国社科院发布的《2007 年中国能源发展报告》披露,当前我国煤矿矿井资源回收率得到提高,达到了 30%,另据中国煤炭加工利用协会统计,2007 年,煤炭行业耗能总量约 1.31 亿吨标煤(不包括洗选损耗);万元产值综合能耗平均为 1.24 吨标准煤,较 2006 年下降了 26.6%;原煤生产综合能耗平均为 12.62 千克标准煤 / 吨,较 2006 年下降了 5.5%;原煤生产能耗平均为 21.58 千瓦时 / 吨,较 2006 年下降了 4.3%。

2.目前存在的差距

产业组织结构分布不够合理。(1)产业集中度仍然过低。我国煤炭产业集中度与国际上其他主要产煤国家相比,仍显得过低。一是从产业集中度绝对数看,美国煤炭产业绝对集中度指标 CR4 和 CR8 分别是中国的 2.47 倍和 2.36 倍(见表 4-2),澳大利亚 CR4 为 65%,南非 CR4 为 62.3%,远高于我国煤炭产业集中度;二是从产业集中度提升速度来看,近十五年来,美国煤炭产业 CR4、CR8 分别提升了 15.9 个百分点和 17.4 个百分点,而中国则分别提升了 12.37 个百分点和 15.98 个百分点,均低于美国的提升速度。过低的产业集中度削弱了政府的政策效力和调控能力,加大了政府的监管成本。(2)大型企业、大型集团数量较少。纵观全世界,煤炭企业都在向着大型化、多元化、集团化方向发展。目前世界十大煤炭公司的煤炭产量约占全球煤炭产量的 20% 以上。美国煤炭市场结构呈现出寡头竞争型态势。这种竞争格局以生产规模大,经济实力强和科技含量高的大型企业集团为主,有利于资源的合理配置。而中国煤炭产业属于低级低效的分散竞争型市场结构。2008 年底，我国共有规模以上煤炭企业 7066 家，是美国的 6.5 倍[12]，各类生产矿井 18994 口，是美国的 16.2 倍(见表 4-3)。煤炭市场结构呈现分散性结构，这使得煤炭资源储量的开采权也被大量的中小企业分割，与建立有效市场秩序极不相符。众多规模小且过于分散的企业看似合理的经济行为，加总之后却是总体的不合理；同时也削弱了中国作为产煤大国在世界煤炭贸易中的话语权，制约了中国煤炭业国际竞争能力的提升。

表 3-6　　　中国与美国煤炭市场结构的比较(2007 年)

国别	煤炭企业名称	产量(百万吨)	市场份额(%)	CR4(%)	CR8(%)	市场结构	
						贝恩	植草益
中国	神华集团	235.77	9.3	18.62	25.63	竞争型	分散竞争型
	中煤集团	105.02	4.14				
	山西焦煤	65.94	2.6				
	大同煤矿	65.43	2.58				
美国	皮博迪能源公司	174.52	16.8	45.9	60.48	寡占型	高(中)寡占型(寡头竞争型)
	力拓能源美国公司	121.92	11.7				
	阿齐煤炭公司	115.14	11.1				
	基础煤炭公司	65.18	6.3				

资料来源：《中国煤炭工业年鉴(2007)》，美国能源情报网 http://www.iea.org。

[12]此处仅以中国规模以上煤炭企业家数和美国总数做比较。

表 3-7　　中国与美国煤炭产业主要经济技术指标比较

主要经济技术指标	中国	美国
可采储量(亿吨)	1145	2427.21
占世界可才储量比重(%)	13.5	28.6
占本国化石能源储量比重(%)	90	90
年产量(亿吨)	25.36	10.4
平均单井生产规模(万吨、年)	13.6	88.4
矿井数(口)	18994	1174
企业数(家)	约 10000	1176
产业集中度(%)	CR4 为 18.62 CR8 为 25.63	CR4 为 45.9 CR8 为 60.5
职工人数(规模以上煤炭企业)★	463.69	8.1
生产效率(吨/人.年)	<547	11000
综采机械化程度(%)	<40	100
百万吨死亡率(人/百万吨)	1.49	0.03

★ 年产量在 30 万吨以上的煤炭企业。

资料来源:《BP 世界能源统计年鉴(2008)》,《中国煤炭工业年鉴(2007)》,美国能源情报网 http://www.iea.org。

重组模式较为单一。(1)纵向和混合重组还不够。从以往的实践来看,我国煤炭业重组更多是倾向于以煤炭资源整合为主的横向重组,以发展产业链的纵向和混合重组还不多。而从国际经验看,大部分跨国煤炭公司实行煤炭产业链战略,煤炭产品在企业内部直接进行消化和深加工,降低了产品的综合成本,提高了产品的附加值。这种推行以煤炭为基础的产业链条发展的战略趋向,必将要求煤炭企业发展不再局限于传统的产业链,而是要以煤炭为基础,不断延伸产业链,可能是产业链上游或下游的企业合并组建成为新的企业;也可能是产业链上的企业通过对其上游或下游的企业施加垂直约束,使之接受一体化的合约,实现产业链利润最大化,还可能实施煤炭企业与非煤产业之间的混合整合,形成多元发展的格局。但不管是那种产业链延伸,必然引起煤炭业重组方向的转变。(2)跨区域重组形式发展缓慢。从国际上看,一些大型煤炭企业已经超越了一个地区或者一个国家的概念。例如,在美国,博地能源集团在全美9个州拥有煤矿,阿奇集团的煤矿分别在6个州,固本能源集团煤矿更是遍及11个州,地平线公司的煤矿分别在5个州,力拓公司的业务遍及19个国家,必和必拓集团的企业遍及17个国家,有的公司海外经营盈利能力超过本土。[13]而从我国重组情况看,除神华集团、中煤集团两家央企外,其他大的煤炭企业大都具有同区域、同所有制、同行业的"三同特征"。

(三)案例:神华集团与兖矿集团重组实践

目前,我国煤炭业的重组相对进入了一个成熟期,重组也逐步走入规范化。一些煤炭企业顺应时代发展的潮流,勇于创新,通过重组之路增强了企业竞争力,走上了可持续发展的道路,为其他煤炭企业的重组提供了可借鉴之处,其中神华集团有限责任公司(以下简称神华集团)和兖州矿业集团有限公司(以下简称兖矿集团)是具有代表性的两家企业。2000年底,神华集团被列入中央直接管理的44家国有特大型企业中,兖矿集团被列入国家的120家企业集团试点中;2001年,这两家煤炭企业的原煤产量分别位居全国第一名和第二名;2002年以来,这两家企业各项重要技术经济指标均处于行业领先地位。本部分将通过分析这两家煤炭企业的重组之路、重组成效以及重组过程中的主要经验,为我国煤炭业重组提供经验借鉴。

1."神华集团"重组实践

神华集团成立于1995年,为中央直管的国有重要骨干企业之一,是集煤矿、电力、铁路、港口、煤制油煤化工一体化开发,跨地区、跨行业、跨所有制的特大型能源企业,在中国煤炭行业处于领导地位。目前是全国最大煤炭企业、全球最大煤炭供应商。截止2008年底,共有全资及控股子(分)公司29家,职工15.9万人,总资产4111亿元。2008年销售收入达1440.23亿元,全国排名第一;利润总额达399.72亿元,全国排名第一;企业经济贡献率连续八年名列行业第一,原煤年产量达2.82亿吨。神华集团的发展模式成为我国大型煤炭企业可持续发展的经典模式。

神华集团重组之路。1998年末,国务院将内蒙古西部国有重点煤炭企业准格尔煤炭工业公司、乌达矿务局、海勃湾矿务局、包头矿务局、万利煤业(集团)

---

[13]见《中国煤炭工业发展报告(2009)》,社会科学文献出版社,2009,第23页。

有限责任公司等企业划归神华集团。兼并进来的西六局和神东煤矿构成了神华集团的主要产煤基地。1999 年，国家又将国华能源投资有限公司、中国机电出口产品投资公司等企业划归神华集团。同年，神华集团又收购了三河电厂、北京热电厂和盘山电厂，并接收了绥中电厂部分股权。2000 年，神华集团兼并中国新华航空公司和中国出口商品基地建设总公司，通过一系列的兼并、联合使得神华集团在短短几年内就迅速成为中国煤炭企业一支重要力量。从 2005 年 7 月初至 2006 年初，神华集团以增资扩股、股权转让等方式陆续重组了新疆乌鲁木齐矿业集团公司、内蒙古宝日希勒煤炭公司和宁夏煤业集团公司，资源储量大大增加，尤其是对宁夏煤业集团公司的重组完成了央企与地方国企的强强联合，这一举措在全国产生了强烈的反响。同时，在这一年，集团公司下属乌海煤焦化公司通过股权收购的方式完成了对内蒙古利民煤焦有限公司、众兴集团两家民营煤炭企业的收购。

重组的主要成效。(1)煤炭产能大幅度提高，销售收入稳居第一，事故发生率明显下降。一方面，从 1998 年末走上重组之路开始，神华集团的产量就逐年迅速上升。其中 1999 年以 2284 万吨的年产量位居全国第四位；2001 年以 5274 万吨的年产量位居全国第一位；2003 年产量突破 1 亿吨，成为中国首家亿吨产煤企业，开创了中国煤炭发展的新纪元；2005 年，产量达到 1.5 亿吨，年增长量已经连续三年保持在 2000 万吨以上，成为中国最大、世界第三位的煤炭生产商和供应商，全集团利润水平在中央企业名列第七位，国有资产保值增值水平位列中央特大型企业前茅，是中国最大 500 家企业之一；2006 年，煤炭储量位居世界煤炭上市公司的第二位，煤炭销量位居第二位；2008 年原煤产量 2.82 亿吨，商品煤销量 3.2 亿吨。神华集团的煤炭产量已经连续多年位居全国第一位。煤炭产量的大幅增加带来了销售收入的持续增长，在全国自 2002 年起以销售收入为指标进行的中国煤炭工业 100 强企业排名中，一直稳居第一。另一方面，事故发生率明显下降。重组以来，神华集团的安全生产逐渐达到世界先进水平，连续十年杜绝了三人以上重大人身伤亡事故，其中 2005 年原煤生产百万吨死亡率为 0.02，大大低于国有重点煤矿平均 0.958、全国平均 2.8 的水平，2008 年原煤生产百万吨死亡率再次下降至 0.018[14]。

---

⑭ 数据均来自于神华集团相关网站。

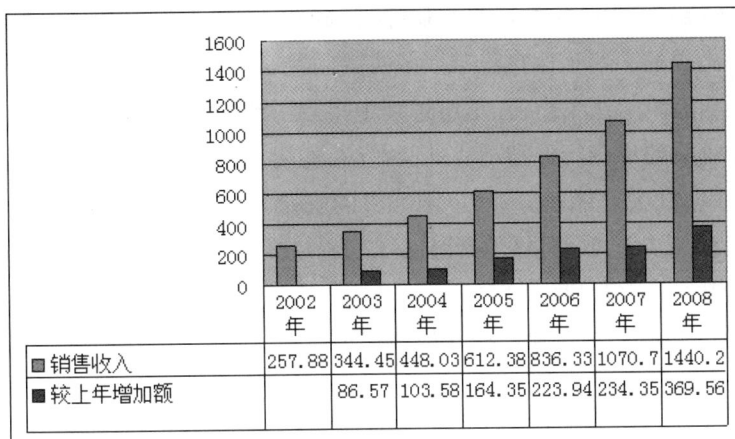

数据来源:2003 年 -2009 年全国煤炭工业 100 强企业名单。

图 3-5　　神华集团重组过程中销售收入变化情况(单位:亿元)

(2)并购企业规模经济、协同效应逐步显现。神华集团的重组模式属于跨地区、跨行业、跨所有制,重组后,形成了煤矿、电力、铁路、港口、煤制油煤化工一体化运营,这种优势促进了集团利益最大化目标的实现,使协同效应不断显现。例如,铁路、港口的发展强化了公司运力与煤炭生产能力的匹配,为神华集团的煤炭运输、销售提供了重要保证。同时,煤电的联营和开展煤制油及煤化工项目使得公司形成了一块稳定的内部煤炭市场。此外,一些原本实力较强的被并购企业给神华集团带来了先进的技术和人才,丰富了神华的产品线,实现了规模经济。

(3)被并购企业实力增强,发展后劲十足。一是使被并购企业产能增速加快。例如,2006 年,在被神华集团并购后的第一年,神华宁夏煤业集团公司加快矿井技改,推广应用连采机掘进等技术、新工艺,提高了单产单进水平,全年产煤 3838 万吨,同比增长 22%;神华新疆能源公司实施集约化生产、专业化管理,提高了产能,全年产煤 850 万吨,同比增长 34%;神华宝日希勒能源公司挖掘露天矿潜能,产量达到 580 万吨,同比增长 30%。二是增强了被并购企业的资金实力。神华集团在 2004 年 11 月发起设立的中国神华能源股份有限公司,分别于 2005 年 6 月、2007 年 10 月在香港和上海成功上市。截至 2008 年底,神华集团已对新疆公司和宝日希勒公司分别进行了增资,其中已完成对新疆公司增资 7 亿元,对宝日希勒公司结合露天矿改造计划增资 4.58 亿元,使两家公司的资金实力进一步增强。

主要经验借鉴(1)政府的推动作用至关重要。煤企重组中涉及不同级次的政府以及铁路、电力等相关行业的利益,需要政府有关部门的支持和协调,在重组过程中出现的一些企业自身难以解决的问题,最终也必须由政府出面协调。神华集团作为副部级央企,在重组过程中得到了政府的积极支持,在遇到一些自身难以解决的许多历史和现实的问题时,如历史债务清理、资源枯竭矿井的退出、企业办社会职能的分离、下岗人员的安置等,政府都起到了重要的协调作用,推动了重组的顺利进展。此外,国家还在不同场合推荐神华模式,对神华集团的重组也非常有利。

　　(2)合理选择重组对象。神华集团在选择重组对象上,针对性强,充分考虑了被重组企业的资源储量、资源的赋存条件、地质结构、开采条件、生产经营状况,在重组后,很快就将其先进的开采技术、高产高效的矿井建设经验在被重组企业中进行了推广,有效提升了整个集团的资源保障能力。

　　(3)积极协调政企关系。神华集团在对企业的并购重组中,注重协调政企关系,积极与当地政府进行沟通,建立了良好的合作关系,主要表现在:一是充分尊重当地利益,在集团的发展规划上努力与地方规划取得一致,向地方政府承诺在大力发展煤炭开采业的同时,着重发展煤炭就地转化产业,积极为地方经济作出贡献。二是充分尊重被重组企业利益。要求当地政府继续保留原来给予被重组企业的优惠政策,在政策上支持被重组企业接受重组,以求重组后能够带动地方经济的发展,实现双赢。

　　(4)充分发挥中介机构的作用,确保评估工作的公正性。重组是一项复杂的工程,在重组过程中要涉及投资咨询、方案策划、资产评估、财务审计、法律服务等大量工作,尤其是对民营企业的重组,神华集团与中介机构建立了良好的合作关系,在其下属乌海煤焦化公司对内蒙古利民、众兴两家民营煤炭企业进行重组时,中介机构发挥了重要作用,保证了重组的顺利完成。

　　2.“兖矿集团”重组实践

　　兖矿集团是国家百家现代企业制度和120家企业集团试点单位,是华东地区最大的煤炭生产和全国最大的煤炭出口企业之一。兖矿集团的前身兖州矿务局于1976年7月成立,1996年3月整体改制为兖州矿业集团有限责任公司。在国家的重点支持下,兖矿集团不断发展壮大,并确立了“建设国际化、现代化、可持续发展的大型企业集团”的战略方针,现在已发展成为以煤炭、煤化工、机械加工和煤电铝为主导产业的国有特大型企业。截止2008年底,兖矿集团共有全资及控股子公司37家,年末总资产达到656亿元,2008年煤炭年产量达3970万吨,全年实现营业收入467.92亿元,全国排名第八,利润总额72

亿元,全国排名第三,在岗职工人均收入 44919 元,同比增长 17.69%。

兖矿集团重组之路。1996 年 3 月,兖州矿务局整体改制为国有独资公司"兖州矿业集团有限责任公司";1997 年 9 月 25 日,兖矿集团独立发起设立兖州煤业股份有限公司,该公司于 1998 年在香港、纽约、上海三地上市,是中国煤炭行业第一个同时在境内外发行股票并实现三地成功上市的企业;1998 年 12 月,作为国务院确定的 120 家企业集团试点单位之一,兖矿集团第一个获国家批准,正式进入企业集团试点阶段。从 1998 年开始,兖矿集团陆续收购、兼并了鲁南化肥厂、山东比特公司、兖州煤机厂、常州煤研所等 40 多家企业,其中在 2004 年 10 月,购买澳大利亚南田煤矿,获可采煤炭 8000 万吨,成为首家在境外收购煤矿的中国企业;2009 年 12 月初,兖矿集团斥资逾 200 亿元人民币收购澳大利亚菲利克斯资源 100%股权获得国家主管部门同意,这是迄今为止中国企业在澳大利亚最大一宗收购案,此次收购完成后,在澳大利亚控制的煤炭资源将达到 15 亿吨,年产量接近兖矿集团国内产量的三分之一。目前,兖矿集团的参股项目分布在金融、房地产、高科技、贸易、航空等领域,年回报率高达 24.98%。

重组的主要成效。(1)企业效益不断提高。从 1998 年实施重组以来,兖矿集团的效益逐步提高。1998 年当年,全公司年产煤炭 2215.63 万吨,销售收入完成 70 亿元,上缴利税 14.3 亿元,在我国煤炭行业中实现销售收入、利税总额、利润"三连冠",一举甩掉 20 多年的亏损帽子。2001 年,兖矿集团煤炭产量达到 3609 万吨,占全国煤炭总产量的 3.3%,成为继神华之后的中国第二大煤炭公司。2002 年以来,兖矿集团的销售收入持续增长,始终排在全国前十位,2002 年 -2006 年均居全国第四位,2007 年居第六位,2008 年居第八位[15]。

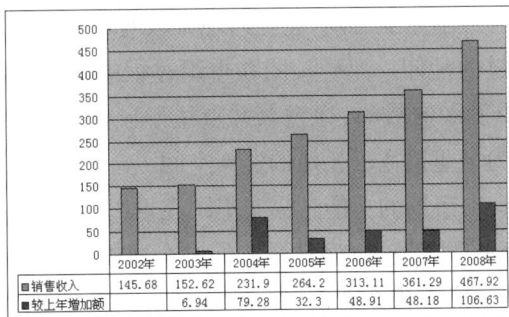

	2002年	2003年	2004年	2005年	2006年	2007年	2008年
销售收入	145.68	152.62	231.9	264.2	313.11	361.29	467.92
较上年增加额		6.94	79.28	32.3	48.91	48.18	106.63

数据来源:2003 年 -2009 年全国煤炭工业 100 强企业名单。

图 3-6　兖矿集团重组过程中销售收入变化情况(单位:亿元)

⑮数据均来自于兖矿集团相关网站。

（2）创新了资本运营方式，拓宽了企业融资渠道。兖矿集团控股公司兖州煤业 1998 年在境内外上市后，便打开了向国际资本融资的通道，先后 5 次发行股票，累计募集资金 58 亿元人民币，占中国煤炭行业证券市场融资总额 36.2%，连续多年进入"中国上市公司 50 强"，是我国煤炭行业上市公司中募资最多的一家。利用募集资金，兖州煤业先后收购了济宁二矿、济宁三矿两个高品位的现代化矿井，几乎同时，大力进行了非煤产业资源贮备。

（3）提高了企业的综合竞争能力。兖矿集团的发展更过体现了市场的力量，是市场化运作和产权重组造就了企业今日的辉煌，在重组模式上，也展示出了跨行业、跨区域、跨国界、跨所有制经营的发展特点。截至目前，兖矿集团先后建成全国规模最大的煤泥、粉煤灰、煤矸石循环利用基地；具有世界领先水平的费托合成煤制油技术研发基地；全国规模最大的以焦炉废气和高硫煤为原料的、以自主产权技术为主导的煤化工基地；以全国规模最大的煤矸石发电厂为伴侣的电解铝深加工基地和以首家出口的自主产权技术为主导的煤炭成套设备制造基地，企业的综合竞争能力不断增强。

主要经验借鉴。（1）坚持以市场为导向。兖矿集团在重组过程中更多地体现了市场的力量，以市场为导向，以企业为行为主体，以资本运作为主要手段。兖矿集团是第一个获国家批准正式进入企业集团试点单位的企业；由其独立发起设立的兖州煤业股份有限公司，是中国煤炭行业第一个同时在境内外发行股票并实现三地成功上市的企业；是我国第一个在境外收购煤矿的中国企业。

（2）坚持互利双赢原则。要想在资本运作中达到"乘数效应"，就必须把自身的优势"送出去"，把被重组企业的优势"拿进来"，实现两种企业、两种资源的优势叠加，因此兖矿集团在进行资本运作时，始终坚持优势互补、利益互惠、双方互信的原则，始终追求企业之间、企业与地方政府之间的互利共赢。

（3）注重产业链的延伸。兖矿集团在重组过程中逐步延伸产业链，注重非煤产业与煤业并重发展的战略，通过兼并重组形成了煤路港航、煤化工、煤电铝三大非煤支柱，为企业拓宽了长足的发展空间。

（4）充分利用资本市场的功能。兖矿集团在重组过程中深刻认识到资本市场不仅能够募集企业所需资金，而且还能促进企业体制和机制上的双重转变。兖矿集团在境内外的上市为企业向国际资本融资打开了通道，增强了企业竞争力，提高了企业知名度，使集团的发展由产品经营阶段逐步向资本运营阶段转变，努力通过资本运营和品牌扩张，积极进行重组，使企业拓宽了资源配置的范围。

（四）煤炭业重组过程中的问题分析

实践证明，重组是社会主义市场经济下煤炭业不断完善和发展的必经之路，成功的重组案例为我国煤炭业的重组提供了宝贵的经验，但与此同时，我们也必须看到，重组过程中还存在着一些问题制约着重组的顺利开展，正视这些问题并不断改进对进一步推进我国煤炭业重组有着积极的作用。具体看，主要表现在：

1.重组模式存在"四多四少"

从我国众多煤企的重组实践看，模式的创新始终伴随着煤炭重组的发展。例如，神华集团对宁夏煤业集团公司的闪电再重组模式，河北集中能源集团的强强联合模式，以市场为基础手段、由专业公司进行运作、以纵横同步推进的阳泉模式，河北冀中能源集团的强强联合模式、跨省区并购重组的沈煤模式，跨行业重组的河南平煤神马模式等等，这些模式基本上与特定历史时期的政治、经济、社会和企业自身条件相适应。但随着我国市场经济体制的进一步完善，并购重组模式的选择和创新也暴露出一些与市场经济发展不相适应的矛盾和问题，主要表现在政府主导型的多、企业自主型的少；国企之间的多，跨所有制的少；区划内并购重组的多、跨区域、跨国并购重组的少；本行业的多，跨行业的少。

2.价值评估标准不够明确

如何对煤炭资源储量、采矿权价款等重要项目进行客观评价，是大型煤企在重组地方煤矿的过程中面临的最现实的问题。而目前我国在这方面还存在很多不足：一是存在着评估主体缺位，缺乏能够客观反映煤炭企业价值的评价规则和评估标准体系。由此，在实践中存在着很大的随意性和人为因素。二是在解决国有企业土地及矿业权问题方面缺乏统一标准。国有企业的性质决定了它所拥有的大部分土地和矿权基本都是地方政府无偿划转的，历史上没有缴纳土地出让金。在对其实施重组时，土地及矿业权问题的解决，无论是要补交土地出让金，还是要转为地方政府的国有资本金，都给重组带来了障碍。

3.被重组主体缺乏退出机制

目前，国家尚未出台小煤矿合理退出机制及关闭矿井的补偿办法和标准。对于一些已经进行了技术改造，并按照国家近年来的规定投入了大量资金的小煤矿，在没有合理退出机制和补偿办法的情况下，对社会稳定和当地经济的发展都会带来负面影响。

4.存在地方保护主义问题

在中国目前的体制下,客观上形成了一种多元化、多级次的地方利益格局。地方政府出于对自我利益的保护,不支持局外并购主体的进入,有的地方政府会附加各种条件,如虚拟控股权,额外征收税费等,这些障碍使得重组主体的重组成本大大增加。对于煤炭企业来说,由于煤矿资产构成较为复杂,不同省区内大型煤炭企业管理主体不同,难以实现相互间的重组整合,即使有共同的出资主体,但由于受地方利益因素影响,与地方国有大型煤炭企业相比,外来合资煤炭企业在享受地方优惠政策等方面处于弱势地位,有的地区还对外来企业设置了各种关口,不利于企业跨区域重组。如青海省大量煤炭资源控制在私营企业和个人手中,河南义马煤业集团公司在进入青海省开发资源过程中,为获取矿业权付出了很高的成本,且地方政府要求必须由当地企业控股经营,这给外省企业进入青海整合重组造成很大的障碍。

5.缺乏更为具体的配套政策

煤炭业重组离不开政策的指导,2004年以来国家陆续出台了一系列促进煤炭产业发展的政策,这些政策为煤炭业重组提供了方向上的指导,但是在重组的实施过程中,还缺乏更加清晰有力和具体的政策支持和指导。比如在煤炭资源配置,特别是跨省区的煤炭资源整合上,对有实力的优势企业应该给与更多的政策倾斜;企业税负过重,在财政、税收等方面缺乏系统的扶持政策;此外,国家对民营企业的收购方面也缺乏具体的政策指导。煤炭重组是一项复杂的工程,我国煤炭业重组实践证明,如果国家能够在煤炭重组过程中涉及的各个方面都有一些更为具体和细化的政策指导,并购重组的效率将会大大提高,成本也会下降。

6.金融支持的有效性不足

无论从国际还是国内煤炭业重组实践中,我们都可以看出,任何一个成功重组的煤炭企业都离不开金融的支持,但从我国实践情况看,还存在以下一些不足之处:

金融市场发展的滞后影响着煤炭业的重组方式及资金融通方式。在我国煤炭业重组历程中,最初的煤炭企业重组方式主要是承担债务和出资购买,之后随着证券市场、产权交易市场等中介机构的发展,上市公司股权收购成为企业重组的重要方式,许多煤炭企业把资本运作作为发展的重要手段。也就是说,金融市场的发展促进了重组方式的创新。但与国际金融市场相比,我国金融市场发展滞后,直接融资市场起步晚、规模小,间接融资市场仍是我国金融市场的主体。目前我国煤炭企业的重组资金除了部分自有资金和引进战略投资者资金外，主要是传统的银行贷款和普通的上市融资，企业债券发行市场也较为落后，缺乏一些创新型的融资方式，如期权交易、期货交易、资产证券化、煤炭产业基金等等。应当引导和鼓励大的煤矿集团灵活运用借壳上市、买壳上市、资产换股等方式进入证券市场，充分运用市场机制筹集、充实资金，从而实现低成本扩张规模。

金融法律的滞后不利于推进煤炭业重组。从我国重组的实践中可以看出，法律的完善有助于推动重组的进程和规范化，而目前我国的《商业银行法》中没有明确规定商业银行可以提供并购贷款，2008 年 12 月 6 日，银监会发布《商业银行并购贷款风险管理指引》，支持商业银行在风险可控的情况下发展并购业务。2009 年 1 月 6 日，中国工商银行北京市分行、北京首创股份有限公司、北京产权交易所三方签订了"关于并购贷款合作框架协议"，这标志着我国首笔并购贷款正式启动，商业银行可以通过创新融资方式，更好地为企业的并购重组提供信贷服务。但是，目前在配套改革方面还任重道远，尤其是在收益和风险匹配、优先债和债权人参与治理、接管企业经营权及并购的法律和监管方面还难以跟进。在股票融资方面，目前《股票发行与交易管理暂行条例》并没有明确规定允许为并购筹资发行股票。在企业债券融资方面，《企业债券管理条例》第 20条规定"企业发行企业债券所筹集资金不得用于房地产买卖、股票买卖和期货交易等与本企业生产经营无关的风险性投资。"股权并购涉及股票买卖，因而该条款限制了为股权并购而发行企业债券筹资。

金融中介机构发展的滞后不利于煤炭企业的融资。国际上煤炭行业的重组中，证券公司发挥了很大的作用，而我国的证券公司并没有把精力放在国内企业重组并购上，从某种程度上，失掉了证券公司应该承担的重组义务。我国证券公司自身的发展状况约束了其对企业并购的参与，证券公司缺乏并购人才，缺乏对行业、市场环境等的专门研究，而且以现有的《证券公司管理暂行办法》来看，其并没有明确指出证券公司可以开展并购业务。

三、我国煤炭业重组效应的实证分析

煤炭业的自然垄断性、不可再生性以及煤炭产业效益的后续传递性决定了以提高产业集中度为重要目标的重组活动能够更大程度地发挥资源集中的优势，不仅能使企业内部产生规模经济和协同效应，内化一部分外部市场交易，提升企业要素配置效率;而且能够在更广范围内应用先进技术,调整产业结构,增强产业整体的发展动力。特别是当前我国煤炭产业集中度还较低,技术水平相对落后,资源配置效率提升的空间很大,重组所带来的正面效应是不言而喻的。本部分从产业整体竞争力和资本市场评价两个角度出发,通过经验数据分析,对重组为煤炭产业整体和重组主体所带来的积极效应进行了验证。

(一)煤炭业重组的产业效应

市场集中度是衡量产业竞争程度的主要指标,也是市场结构定位和产业政策取向的重要依据,有关煤炭市场集中度的研究是我国煤炭产业组织理论研究体系的起始点与基准点。本部分通过研究煤炭市场集中度的变化对煤炭产业绩效的影响,将重组对提升煤炭产业竞争力的正面效应进行了证明。

1.研究思路

20 世纪 50 年代末期,美国哈佛大学的贝恩在《产业组织论》一书中,提出了"结构—绩效"分析框架。贝恩的研究主要在市场集中与进入条件两方面,他认为影响市场趋于集中的是卖者的集中,而决定卖者集中程度高低的最基本因素是该产业的市场结构和规模经济的关系。1970 年,哈佛大学的席勒在《产业结构和经济绩效》一书中,进一步提出了"市场结构—市场行为—市场绩效"(SCP)分析框架。他认为,市场结构首先决定市场行为,继而决定市场绩效。

市场结构是反映市场竞争与垄断关系的最基本概念,对产业内部的竞争程度和价格形成有着战略性的影响。在诸多决定市场结构的因素中,市场集中度被认为是最为首要的因素[16],由于市场集中度综合反映了市场结构,并易于进行定量实证研究,因而成为衡量市场结构状况的最重要指标。市场绩效是指在一定的市场结构中,经一定的市场行为所形成的产品、产量、成本、价格、利润以及技术进步等方面的最终经济成果。市场绩效反映了在特定的市场结构和市场行为条件下市场运行的效果。如何定量地反映市场绩效是检验该产业市场结构是否得以合理配置的关键标准。

2.样本与数据采集

本部分,我们将选取在研究中使用得最为广泛的煤炭产业集中度(CR_4)这个指标,通过 CR_4 与煤炭产业绩效的实证分析来看一下煤炭重组后引起的市场结构的变化对煤炭产业绩效的影响。目前,我国煤炭产业的绩效主要体现在

---

[16]得出这一结论主要基于大量的有关产业组织的理论研究和实证检验结果, 这些结果都表明市场集中度对市场的竞争状态产生直接作用,与市场中垄断力的形成密切相关,市场竞争状态随集中度的变化而变化。

利润水平、技术进步状况、生产安全状况等方面，因此，我们在这里选取销售利润率、原煤全员效率、百万吨死亡率三个指标来分别表示利润绩效、技术进步绩效和安全绩效。在数据采集上，以 1990 年 –2008 年的指标数据[17]作为样本，对煤炭重组绩效进行了实证研究。

3.研究过程

第一、煤炭重组与利润绩效的关系

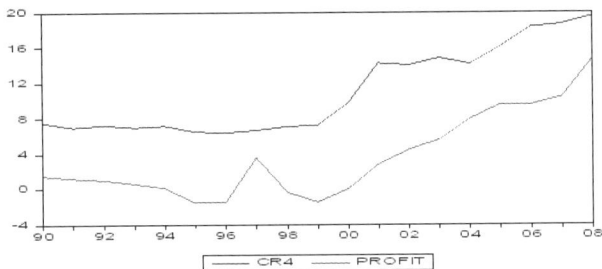

图 3–7　　1990 年 –2008 年煤炭产业集中度与销售利润率变化趋势

从图 1 可以看出，煤炭产业集中度（CR4）与煤炭销售利润率（PROFIT）指标的变化趋势基本一致，因此，我们利用 Eviews 软件进行一元线性回归，得出的结果如表 1 所示：

表 3–8　　煤炭集中度与煤炭利润绩效变量的回归结果

Variable	Coefficient	Std. Error	t–Statistic	Prob.
C	−6.417327	1.144118	−5.608972	0.0000
CR4	0.908393	0.095498	9.512212	0.0000
R−squared	0.841834	Mean dependent var		3.598421
Adjusted R−squared	0.832530	S.D. dependent var		4.767434
S.E. of regression	1.950979	Akaike info criterion		4.273841
Sum squared resid	64.70745	Schwarz criterion		4.373255
Log likelihood	−38.60149	Hannan−Quinn criter.		4.290666
F−statistic	90.48218	Durbin−Watson stat		1.175147
Prob(F−statistic)	0.000000			

[17]数据来源于各年的《中国煤炭工业统计年鉴》、《中国工业经济统计年鉴》、《中国统计年鉴》、《中国能源统计年鉴》以及《中国工业交通能源 50 年统计资料汇编》和《中国煤矿伤亡事故统计分析资料汇编(1949–1995)》等相关文献。

样本回归方程为:

PROFIT=-6.42+0.91CR$_4$

　　　R^2=0.84　　　　F=90.48　　　　t=9.51

F 值和 R^2 均表明模型拟合效果很好。利用 LM 检验对残差序列检验,发现 TR^2=2.864,$X^2_{0.05}(2)$=5.991,$TR^2<X^2_{0.05}(2)$,在 5% 的显著性水平上接受原假设,回归方程的残差序列不存在自相关,回归方程有效。

回归模型结果显示,煤炭集中度与煤炭产业利润绩效之间的相关关系显著,且存在正相关关系,即煤炭重组引起的煤炭集中度的提高,促进了煤炭产业利润绩效的提高,CR$_4$ 每提高 1 个百分点,将拉动销售利润率相应提高约 0.91 个百分点。

2.煤炭重组与技术进步绩效的关系

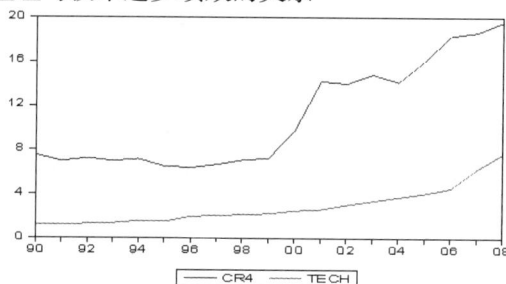

图 3-8　　　1990 年 -2008 年煤炭产业集中度与原煤全员效率变化趋势

从图 2 可以看出,煤炭产业集中度(CR4)与原煤全员效率(TECH)指标的变化趋势也基本一致,因此,我们利用 Eviews 软件进行一元线性回归,得出的结果如表 2 所示:

表 3-9　　　煤炭集中度与煤炭产业技术进步绩效变量的回归结果

Variable	Coefficient	Std. Error	t-Statistic	Prob.
C	-0.735571	0.457291	-1.608540	0.1261
CR4	0.327719	0.038169	8.585937	0.0000
R-squared	0.812607	Mean　dependent　var		2.877789
Adjusted R-squared	0.801584	S.D.　dependent　var		1.750595
S.E. of regression	0.779784	Akaike　info　criterion		2.439702
Sum squared resid	10.33708	Schwarz　criterion		2.539116
Log likelihood	-21.17716	Hannan-Quinn　criter.		2.456526
F-statistic	73.71831	Durbin-Watson　stat		0.683208
Prob(F-statistic)	0.000000			

样本回归方程为:

TECH=−0.74+0.33CR4

$R^2=0.81$ F=73.72   t=8.59

F 值和 R^2 均表明模型拟合效果很好,利用 LM 检验,得 $TR^2=8.802852$,而 $X^2_{0.05}(2)=5.991$,$TR^2>X^2_{0.05}(2)$,则序列在 5%的水平上存在序列相关,因此回归方程无效。用自回归模型修正回归方程残差序列的自相关,得出的结果如表 3 所示:

表 3-10   煤炭集中度与煤炭产业技术进步绩效变量修正后的回归结果

Variable	Coefficient	Std. Error	t−Statistic	Prob.
C	−0.590347	0.539117	−1.095026	0.2920
CR4	0.318911	0.046324	6.884378	0.0000
AR(2)	−0.013991	0.422752	−0.033095	0.9741
R−squared	0.798333	Mean dependent var		3.069765
Adjusted R−squared	0.769523	S.D. dependent var		1.753749
S.E. of regression	0.841939	Akaike info criterion		2.652568
Sum squared resid	9.924067	Schwarz criterion		2.799605
Log likelihood	−19.54683	Hannan−Quinn criter.		2.667184
F−statistic	27.71067	Durbin−Watson stat		0.691383
Prob(F−statistic)	0.000014			

新的样本回归方程为:

TECH=−0.59+0.32CR4

回归模型结果显示,煤炭集中度与煤炭产业技术进步绩效之间的相关关系显著,且存在正相关关系,即煤炭重组引起的煤炭集中度的提高,带动了煤炭产业的技术进步,CR_4 每提高 1 个百分点,原煤全员效率相应提升 0.32 个百分点。

3.煤炭重组与安全绩效的关系

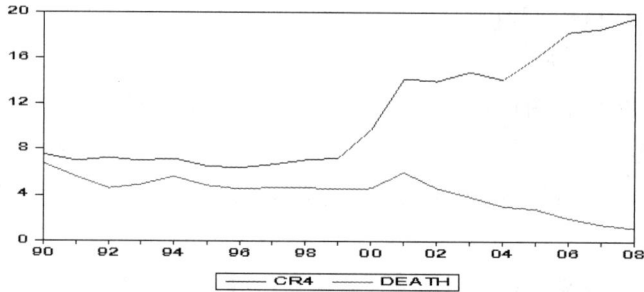

图 3-9　　　1990 年 -2008 年煤炭产业集中度与百万吨死亡率变化趋势

从图 3 可以看出，煤炭产业集中度（CR4）与百万吨死亡率（DEATH）指标基本呈反向变化趋势，因此，我们利用 Eviews 软件进行一元线性回归，得出的结果如表 4 所示：

表 3-11　　　煤炭集中度与煤炭安全绩效变量的回归结果

Variable	Coefficient	Std.　Error	t-Statistic	Prob.
C	6.919162	0.565584	12.23366	0.0000
CR4	−0.242780	0.047208	−5.142749	0.0001
R-squared	0.608727	Mean　dependent　var		4.242316
Adjusted R-squared	0.585710	S.D.　dependent　var		1.498397
S.E. of regression	0.964448	Akaike　info　criterion		2.864780
Sum squared resid	15.81273	Schwarz　criterion		2.964194
Log likelihood	−25.21541	Hannan-Quinn　criter.		2.881605
F-statistic	26.44787	Durbin-Watson　stat		0.911850
Prob(F-statistic)	0.000081			

样本回归方程为：

$DEATH=6.92-0.24CR_4$

$R^2=0.61$　　　　$F=26.45$　　　　$t=8.59$

F 值和 R^2 均表明模型拟合效果很好，利用 LM 检验，得 $TR^2=3.669704$，而 $X^2_{0.05}(1)=3.841$，$TR^2<X^2_{0.05}(1)$，则序列在 5% 的水平上不存在序列相关，因此回归方程有效。

回归模型结果显示,煤炭集中度与煤炭安全绩效之间的相关关系显著,存在负相关关系,即煤炭重组引起的煤炭集中度的提高,降低了百万吨死亡率,促进了煤炭产业安全绩效的提高,CR4 每提高 1 个百分点,将使百万吨死亡率相应下降约 0.24 个百分点。原因在于与大企业相比,小企业更多注重的是短期行为,对煤矿安全投入严重不足。

4.研究结论

基于上述对 1990 年 –2008 年统计数据资料的实证分析,可以得出以下几个结论:

(1)总体来看,我国煤炭产业的绩效不断改善,一是以销售利润率表示的利润绩效和以原煤全员效率表示的技术进步绩效不断提高;二是以百万吨死亡率表示的安全绩效不断改善。

(2)煤炭产业集中度(CR4)与利润绩效、技术进步绩效、安全绩效有明显的相关关系,煤炭产业集中度的提高能有效带动利润绩效、技术进步绩效、安全绩效的改善。

(3)煤炭产业的重组是提高煤炭产业集中度的重要途径,通过重组,企业规模会越来越大,企业数量会越来越少,从而造成产业集中度的不断提高,因此,通过并购重组等方式组建大型企业和企业集团,进一步提高市场集中度,走规模经济的道路是调整煤炭产业结构,提高煤炭产业绩效的关键。

(二)煤炭业重组的市场效应

关于资本市场对于并购重组的反应,国内外研究成果很多。但由于研究人员的理论基础、研究方法、样本选取方式和技术处理手段的不同,得出的结论也各异。一些观点认为重组只是一个利益再分配的过程,不能为社会创造价值;另一些则认为重组能够带来经济效益,并通过产权结构的转换优化生产要素配置。本部分的考察对象主要是煤炭业上市公司重组收购其他非上市中小煤矿或煤炭企业的事件,理论推演结果和实践经验总结均表明重组方(煤炭业上市公司)通过重组收购获得的优势和利益很可能大于其付出的代价。因此,本部分重点关注资本市场是否会对煤炭业上市公司的重组行为给予整体性积极评价,重组主体的市场价值是否会得到提升。

1.研究思路

事件研究法是现代金融实证研究的重要方法,该方法主要通过考察重组事件前后相关主体在二级股票市场股价的走势,将结果与参照数值进行比较,从而确定重组是否得到市场的认可、是否影响市场对重组主体价值的预期。本部分拟采用事件研究法对煤炭业上市公司重组收购事件产生的市场效应进行分析。

常用的市场反应衡量方法有两种：平均超额收益率（AAR）和累计平均超额收益率（CAR）。平均超额收益率是指事件窗口期内各日研究样本超额收益率的平均数，累计平均超额收益率是指整个窗口期内超额收益率之和。累计平均超额收益率依赖于平均超额收益率，而平均超额收益率又等于事件发生日的样本总收益率与参照收益率之差。常见的参照标准包括：大盘收益率、行业平均收益率、利用回归分析法来计算样本公司的正常收益率等。为相互比较验证，本文利用行业平均和回归分析两种参照标准。首先计算样本窗口期内各日的参照收益率，然后利用各日的样本总收益率减去参照收益率获得各日样本超额收益率，将窗口期各日所有样本的超额收益率进行平均获得平均超额收益率，然后将窗口期各日的平均超额收益率加总获得累计超额收益率，并对累计超额收益率是否为零进行统计检验。如果检验结果不能拒绝累计超额收益率显著异于零，则认为资本市场对并购事件的反应是随机的，重组收购未得到资本市场的关注和认可；如果检验结果为显著异于零，则认为重组事件向市场传递了信息，累计超额收益率显著大于零表示市场对重组的评价为正向，事件增加了主体价值，累计超额收益率显著小于零表示市场对重组的评价为负向，事件减少了主体价值。

样本选取与数据采集。本部分选取 2004 年至今的 19 个煤炭业上市公司重大重组收购事件[18]为样本，样本选取既考虑序列数据，也兼顾截面数据。重组收购事件的信息和研究中所用的市场交易数据来自于国泰安数据库，选取的样本如表 5 所示：

表 3-12　　　重组事件样本一览表

公司名称	重组事项	公布日期
神火股份	收购禹州市地方煤炭运销有限公司	2004 年 2 月 24 日
兖州煤业	收购澳洲南田煤矿有限公司	2004 年 10 月 11 日
兰花科创	旗下控股子公司收购大宁煤炭有限公司	2004 年 10 月 25 日
西山煤电	收购山西焦化集团有限公司	2005 年 2 月 21 日
国阳新能	收购山西平舒煤业公司	2007 年 1 月 16 日
西山煤电	收购山西金山能源有限公司	2008 年 4 月 10 日
国阳新能	收购寿阳开元矿业有限责任公司	2008 年 4 月 26 日

[18]重组收购对象主要为非上市中小型煤矿或煤炭企业。

露天煤业	收购中电投蒙东能源集团扎哈淖尔二号露天矿	2008 年 6 月 10 日
盘江股份	收购新井开发有限公司	2008 年 7 月 10 日
兰花科创	收购山西山阴口前煤业公司	2008 年 7 月 31 日
兰花科创	收购蒲县瑞兴煤业公司、中立煤业公司	2008 年 10 月 23 日
金牛能源	收购张家口、邯郸矿业公司	2008 年 12 月 12 日
大同煤业	收购内蒙古同煤鄂尔多斯矿业公司股权	2008 年 12 月 31 日
盘江股份	收购土城矿、月亮田矿、山脚树矿和金佳矿	2009 年 4 月 17 日
兖州煤业	收购澳洲奥斯达煤矿有限公司	2009 年 8 月 14 日
平煤股份	收购平顶山煤业集团二矿,七星煤业有限公司	2009 年 8 月 25 日
西山煤电	收购内蒙古鄂托克旗兴泰商贸有限公司所属煤矿	2009 年 9 月 10 日
西山煤电	收购古阳桥头煤业公司等 13 座煤矿及选煤厂	2009 年 10 月 29 日
国阳新能	收购东阳泉煤业公司	2009 年 12 月 16 日

分析过程中如遇重组主体停盘,则交易数据向前或向后顺延,重组收购事件首次信息披露日如逢非交易日,则以公布后首个交易日数据计算。

2.研究过程

(1)计算样本中重组主体在【-70,20】窗口期内各交易日报酬,计算公式 $r_{i,t}=(P_{i,t}-P_{i,t-1})/P_{i,t-1}$ 为,其中 $P_{i,t}$ 代表第 i 个重组样本在第 t 日的股票收盘价。计算大盘在第 t 个对应日的每日收益,计算公式为 $M_{j,t}=(I_{i,t}-I_{i,t-1})/I_{i,t-1}$,其中 $I_{i,t}$ 代表上证综指或深圳成指第 t 日的收盘指数。计算煤炭业其他上市公司在样本公司【-20,20】交易日的每日收益,Industry=$(P_{k,t}-P_{k,t-1})/P_{k,t-1}$,其中代表产业内第 k 家公司第 t 日的收益。

(2)将【-70,-21】窗口期内各交易日的数据进行回归, 回归模型为:$r_{i,t}=a+bM_{j,t}+\varepsilon_i$,利用最小二乘法得出回归系数 $\hat{a}$、$\hat{b}$,然后将【-20,20】日的大盘收益代入 $\hat{r}_{i,t}=\hat{a}+\hat{b}M_{j,t}$,获得在研究窗口期各日的系统性必要回报。利用公式 $Industry_t\_r=\dfrac{\sum\limits_{j=1}^{m}Industry_{k,t}}{m}$ 计算出【-20,20】窗口期各日的产业平均收益率,作为重组主体股票的正常市场回报参照标准。

(3)计算 i 股票 t 交易日不同参照系下(剔除系统必要回报收益和煤炭业其他上市公司平均报酬后)的超额收益率。剔除大盘收益后的超额收益率为 $M\_AR_{i,t}=r_{i,t}-\hat{r}_{i,t}$,剔除产业因素后的超额收益率为 $I\_AR_{i,t}=r_{i,t}-Industry_t\_r$。

(4)计算所有 N 个样本股票在【-20,20】窗口期内第 t 个交易日内的平均超额回报。剔除系统必要回报后的平均超额收益率为 $M\_AAR_t=\sum\limits_{i=1}^{N}M\_AR_{i,t}$,剔除相同产业总体收益后的平均超额收益率为 $I\_AAR_t = \sum_{i=1}^{N} I\_AR_{i,t}$ 。

（5）计算所有 N 个样本股票在【-20,20】窗口期的累计超额收益情况，在 t 日剔除大盘收益后的累计超额收益率为 $M\_CAR_T = \sum_{t=1}^{T} M\_AAR_t$ ，在 t 日剔除大盘收益后的累计超额收益率为 $I\_CAR_T = \sum_{t=1}^{T} I\_AAR_t$ 。

（6）根据累计超额收益率计算结果，针对其进行统计显著性检验，考虑到样本数量因素，假设样本服从均值为零的 T 分布，进行统计检验。原假设 H_0：$\overline{M\_CAR_T} = 0$ ；$\overline{I\_CAR_T} = 0$ 。检验统计量为 $t = \frac{\overline{M\_CAR_T}}{S(M\_CAR_T)/\sqrt{N}}$ ；$t = \frac{\overline{I\_CAR_T}}{S(I\_CAR_T)/\sqrt{N}}$ 其中 $\overline{M\_CAR_T}$ 和 $\overline{I\_CAR_T}$ 分别表示 M_CAR_T 和 I_CAR_T 的均值。

3.研究结论

第一，重组主体与煤炭业上市公司整体的比较

表6统计了所有样本窗口期内相对于产业整体的累计超额回报。如表中所示，19 个样本中仅有 6 个累计超额回报为负，其余 13 个为正。正向累计超额回报的绝对值远远大于负向绝对值。统计检验结果显示，窗口期内重组样本相对于产业整体的超额回报显著为正。

表 3-13　　样本窗口期内相对于产业整体的累计超额回报

窗口日	事件	累计超额回报
2004-2-24	000933	0.059327
2004-10-11	600188	−0.10295
2004-10-25	600123	0.052918
2005-2-21	000983	0.1895179
2007-1-16	600348	0.041329
2008-4-10	000983	0.20219
2008-4-26	600348	0.216608
2008-6-10	002128	0.315009
2008-7-10	600395	0.300419
2008-7-31	600123	0.187668
2008-10-23	600123	−0.02396
2008-12-12	000937	0.240821
2008-12-31	601001	−0.09702
2009-4-17	600395	−0.05115

2009-4-17	600395	-0.05115
2009-8-14	600188	0.098241
2009-8-25	601666	-0.03464
2009-9-10	000983	-0.00991
2009-10-29	000983	0.009883
2009-12-16	600348	0.011183
均值 0.086253661	标准差	0.13549486
T 值 2.77479892	单尾 p 值	0.00648748

图 4 表示了在产业平均参照系下,事件窗口期内各日所有样本公司超额回报率的平均数。图中结果表明 41 个窗口日中,样本公司的平均超额回报为正的日期为 28 个,负的日期为 13 个,正的日期显著多于负的交易日,而且从数值上看,有多个日期样本的平均超额回报大于 1%,没有小于 -1% 超额回报的交易日。

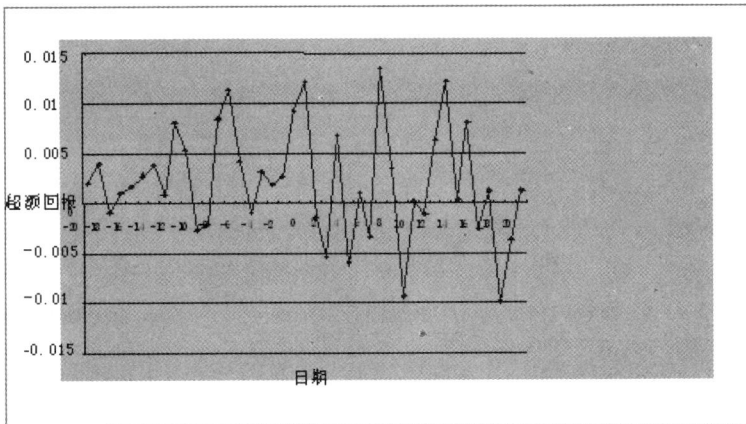

图 3-10　窗口期逐日超额回报(相对于产业平均)

第二、重组主体与市场整体的比较

表 7 统计了所有样本窗口期内相对于沪、深市场整体的累计超额回报。如表中所示,19 个样本中仅有 4 个为负,其余 15 个为正,正向累计超额回报的绝对值远远大于负向绝对值。统计检验结果显示,窗口期内重组样本相对于市场整体的超额回报显著为正。

表3-14　　样本窗口期内相对于沪、深市场整体的累计超额回报

窗口日	事件	回归系数 a	回归系数 b	超额回报
2004-2-24	000933	0.001013944	1.182378044	0.095278659
2004-10-11	600188	0.000274096	0.983268197	0.061960959
2004-10-25	600123	−0.001834808	1.04604029	0.332875362
2005-2-21	000983	−0.003800148	1.163583791	0.241398736
2007-1-16	600348	−0.001282357	1.061977431	0.231561614
2008-4-10	000983	−0.004147835	1.269477853	0.567605772
2008-4-26	600348	−0.002242694	0.981313407	0.512989646
2008-6-10	002128	−0.007441603	0.98538994	0.730421596
2008-7-10	600395	0.006253375	0.93660405	−0.02102104
2008-7-31	600123	0.006742084	1.172329212	−0.4315
2008-10-23	600123	−0.004598031	1.06061026	0.113918859
2008-12-12	000937	−0.012828678	1.090740177	1.021448378
2008-12-31	601001	0.001804111	1.436530859	0.047385626
2009-4-17	600395	0.000647674	1.410572534	0.283695636
2009-8-14	600188	−0.003528926	1.419135572	0.261711823
2009-8-25	601666	0.002915406	1.439181141	−0.15609542
2009-9-10	000983	0.000727573	1.452551881	0.048566142
2009-10-29	000983	0.002922191	1.373378705	−0.07422112
2009-12-16	600348	−0.000376858	1.658558553	0.067259959
超额回报均值	0.207118	超额回报标准差		0.330854
T 值	2.728717	单尾 p 值		0.00714552

图 5 表示了在与大盘回归参照系下,事件窗口期内各日所有样本公司超额回报率的平均数。图中结果表明,在 41 个窗口日中,样本公司的平均超额回报为正的日期为 28 个,负的日期为 13 个,正的日期显著多于负的日期。

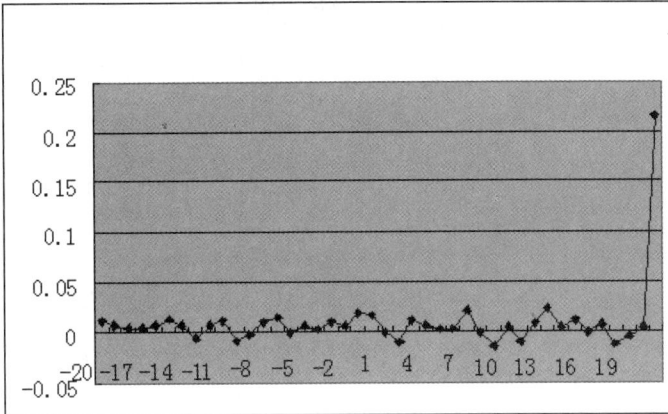

图 3-11 窗口期逐日超额回报（大盘）

由上述数据与相关分析可以得出结论：煤炭业上市公司的重大重组收购事件引起了市场的关注；煤炭产业的特殊属性和重组所带来的正面效应相结合，增强了重组主体的竞争优势；市场对重组主体价值增加的预期明显提升。

第四章　中国煤炭业重组的模式选择

第四章 中国煤炭业重组的模式选择

国内外实践证明,煤炭业重组模式与经济发展阶段,产业和企业发展状况紧密相关。中国的煤炭业重组遵循社会主义市场经济发展规律,并取得了初步的成就。在当前我国市场经济不断完善,低碳经济迅猛发展的大背景下,新一轮的煤炭业重组大幕正在拉开,因此重组模式的选择有与以往不同的内在逻辑和实践方式。本章在借鉴国际经验和总结中国实践的基础上,探讨了中国煤炭业重组的目标模式及其实现路径,以及需要进一步解决的问题。

一、目标模式的选择

(一)煤炭业重组的可选模式

从国际经验来看,煤炭业重组的基本规律是,随着产业集中度,企业规模和实力的提高,重组模式的选择依次从横向重组、纵向重组、混合重组演变。同时,市场这只"看不见的手"在其中发挥主导作用,政府或者说行政权力的作用较小。这是较为完善的市场经济发展的必然要求。我国的现实制度背景是,经济体制处于转轨时期,市场经济还不完善,重组不仅是资源配置方式,而且还承担着实现煤炭产业战略目标和国有企业产权改革的重任。因此,煤炭业重组需要考虑政府和市场的影响力。本文将煤炭业重组模式划分为政府 (行政) 主导型、市场(企业) 自主型、政府与市场结合型三类。

1.政府(行政)主导型。即政府或出于整体利益的考虑,或单纯是贯彻主管部门甚至是领导意图,运用行政权力推进和组织企业重组。这种模式,在决策结构上,政府占据主导地位,确定重组对象、重组方式、重组目标和重组方案。在动力结构上,主要是通过煤炭业主管机构(或政府职能部门)对重组施加影响或直接干预,忽视企业意愿;在方式结构上,通常会采用资产划拨,人事任免,税费减免等行政手段推进重组;在所有制结构上,主要适用于由地方政府对区域内煤炭资源整合,尤其适用于国有煤炭企业的改制和重组。

目前,我国仍以国有煤炭企业为主,国家作为控股股东对企业发展战略享有发言权。因此政府主导型重组模式有利于企业获得政策支持和保证,也有利

注:本章执笔人:武宏波,课题组全体成员参与讨论。

于实现政府的宏观目标。但是它表现出的负面影响同样值得关注。

一是政府意图方面的误区。由于煤炭资源禀赋的区域特征，地方政府常以地方发展利益的目标出发，阻止一些依据市场经济规律进行的重组行为，尤其是煤炭企业的跨区域、跨行业的重组活动。

二是政府角色错位。这种模式下的政府不再局限于对市场经济活动的监督和管理，而是代替市场机制的作用，利用特殊的行政权能在市场经济活动中发挥组织者和参与者的作用，因而难以保证公正性和科学性。实践中，"拉郎配"式的重组就是主要表现。

三是决策者的随意性难于控制、科学性难于保证，尤其对市场风险和机会的把握方面、对企业产权组织的理解方面，对煤炭行业的现状和趋势的认识方面，政府官员作为决策者，是无法与企业家相比的，因而很多的政府主导的煤炭重组行为在实现方式、效率等方面无法与市场型重组模式相比。

政府主导型重组模式是我国经济体制转轨时期的产物，有一定的过渡性质。随着我国市场经济和现代企业制度改革的不断深入，完全由政府主导的企业重组行为会逐渐改观、规范和退出。

2.市场（企业）自主型。即重组主体基于自身的资源条件、发展潜力和战略需要，完全依靠市场化定价和运作机制完成重组。这种模式下，市场机制作用的体现是：通过竞争形成的价格信号的引导，实现市场优胜劣汰的功能，最终实现配置资源的有效性。

不同于政府（行政）主导型模式，这种模式会实质性地改变产业管理机制、组织结构、企业内部机制、产品结构等。但是在完全由市场主导的重组中，通常会出现这样的情况，即众多规模小且分散的企业做出的看似合理的经济行为，加总之后却表现出整体的不合理，造成煤炭安全保障程度和可持续发展能力的降低，直接影响国民经济的协调发展能力。而且我国煤炭市场中存在的资源流动不畅、市场缺陷、体制和区域障碍等问题非常明显，单纯依靠市场去主导和协调的条件还不具备，而政府却可快捷、高效地解决这些矛盾。

3.政府和市场结合型。在市场经济还不发达，还不具备完全市场化运作的条件下，基于煤炭的重要性和特殊性，企业重组需要政府的协调和推动，同时也需要优惠政策的支持。因此，政府和市场相结合共同推动煤企重组就非常必要。这种模式的主要特征是市场性的，相对于完全市场（企业）主导型模式，其过程具有明显的过渡性。从我国以往的实践看，煤企重组大多数是靠政府行政推动，即使企业的自主选择也离不开政府的协调和支持。因此政府如何处理自己的角色尤为重要。一般来说,这种模式下政府的工作重点应当放在制定竞争规则方面,要从原有的运动员、裁判员身份向市场公平竞争秩序的维护者(裁判员) 身份转变;政府要在培育市场竞争主体方面发挥作用,同时行政手段应建立在市场运行规则基础上,是市场作用的助推器,而不是取代市场的力量[19]。

由于煤炭资源具有强烈的地域性,不同行政区域的煤炭重组也可能采取不一样模式。根据重组双方实力的大小强弱,也可能采取强强联合、以强并弱、以弱并强、弱弱联合等模式。因此在实践中,煤企重组并不存在绝对的"最优模式",更多的是综合考虑各种影响因素,选择最适合的重组模式。

(二)目标模式:政府推动 + 市场导向

本文认为,新一轮的煤炭业重组应选择"政府推动 + 市场导向"模式,即在政府指导和市场导向的作用下,以资源为基础,企业为主体,金融为媒介,资本和产权为纽带,打破地域、行业和所有制界限,通过协议转让、联合重组、控股参股、收购兼并等多种形式,加快推进煤炭资源整合,组建区域性、综合性煤炭企业集团;培育和发展一批具有核心竞争力的大型骨干企业和企业集团,形成大中小布局合理的产业结构、实现资源优化配置、提高我国能源供应保障能力的目标。具体来看:

第一,政府仍然要参与煤炭重组。

一方面是由我国煤炭企业的性质和现状决定的。目前我国大多数的煤炭生产企业仍是国有企业或者是国有资本参股、控股的企业,这也构成了煤炭重组的主力军。政府作为国有资产所有者的代表,担负着国有资产保值、增值的天然责任,也需要在企业发展战略上享有发言权,因此参与煤炭业重组理所当然。另一方面政府参与重组是解决市场失灵,加强宏观调控的要求。煤炭作为一种可耗竭资源,其稀缺性、非再生性和差异性的属性,决定了我国煤炭业重组难以单纯依靠市场机制有效约束生产者的逐利行为,需要国家法律法规、产业政策及行政手段的约束引导。同时,国际经验表明,政府在产业升级过程中,提高门槛,制定政策和准入标准等是常规做法。中国煤炭资源整合规模大、范围广,涉及整体布局与利益调整,政府的积极推动符合我国的实际情况。

第二,政府将更多地发挥宏观指导和推动作用。

社会主义市场经济体制要求市场在资源配置中发挥基础性作用。我国煤炭业重组是优化资源配置的重要方式, 是煤炭经济体制改革和发展的客观必然,是市场经济条件下企业组织形式的重大变革。那种凭借行政力量,不管企

---

[19]参考引用卢满生《政府主导型并购重组的形成机制分析》,《企业经济》2005.5.

业客观实际,不考虑市场因素,以政府偏好为取向的"拉郎配"式的并购重组,已经不符合当今的中国国情。因此,政府的角色定位必须转化,应定位于市场化重组中的推动主体,主要职责是编制规划、制定政策、牵线搭桥、提供服务,而不是行政命令。

第三,市场发挥导向作用,政府推动与灵活的市场运作相结合。

这种模式中,市场交易中形成的价格、供求和竞争的相关规则将成为煤炭业重组的重要依据。企业是煤炭重组的实施主体,在符合产业政策和相关法律、法规的条件下,出于企业自主意愿,由重组主体与被兼并企业自主谈判协商议定,按照市场规律办事。具体重组方式可以灵活多样。以资源为基础,以资产为纽带,通过企业并购、协议转让、联合重组、控股参股等多种方式,经过中介组织评估,由各方平等协商,按照市场规律办事。

二、重组模式的实现路径

实现路径是指在政府指导和市场操作下的煤炭业重组过程中,达成重组的方式和手段。由于中国煤炭业重组模式的特殊性,因此实现路径也带有强烈的中国特色。从我国的法律、法规以及实践发展的层面考察,重组的实现方式在不断的丰富和创新。

(一)协议转让方式

煤炭企业重组双方经过协商进行的收购、资产(股权)置换、互相持股、无偿划转等重组活动,并且签订相关协议,按照有关规定履行审批程序的重组方式。实践中,具体可以分为无偿行政划转方式和协议收购。

1.无偿行政划转方式。这种方式的主要特点是:政府处于主导地位;重组双方均是国有煤炭企业。一般情况下,重组双方的主体投资人为同一国有资产的授权管理部门,重组不以价格为标准,而是承担债务式的重组,即重组主体会将被重组企业的债务及整体产权一并吸收。从法律规定看,按照国有资产管理的相关法律规定,政府可采用行政手段对企业的资产、股权、债务等进行划拨和转让,实现兼并重组。

这种方式的优点是政府会在人员安置、债务安排、财税分配等方面有充分的政策支持,并且地方利益纠纷桎梏等问题将会获得很大的协调和解决。缺点是完全依赖行政权力主导企业重组,已经不符合我国市场经济发展的要求。图

---

⑳图 5-1.2.3.4.5 均来源于 http://www.5ixue.com,《中国上市公司并购重组模式创新》。

5-1 显示了以股权为交易对象的无偿划拨方式的示意图[20]。

股权划拨受让

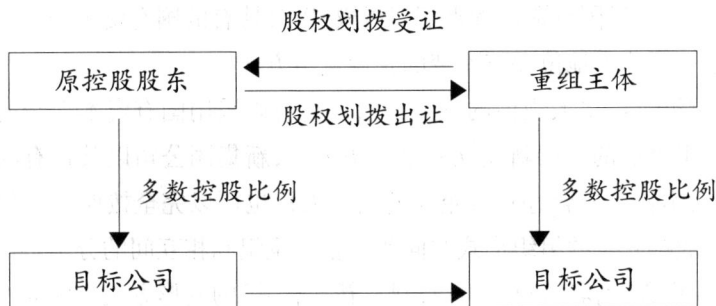

（注：实线表示收购完成后的股权控制关系、虚线表示收购完成前的股权控制关系）

图 4-1 股权无偿划拨方式的操作示意图

2 协议收购。与无偿行政划拨一样，协议收购同样适用于国有煤炭企业之间的资产、股权和产权转让。涉及仍是国有→国有的流动，没有国有→私有的流动问题。它的具体流程与行政划拨类似，但协商过程更多地体现了市场机制的运用。如下图所示。

协议购买

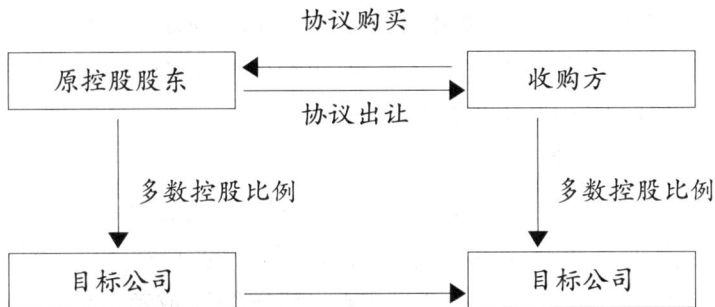

（注：实线表示收购完成后的股权控制关系、虚线表示收购完成前的股权控制关系）

图 4-2 协议收购方式的操作示意图

相对于无偿划转，协议收购更利于法人财产权的保护，更有利于对法人经营成果和职工贡献的确认和补偿，体现交易的相对公平。毕竟国有企业也是法人财产，公司享有独立的法人财产权。而无偿划转更多显现了出资人的强制意志，有侵犯法人财产权的嫌疑。从这个意义上讲，在当前煤炭管理体制下，有偿的协议转让是优化国有资本配置、加快推进煤炭企业重组整合的有效且可行的途径。

（二）联合重组方式

联合重组是两个或多个以大型国有资本为主体的煤炭企业，本着企业自愿的原则,在政府政策引导和推动下,按照市场化原则合并成立一个新的集团公司。新集团公司经国有资产管理部门授权,以其持有的国有资本作为出资投入原公司,原公司法人地位保持不变的企业重组方式。

联合重组不需要大规模的资金投入,它可以采用国有资本无偿划拨的方式,在原重组企业的上层新设立一个集团公司,新集团公司以其持有的授权经营的国有资本作为原合并双方企业的出资人;也可以完全按照市场化原则进行重组,以战略联盟的组织形式共同实现企业重组和相互间的分工协作。

从法律定义看,联合重组可以说是"新设合并"的变形方式。因为按照公司法的规定"两个以上公司合并设立一个新公司为新设合并,合并各方解散"。但由于煤炭资源、技术、资产等专用性,进入壁垒较高,退出成本较大,合并后解散反而导致重组整合成本更大[20]。因此,实践中煤炭企业合并后大多仍保持独立的法人地位。煤企联合重组方式也受到政策支持。2006 年,国资委颁布《关于推进国有资本调整和国有企业重组的指导意见》明确提出:要"加快国有大型企业的调整和重组,促进企业资源优化配置。依法推进国有企业强强联合,强强联合要遵循市场规律,符合国家产业政策,有利于资源优化配置,提高企业的规模经济效应,形成合理的产业集中度,培育一批具有国际竞争力的特大型企业集团",为煤炭企业联合重组指明了方向,也构成了我国培育大企业、大集团,实现煤炭企业战略重组的主要方式之一。

(三)资产收购式重组

这种方式是指企业之间以资产为基础,通过资产的买卖(收购、兼并)、互换等形式,剥离不良资产,配置优良资产,使现有资产的效益得以充分发挥,从而获取最大的经济效益。煤炭企业买进或卖出部分资产、或者企业丧失独立主体资格,其实只是资产的所有权在不同的法律主体之间发生转移,因此本质上来说就是资产买卖。

这里我们以现金为例说明,煤炭企业以现金将被兼并企业的整体产权买断。一般来说,这种购买只计算被兼并企业的整体资产价值,依其价值而确定购买价值,兼并方不与被兼并方协商债务如何处理。企业在完成兼并重组的同时,对其债务进行清偿。这种交易方式在以往的国企改革中积累了很多经验,发展也比较成熟。不论重组主体是国有煤炭企业,还是民营煤炭企业,这种交易方式都可以使用。

---

[21]例如煤炭开采许可的办理程序,组织、人员的整合等。

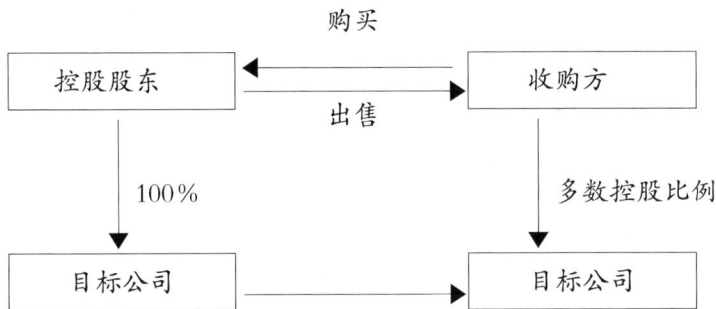

（注：实线表示收购完成后的股权控制关系、虚线表示收购完成前的股权控制关系）

图 4-3   资产式收购模式操作示意图

从具体的实践来看，煤炭企业资产收购额动辄需要千万元甚至数亿元现金，这无疑加大了收购的风险和难度。近年来，企业的股份制改革为此提供了创新的支付方式。利用股权完成重组交易的案例越来越多，逐渐成为中国煤炭业重组的主要方式。

（四）股权收购式重组

股权式重组实际是资产重组的一种形式，它是以股权为重组的交易对象或者支付方式。具体来看，重组主体以企业股权为核心，利用其实物资产、金融资产、无形资产等各种资产，通过参股、控股、股权转让与置换等方式获得被重组企业的股权，实现企业重组。因为股权重组要涉及公司股本数量、资本结构、股权分布的变化，所以股权重组一般发生在有限责任公司或股份公司之间。那些非公司企业法人的集体企业或老国有企业只有在进行股份制改造后才具有操作空间。

根据我国目前的法律规定，煤炭业股权重组可以通过股票回购、换股、参股和上市收购四种方式完成企业重组。尤其是随着我国资本市场的不断发展，煤炭上市公司通过资本市场，围绕股权进行重组的案例越来越多。2002年12月1日起施行的《上市公司收购管理办法》中规定，"收购人可以通过协议收购、要约收购或者证券交易所的集中竞价交易方式进行上市公司收购，获得对一个上市公司的实际控制权"。这为煤炭上市公司进行股权重组提供了更为具体的操作方法。从实践来看，主要方式有：

一是股权转让。由于我国存在大量的国有股和法人股，通过股权的协议转让和无偿划拨的方式把部分股权转让给并购重组主体企业，可以快速实现企业的并购重组。这种方式流程与上述协议转让方式类似，不同的是在资本市场上进行股权转让更加方便、透明，对企业的业绩、预期和股价都会发生很大的影响。

二是股权置换。并购重组企业之间可以进行等价值的资产互换，实现企业对不良资产的剥离，优化资产结构，对企业之间的优势资产进行重组。

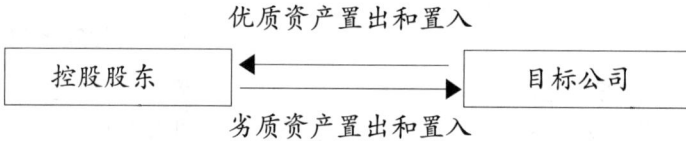

优质资产置出和置入

| 控股股东 | ← | → | 目标公司 |

劣质资产置出和置入

图 4-4　　　资产置换模式操作示意图

三是兼并收购。通过企业在资本市场上对目标公司的股权进行收购也能达到并购重组目的。在此，我们以二级市场外协议收购，并且利用股权完成重组为例说明具体流程（如图5）。

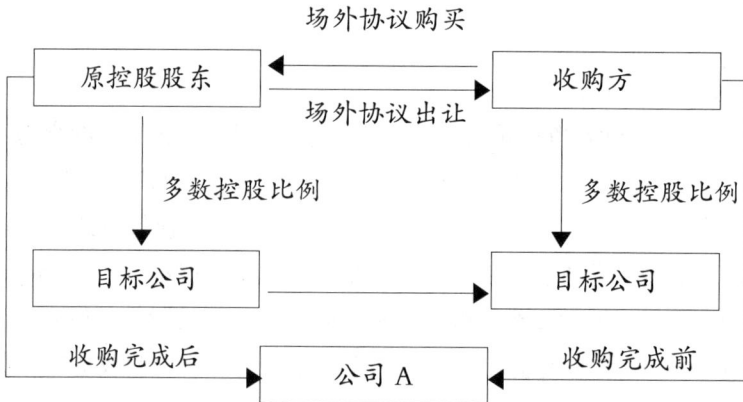

场外协议购买

原控股股东　←　　→　收购方

场外协议出让

多数控股比例　　　　　　多数控股比例

目标公司　　　　　　　目标公司

收购完成后　　　公司 A　　　收购完成前

（注释：实线表示收购完成后的股权控制关系、虚线表示收购完成前的股权控制关系）

图 4-5　　　股权支付模式操作示意图

结合煤炭企业的特殊属性，股权式收购的特征有：（1）股权重组中被参股、控股的企业作为一个经济实体仍然存在，参股、控股企业对被参股、被控股企业原有债务不负连带责任，只对其出资的股金承担有限的风险责任。（2）参股、控股企业以其所占有被参股、被控股企业中股份的多少，来实现其对被参股、被控股企业产权占有的权利和义务。（3）如果是大型煤企对中小型煤炭企业进行股权重组，往往会导致被参股、被控股企业内部最高经营管理层的改组。股权投资者往往以其所有的股份数额，要求被参股、被控股企业改组高层经营管理层，并对其经营方向进行符合自身利益的调整。（4）如果是一些老国有煤企或者非公司法人的集体煤企，股权重组往往会导致企业组织形式的改变，从过去传统的企业,改组成为股份公司或有限责任公司以明确界定股权投资者各自的权益,规范利益分配机制。

无论是资产式重组还是股权式重组,其实都是煤炭企业有偿重组的形式。虽然政府在一些国有企业改制过程中发挥作用,但坚持市场化交易机制,满足市场经济体制的要求,尊重市场经济规律是煤炭重组发展的主要方向。

三、需要进一步解决的几个问题

煤企重组是一个系统工程,它的成功实施不仅需要企业良好的内部条件,也需要良好的外部条件以及健全的市场机制。从我国目前的情况看,完全市场化的重组条件还不具备,煤炭重组不仅存在体制上的障碍,还有政策(如财税、金融、人事、劳动政策)障碍;既有经济因素障碍,又有非经济因素(如政治安全和社会稳定等)障碍。深入探讨和解决这些问题对新一轮煤炭业重组具有重要的理论意义和实践价值。

(一)政府角色定位及行为边界问题

目前在实践中,政府虽然在主观上也认识到重组要以市场为导向,以企业为主体,要按市场方式操作,但如果资本决策主体是政府,煤炭业重组的初衷就会不自觉地发生偏离。这种资本的国家性质与市场化操作方式之间的深刻矛盾常常阻滞煤企重组。"政府推动 + 市场导向"的重组模式要求通过市场形成有竞争力的大企业集团,即市场要在国有资本重组中发挥基础性调节作用。那么政府在重组中应该如何"有所为,有所不为"? 本文认为,政府要定位于煤企重组的推动主体,而不是主导主体,要促进和协调的角度出发,在政策、环境、服务等方面发挥作用。

一是解决煤炭资源的自然分布和我国工业体系布局之间的不匹配问题。我国煤炭资源总体上呈现"北多南少,西多东少"。煤炭资源与水资源分布,煤炭生产和消费中心逆向的特点。因此,政府应根据煤炭需求特征和耗能产业的区域分布,合理规划产业的布局和规模,加快推动煤炭重组,形成全国、地方相协调, 大中小相互竞争的布局。即煤炭行业的中央企业根据我国煤炭资源布局、煤炭企业格局和市场结构,进行跨省区域的兼并重组;建立省际行政区域内的煤炭大型企业集团;鼓励大煤矿并购小煤矿,建立地市级(或县级)以上的煤炭公司,统一生产。

二是提高开办煤矿和获取矿业权的准入门槛,强化对煤炭资源市场规划。

我国中小型煤矿数量多,市场呈现无序竞争状态,这不利于优化煤炭生产结构,实现煤炭总量的控制和环境保护。因此,政府要严格落实煤炭资源矿业权获取的准入机制,提高开办煤矿企业的准入门槛;在煤矿建设项目审批当中,对达不到煤矿准入标准的煤炭资源管理部门不予配给资源,主管部门不予核准;加快对中小煤矿的"关、停、并、转"的力度。这不仅可以打击矿权市场中的投机行为,也是对小煤矿实行"减量化"管理的重要手段。

三是建立煤炭资源向优势企业流转机制。在煤炭产业发展规划中,要明确一个矿区由一个主体开发的原则,这是调整我国煤炭产业矿权管理混乱、布局混乱,实现资源规模化、集约化开采的重要保障手段。目前,可以优先向矿区内优势煤炭企业配置资源,由一家大型煤炭企业进行统筹规划开发,对已获得采矿权但不具备管理优势的企业,可以通过矿业权转让,鼓励其将资源,资产评估后出卖或入股重组企业。

四是加强对煤炭行业重组整合的协调和指导。中央政府要加强对煤企并购重组的协调和指导。跨省区、跨所有制的企业重组,方案应报国家有关部门审定,区域内的并购重组,政府部门要简化办事程序,建立相关的协调领导机制,做好重组服务工作。要加强和支持对重组所需专业人才的培养;大力培育中介服务机构。

五是给予煤炭业重组的优惠政策支持。为保障煤炭企业重组并购的顺利实施,政府需要从多方面出台优惠政策。在市场融资方面,要积极支持具备条件的重组企业上市融资;支持企业通过发行企业债券、股权转让等方式筹集发展资金;建立煤炭产业基金以及吸引民间资金进入煤企并购融资市场;尽快出台《支持和鼓励企业跨区域联合重组实施细则》,推动企业集团之间的深度重组。

(二)进一步理顺煤炭企业产权的问题

产权是所有制关系的法律表现形式,是解决人们对稀缺性资源的争夺而制定的规则。上世纪 90 年代,我国煤炭行业开始了政府主导下的企业化改制试点,企业市场化步伐加快,产权流动频繁,使得煤炭企业产权构成异常复杂。

一是煤炭企业组织形式多样化。按照会计事务所出具的验资报告,以及营业执照和工商行政管理局备案的煤矿工商档案,我国煤矿企业至少存在以下几种形式:(1)国有煤矿。国有煤矿存在两种情况,一是非公司法人的国有煤矿,就是老国有企业那种性质;二是已经成为公司法人的国有公司,这两种情况其投资人均为国资委。也包括国有控股、国有参股的煤炭企业。(2)集体煤矿。大多是非公司法人,分两种,一种是乡、镇集体所有制的煤矿,还有一种是村集体所有制的煤矿。(3)公司制的法人煤矿。主要包括除已成为公司法人的国有公司之外的公司法人煤企。实践中的主要形式有以自然人或法人为股东的有限责任公司,集体与个人成立的公司法人等。(4)联营煤矿。指两个及两个以上相同或不同所有制性质的企业法人或事业单位法人,按自愿、平等、互利的原则,共同投资组成的经济组织。联营煤矿比较复杂,主要包括有国有联营煤矿、集体联营煤矿、国有与集体联营煤矿和其他联营煤矿。认定其为联营煤矿的主要依据除上述文件外,还包括联营协议。由于不同的组织形式,进行并购重组遵循的法律法规也不尽相同,实现重组的方式和手段也不尽相同,这无疑增加了煤炭企业重组的难度。

二是实践中出现了法律上的采矿权和事实上的采矿权行使者不一的现象。即出现"二元主体"。究其原因,一方面是地方政府与区域内外的大企业签订协议,擅自划分和处置煤炭资源;另一方面是一些煤炭企业未经批准,以入股、联办、兼并、收购等方式与其他企业进行合作,以债务承担、经营权转让、托管等形式转让控股权,形成实际上的采矿权转让。二元主体的现象导致政府在资源整合,关小上大时举步维艰;而且煤矿也很难实现规模开采,出现了大量的非法开采,资源浪费、环境破坏,抵御风险能力差等问题,这对煤炭业重组的进程和效率产生很大的阻力。

针对这些问题,本文认为:一方面要切实提高对煤矿产权的认识,按照党的十六届三中全会提出建立"归属清晰、权责明确、保护严格、流转顺畅"的现代产权制度的要求,各级政府要对现有煤矿的投资经营行为进行清理、整顿和规范企业组织形式和经营方式,落实安全责任主体,加强监督管理和责任追究。二是在推行采矿权有偿使用的基础上,按照煤炭业战略重组整合的思路,加快建立与煤炭行业特点相适应的"产权归属清晰,主体权责明确,经营方式规范,管理科学严格"的现代煤矿企业制度。

(三)煤炭业重组的市场建设问题

关于矿业权交易市场的建设。矿业权分为探矿权、采矿权。煤炭企业重组实质上就是矿业权的流转,而实现矿业权流转的场所就是矿业权交易市场。目前,世界上绝大多数国家通过市场机制来运作矿产资源产权,并建立了以矿产资源所有权为核心的一级出让市场和以市场供需为核心的二级转让市场。

目前,我国矿业权的一级市场,是以政府特许的方式通过招标、拍卖、挂牌、协议、划拨等形式进行的。总体来看,一级市场是市场发育不足、矿权主体不到位情况下的政府替代。由于政府主导资源配置,因此在公平和效率方面常常引起诟病。

我国矿业权的二级市场主要是通过招标或拍卖、协议转让、合资经营、联合经营、兼并经营等方式进行。目前我国已建立的矿业权交易中心有20多家,呈现的主要特点是地域性服务强,还没有一个全国性的矿业权交易平台;缺乏综合性的中介机构,专业性中介组织的建设有待完善;矿业权交易市场建设缺乏明确配套的法律制度,监督管理机构不健全,交易规则的制定有待规范。这导致了矿业权交易市场的价格发现和资源配置的功能不能充分发挥,也造成完全采取产权流转方式实现煤炭企业重组存在一定困难。

针对这种状况,本文认为,建立和发展矿业权交易市场的重点是解决矿业权的财产制度、市场主体与市场组织制度的建设。一是加快对矿业权的产权界定。市场运行的前提是产权的分解和界定,产权的界定既是效益分配的基础,也是改变“资源无价”和合理利用矿产资源的关键。二是矿业权价值评估以及矿业税制改革。这涉及规范市场,维护国家所有者权益、矿业权中各权利主体的权益。三是矿业权市场标准化建设。随着各项制度的逐渐完备,矿业权市场也要向标准化的方向发展,这也是市场经济的内在要求。除了基本的矿业权市场通用标准、矿业权评估标准、矿业权信息服务标准外,还应在矿业权市场建设过程中广泛宣传倡导得到国际公认的体系认证,如质量体系认证、环境管理体系认证等,最大限度地维护矿业权交易双方的利益。四是在总结现有的矿业权交易机构的经验和不足的基础上,借鉴证券交易所和产权交易所的模式,设立一个公开、统一、透明的全国性的矿业权交易所,提高矿业权的可交易性和流动性,从而吸引更多社会资本参与矿业权投资,促进矿产资源的开发。

关于煤炭企业利用资本市场的问题。资本市场是煤企重组的重要筹资平台,也是实现重组的交易平台。煤炭企业在资本市场上通过股权转让、股权置换、股权收购等方式都可以实现煤炭企业的股份制改造、煤炭企业的集团化等重组目标。目前我国多家煤企在股票市场上实施并购重组的案例提供了有益经验。但是我国煤炭企业进入资本市场的时间较短,上市企业数量少,煤炭企业资本化程度和煤炭企业在资本市场上的地位与整个煤炭产业在国民经济中的地位还不相称。因此,培育一个发达的资本市场,对于我国煤炭企业在重组中发挥资本市场的平台作用,实现煤炭资源的合理配置有着积极意义。

矿业权交易市场和资本市场的发展,实际上可以看做是未上市煤炭企业和上市公司在重组中实现产权调整的两个场所。两者的关系可以这样看待:上市煤炭企业是用探矿权或采矿权在资本市场"圈钱",是矿业权运作;矿业权招拍挂以及治谈交易,是用钱在矿业权市场"圈权",是资本运作。因此煤炭企业就搭建了矿业权交易市场与资本市场的桥梁。目前,两者是相对独立的,但随着我国资本市场的日益成熟,矿业权市场的逐步形成,将来两者将融会贯通,最终形成统一的矿业资本市场。毕竟资源只有实现了资本化,以资本和产权为纽带,才能打破所有制和时空的界限,打破产业产品形态的隔阂,才能对煤炭业重组、发展提供更好的契机和条件。

第五章 煤炭业重组的金融支持研究

第五章 煤炭业重组的金融支持研究

无数的理论和实践已经证明,金融在优化资源配置、促进产业结构调整方面可以发挥积极作用。新一轮的煤炭重组不仅为金融创新与发展提供了有利契机,也是实现我国煤炭产业战略重组的关键步骤,因而更需要金融发挥积极作用。金融对煤炭业重组的支持应基于国家煤炭产业政策导向和产业规划重点,结合国家经济金融政策和环境,充分发挥金融功能,实现产融良性互动。

一、金融在煤炭业重组中的作用

金融在经济中具有核心的地位。这一核心地位在金融与企业的关系中更是有深刻地表现,企业经营往往表现为负债经营,企业的债务即是金融机构的资产,银企关系在经济链条中居于十分重要的地位。金融与企业的直接关系可表现为金融对企业经营的资金支持作用,其次,金融还具有资源配置功能和政策协调以及金融中介功能等,在企业进行整合重组过程中发挥重要作用。

(一)金融与企业关系的演进

在企业经营管理方面,根据所有者和经营者的关系,现代企业与金融部门的关系已经不是以往单纯的借贷者和借贷方的关系,金融部门不仅手中握有相关企业的债权、股权,有的还派驻金融顾问影响企业高层的决策。企业也不仅是金融体系的密切相关者和利益体现者,更多的时候金融与企业担当共同的风险,有着共同的命运。企业要对利用的金融资产负责,金融也要对企业债券、股权进行支配和管理。因此,金融业在企业涉及兼并、重组等重大变革过程中不会是一位旁观者,而是一个积极的影响者和参与者。

改革开放前,在计划经济时代金融与企业实质上是政府与企业的关系,金融部门代表政府管理资金,企业代表政府从事生产,表现为贷款人和贷款者的关系。我国的金融体制只发挥对企业提供暂时的、短期的流动资金,执行财政的出纳职能。改革开放以后,金融体制发生了革命性的变化,金融与企业的关系发生了变化,它们之间形成了市场上平等的交易主体,遵循着共同的市场法则,企业借贷要还本付息,金融部门则选择效率更高的企业进行支持。金融的

注:本章执笔人:武宏波,课题组全体成员参与讨论。

功能已经十分完备,金融不仅是企业资金、中介交易平台、风险防范的提供方,更是成为社会资金的管理方和配置方,依据市场化原则,肩负经济资源配置的重任。

由于金融与企业的关系逐渐密切,金融对企业的渗透不断增强,已经影响到企业管理、改革的方方面面,同时金融的资产结构、企业的融资结构都较以往发生了很大变化,成为作用于企业并购重组的关键因素。

(二)煤企重组的主要方式和金融介入

重组主要指企业的资产重组和负债重组,对企业方来说就是资产重组和资本的运营,以达到收入的最大化。在负债的重组过程中:对于国有企业和部分民营企业来说其负债就是银行的资产,负债重组因其直接会影响到金融机构的资产负债表,因此与金融机构的关系更为直接和密切。但债务重组的目标是消除企业沉重的债务负担,目前不是我们所研究的主要范围。与之不同,资产重组属于"增量投入"和"存量调整",是使资源配置得更有效率。

按照产权转移的程度和方式看,可分为购买式重组、债务式重组、抵押式重组和股份制重组。按照企业重组的生产链特点可以分为:横向重组、纵向重组、混合式重组。[22]根据重组的方式不同,金融介入和发挥作用的条件、途径也不同,如金融可以在抵押式重组中充当金融中介,在出资式、债务式重组中扮演清偿中介,以及在各类重组兼并过程中进行资金支持等基本效应。

1.资金支持效应

从一般的重组情况来看,如果重组条件相对成熟,则企业重组的最大难题就会落脚到资金问题上。重组方对资金的需求主要有支付产权交易费用、保证金、手续费等,在煤炭业重组过程中还要支付资源价款。一般来说,解决资金问题可以采取政府拨款、自筹资金、社会集资入股、上市公司配股和金融部门提供贷款支持等。但在市场上,比较理想化的办法是得到金融部门的资金支持,因为金融资金比其他资金附带更少的条件,程序也最为简便。

2.资源配置效应

在现代社会投资者与储蓄者是分离的,金融可以通过对储蓄和投资的重新安排,提高产业发展中资金和要素投入的绝对水平,支持产业发展和重组并购。金融的资源配置功能主要表现在资金形成、资金导向、期限配置和风险转化三个阶段。资金的形成是指从储蓄到投资的转化过程,从而使社会资金从事更有效率的经济行为,包括重组后形成的新型经济体。资金导向是指资金的流向经

[22]常修泽:《资产重组:中国企业兼并研究》,陕西人民出版社,1992。

过金融体系的评估、筛选机制，更加富有效率的企业部门。金融部门还要利用金融市场、专业化的产品和工具进行期限、风险管理，使金融对产业的支持走一条良性的轨道。

3.金融中介效应

在企业重组中，金融中介机构的积极参与可以帮助并购重组双方以最优的条件、最优的方式达到并购重组的最佳目的，从而实现最优发展。金融中介起到了提高重组效率、加速重组进程、节约重组资源消耗的作用。具体来看，可以发挥以下几个方面作用。一是为企业并购提供信息。二是帮助企业策划并购重组方案并进行实际操作。三是为企业重组提供融资安排。四是为重组后的企业发展提供金融顾问服务。在金融市场方面，金融中介作用表现为企业重组所进行的产权交易提供市场平台，创造新型产品、工具提供交易便利，抵御市场风险等。

4.充分利用国际资本市场的融资和定价作用

我国煤企要向发展世界级领先能源公司发展必须充分利用国内和国际两个金融市场。对于国际资本市场，可以充分利用其多元化的国际融资渠道，利用市场化优势进行股权和债务融资，以改善公司治理结构，为实现集团跨越式发展建立基础。还可以充分利用国际市场看好我国煤炭业的大好时机，积极引进国际战略性和财务性投资者，利用海外融资取得的资金，掌握并购主动权。目前，全球只有美国的纽交所和美交所有煤炭期货交易品种，从发展的情况来看，煤炭期货交易对稳定美国国内的煤炭市场和电力市场起到了重要作用。利用国际金融市场支持煤炭业重组可以集中表现为：通过私募股权、境外上市等方式为重组提供资金；通过引进战略投资者和海外资金直接参与并购；通过发行外币债券募集资金等。

二、煤炭业重组中金融支持障碍分析

区域经济的发展特征会影响区域内其他产业的发展，作为现代经济核心的金融业受到的影响可能更大。由于金融的发展是内生于特定经济社会的经济环境中，所以资源型地区带有畸形的经济特征，导致了资源型地区的金融形成了带有浓重资源型色彩的区域金融体制、金融体系以及金融支持和增长机制

(一)资源与金融的关系："资源诅咒"的延伸

经济发展需要资源的驱动，但是资源型地区对资源的过分依赖及不合理的

开发利用会影响地区经济的正常发展,进而出现了资源和经济的互逆关系, 即"资源诅咒"现象。那么,作为现代经济核心的金融业,在其发展过程中,与资源以及资源产业的关系如何? 丰富的资源对金融的发展有多大的贡献呢?

本文构建了我国各省份的资源丰裕度指数(RAI)[23],以 2007 年的数据计算,RAI 是以当年各省煤炭、石油、天然气三种矿产资源的基础储量占全国总量的相对比重为基础, 以当年它们在我国一次能源生产和消费总量中的比重为权重,分别为煤炭 73%,石油 17%,天然气 3%,构建 RAI 指标的计算公式如下:

$$RAI_i = coal_i/coal \times 73\% + oil_i/oil \times 17\% + gas_i/gas \times 3\%$$

其中,RAI_i 代表某省份资源丰裕度指数;$coal_i/coal$、oil_i/oil、gas_i/gas 分别为某年某省份煤炭、石油、天然气基础储量占全国煤炭、石油、天然气基础储量的比重。计算得出,全国平均资源丰裕度指数为 9.29,高于全国平均数的省份有新疆、陕西、内蒙、山西、黑龙江、四川、山东和河北。可以说,这些省份具有较强的资源型经济特征。表 1 显示了全国 RAI 排名前 15 位的省份在 2007 年金融保险业增加值,可以看到:我国资源最为丰富的新疆、陕西、内蒙、山西、黑龙江五个省份的资源丰裕指数远远高于全国平均水平, 然而金融增加值的排名却分别处于全国的第 22、18、23、16 和 26 位,增加值尚不及全国平均水平 269.52 亿元,明显处于全国中下游水平。总体而言,资源丰富的省区,金融发展水平反而较低;资源较为贫乏的地区,金融增加值却很高。充分说明资源型地区在金融发展方面同样存在"资源诅咒"的现象。

金融相关比率(FRI)是衡量金融总量结构的指标。由于各省份基础数据不全,本文采用各省份金融保险业年度增加值比年度国内生产总值来近似度量。数据显示,FRI 全国平均水平为 0.036;属于资源丰富地区,同时也是典型的资源型地区的新疆维吾尔自治区 0.033、山西省 0.029、陕西省 0.025、内蒙古自治区 0.018、辽宁 0.027、黑龙江 0.011、吉林 0.024,均低于全国平均水平。总体来看,资源型地区金融结构并不合理,而这种不合理的甚至畸形的金融结构再次为资源型地区金融发展存在的"资源诅咒"现象提供了证据。

表 5-1　　　中国各省份资源丰裕度指数和金融保险业增加值对比

(单位:亿元)

省份	RIA	排名	金融业增加值	排名
新疆	39.173	1	99.25	22
陕西	38.648	2	114.67	18

---

[23] 参照徐康宁、王剑(2006),自然资源丰裕程度与经济发展水平关系的研究[J]. 经济研究,2006 ,(1) :78 - 89.

内蒙古	36.991	3	87.81	23
山西	32.384	4	138.26	16
黑龙江	27.813	5	67.74	26
四川	20.044	6	299.49	7
山东	16.076	7	576.69	6
河北	11.741	8	279.72	8
吉林	8.347	9	100.75	21
辽宁	7.953	10	250.13	9
青海	6.649	11	22.67	29
河南	5.757	12	219.72	11
甘肃	5.44	13	50.51	27
贵州	4.514	14	83.21	24

数据来源:据 2008 年《中国金融统计年鉴》、《中国统计年鉴》相关数据整理计算所得。

以上分析可以看出:资源和金融发展的对立统一的关系是资源可以成为一个地区发展的动力,但也可能成为金融发展的"瓶颈",资源型地区整体上呈现金融发展不足的特点。

(二)煤炭业重组中金融功能缺失的分析

资源型地区的经济转型、产业升级不仅需要有效的资本形成机制,也需要金融有效地发挥资源配置功能。但资源型地区经济发展的特殊性,使得金融也形成了带有资源型色彩的运行规律和特点,在一定程度上扭曲了资源配置和阻滞了资金融通。概况而言,金融功能缺失主要表现在资金的吸引机制不健全、资金投向的锁定效应和金融导向机制的非市场化。

1.资金吸引机制不健全

一个良好的融资环境会形成吸引资金流入的洼地,相反,则可能成为资金流出的推动力量。其中融资环境包括两个方面:一方面,资源型地区生态环境的恶化损害了形成"资金洼地"的自然条件。尤其是资源浪费、水土流失、土地塌陷、水资源消耗与污染等问题, 恶化了区域经济发展的生产条件和生活环境,形成了巨大的生态环境压力,不仅抑制了外来资金的投资积极性,同时也迫使本地投资者到外地寻觅投资机会或者向外转移资金。近几年有关煤矿主携巨资前往京沪和沿海省份进行房地产等行业投资的报道就是例证。另一方面,资源型地区不良的金融生态环境影响了资金在区际间的流动。许多的实践已经证明,任何一个区域的金融生态环境,如法制状况、经济发展水平、金融部门的独立性、企业及社会诚信等因素都会对资本形成和资源配置产生重大影响。我国的资源型地区大多地处内陆,市场经济发育的程度还不充分,尤其是政府公共部门、金融机构、企业以及公众的信用意识不强,信用的经济价值在市场上无法得到完全的体现。再加上我国的征信系统缺乏与有关部门相配合的信用担保机制、失信惩戒机制,社会信用体系建设还不够完善。因此,资源型地区往往无法形成吸引外部资金的良好投资环境和载体。

　　2.资金投向的锁定效应

　　锁定效应是指对区域功能、产业功能及相关核心企业的资源配置功能的锁定, 以及对供应关系、合作关系、专业化生产的路径限定。资源型地区的资源丰裕和沉淀成本等因素造成该地区扭曲的资源配置, 导致产业结构刚性, 降低经济效率和福利水平。资源越丰裕、沉淀成本越大,产业的刚性就越强。这同时又对该地区的银行信贷结构形成锁定效应。在时间、空间既定并且技术水平不变的情况下,银行连续不断地将资金投入到某一产业,当投入量超过某一特定值时,增加一单位资金投入量所带来的边际收益是递减的。因此,信贷锁定效应既不利于自身效益的提高,也有悖于产业结构升级。

　　我国资源型地区最主要的经济特征就是凭借天赋资源所特有的比较优势,经济发展过分依靠资源开发与利用。因此大量的投资(政府投资、民间投资及外国投资)集中在资源领域。这些资源产业占用信贷资金规模大、占用时间长甚至已经形成不良贷款性质的沉淀。(数据)同时由于金融机构营销新客户、新领域可能产生较高初始成本。因此,即便在政府主动培育新产业、推动经济转型的情况下,也无力或不愿主动对新产业给予足够的关注和必要的资金支持。同时在沉淀成本和惯性效应的共同作用下,这些资金或要素维系和受制于资源优势,挤出了非资源产业的资本需求及需求能力, 导致资本的使用长期锁定在资源产业以及资源加工产业、配套及服务产业、相关的基础设施等领域, 其他产业长期不能获得资金支持,进而形成了资源型地区僵化的资金支持机制,明显降低了资本使用效率,成为资源型地区突破产业锁定、实现经济转型的直接障碍。

3.金融导向机制的非市场化

一般来说,在良好的金融环境中,在资金导向的作用机制下,金融系统的竞争性会将储蓄资金分配于不同收益率的行业投资之间,使资金能够按照经济原则在各产业部门之间高效流动,调整资金配置状态,提高社会资金平均收益率。然而在资金导向方面,我国资源型地区非市场化特征明显,金融对资本的总量、结构、流向、流量在宏观上的引导作用发挥不充分。

资源型地区长期形成的资金投入模式弱化了资本引导功能。长期以来,在自然资源禀赋和国家生产力布局的双重作用下,资源型地区肩负着保障我国能源供应、维护能源安全的重任。因此在国家强制性的行政管理和政府主导的金融模式下,大量的资金投向资源型产业。虽然改革开放30年,我国社会融资格局发生了巨大变化,但是间接融资模式并没有发生彻底变化,商业银行的信贷活动仍然受到历史惯性行为和政府产业发展偏好的影响,信贷资金集中于资源型产业和大企业、大集团以及信贷配给的现象依然严重。目前,虽然我国社会资本的流向正在由间接融资为主向直接融资为主转变。但几十年的经济失衡因素和经济风险的堆积造成的资源型地区的结构性扭曲在短时间内无法消除,资本市场的信息揭示功能严重不足,因此,通过金融手段引导资源优化配置的任务还很艰巨。这种资金导向机制的非市场化现象,不仅降低了信贷资金的配置效率,对资源行业的产能膨胀形成推波助澜的作用,也对资金引导作用的有效发挥起到了逆向的反馈效应。从长远的角度看,不解决这一问题,极有可能造成无法按市场原则分配经济权力与风险,可能窒息资源型地区可持续发展过程中的经济由低层次向高层次逐步优化、选择上升的生命力。

还有值得注意的一点是,丰裕的自然资源滋生地方政府机会主义行为以及寻租活动,导致资源流入机制不畅。从理论上讲,如果一个国家内部资源是充分自由流动的,那么各个地区并没有明显的风险差异。但是在过去30年的改革中,政府支配资源的能力并没有显著的减弱。反而,"国退民进"现象在资源领域似乎更为迅猛,这使得资源所有权在经济上并没有得到充分的体现,进而导致国家资源产权的虚置和弱化,加剧了资源型地区政府对本地资源和市场的干预和保护力度,致使资源型地区的工业发展成为政府利益导向的产物,最终导致企业绩效低下,加大了生产要素自由流动的难度。这些问题使得资源型地区经济发展的制度基础遭到破坏,公平竞争的经济环境难以形成,严重阻碍了地区资本集聚能力的提高。

(三)资源型地区可持续发展的金融战略

金融作为现代经济运行核心,无疑会在资源型地区经济增长方式的转变和可持续发展过程中发挥非常重要的作用。良好的金融体系所提供的高质量金融服务,可以减少信息不对称、降低交易成本、提供融资便利、促进储蓄向投资转化、推动技术进步和结构升级,从而有利于该地区实体经济的可持续发展。

1.创新资本支持机制

经济学中的生产函数 $Y = f(L, K)$ 表明,技术发展与资本积累程度共同决定一个地区的生产可能性边界。技术发展和资本积累程度越高,生产可能性边界就越向外扩展;而技术范式的变革、技术革新的应用以及技术风险的防范等环节在很大程度上都离不开资本的支持。资本积累引致了知识的积累,知识增长加快了技术进步的进程,技术进步则提高了投资的收益,在这种正反馈中,经济系统出现增长的良性循环。资源型地区要培育区域经济发展潜力、提升区域生产效率,必须营造有效的资金洼地,以强化资金集聚能力。

首先要健全能够提高资本积累效率和资本配置效率的投、融资制度,完善金融产品及时的价格发现机制;提高金融市场运作效率,增强可持续资本形成能力和完善可递进资本形成机制,并形成能够吸引资金的载体;通过资产证券化、融资租赁等形式,构建一个有效保障资源型地区可持续发展的金融体系,使得经济增长动力多元化。

其次要改善吸引资金的"软、硬"环境。硬环境的改善主要指交通更加便利、通讯设施更加先进、金融研发机构更加健全、自然生态环境更加理想。软环境的改善主要包括政府服务更加高效和公平、竞争环境更加透明、金融制度和法规更加完善,还包括同时兼顾金融业的盈利性和安全性,为金融机构创造一个资金较为安全、回报较为理想的金融生态环境,进而形成经济金融良性互动的局面。

最后要创新金融产品和服务手段。各金融机构不仅要利用现代高科技手段,大力拓展和延伸服务的项目和领域,积极开展项目融资、重组改制、收购兼并、财务顾问、银团贷款、资产与权益证券化等差别化和综合化金融服务;而且要利用交叉性金融工具,加强相互间的合作,银行、证券、保险、信托、期货等不同类型金融机构要推出功能互补的产品,在代理、销售和产品创造等环节进行合作,通过"业务互补、利益共享"来推动区域的顺利转型。

2.完善金融运行机制

实践证明,特定区域金融化程度的高低,不仅取决于该地区金融资产的规模和质量,更重要在于金融体系的健全程度,因为金融发挥功能的最终载体是金融产品,单一的金融体系不可能创造出丰富的金融产品。因此,资源型地区要形成本地区金融运行整体合力,就要借助专业化分工竞争合作,分享不同层面、不同领域的盈利机会,承担不同环节的金融风险,共同为可持续发展提供支持。

完善金融运行机制不仅要兼顾直接融资与间接融资,政策性金融与商业性金融。更应该重视民间金融。资源型经济运行的特点决定民间资金将成为资源型地区筹集产业转型和可持续发展所需资金的不可或缺的一部分。因此积极对其进行政策引导和制度供给,准确把握民间融资发展动向,分析研究其对宏观经济和微观经济可能产生的影响,尽快建立"系统监测、科学评估、打击违法、规范发展"的监测调控系统;并据此制定适应其发展的政策法规,为民间融资构筑一个合法的活动平台,发挥其拾遗补缺的作用。

资源型地区的转型不仅需要金融机构的资金与服务支持,对金融中介服务的需求也很迫切。创建企业危机托管公司、处置助理公司,企业财务公司、信用评级公司、项目咨询公司,企业资质调查公司等金融中介公司,完善货币经纪、资产管理、财务顾问、资产评估、法律咨询、会计服务、审计鉴证等相关配套服务体系对于完善金融支持可持续发展机制也是不可或缺的。

3.实施倾斜的金融政策

受资源型地区经济金融运行特征的影响,统一的金融调控政策在这类地区中难以完全发挥其应有的效果,反而可能出现政策实施偏离理想目标的情况。因此,金融管理当局在制定和执行金融调控政策时,应在统一政策目标的前提下,分层次制定出区域性目标,主动选择不同政策工具组合,使政策的实施力度和方向体现地区的差异性,以消除发达地区的"虹吸效应",实现政策调控的帕累托最优。

在货币政策方面,可以考虑加大中央银行在各资源型地区分支机构的操作权能,由其采取分区域的差别性措施,缩小货币政策执行效果的区域差距,使货币政策能较为平等地作用于不同区域经济金融的发展。

在信贷政策方面,一方面加强窗口指导,指导微观主体对宏观金融和产业政策的意图予以理解、配合与适应,坚持"区别对待、有保有压"的原则,针对产业特点实行差别信贷政策。另一方面可尝试建立和完善人民银行对辖内金融机构落实信贷政策考核评价体系和监督的机制,督促信贷资金投向符合政策的行业和领域。

在监管政策方面,要适当放宽机构准入、交易市场准入和证券发行标准等限制条件,以增强各金融市场主体的参与程度,扭转因监管政策过严导致金融支持资源型地区可持续发展乏力的状况。

目前,我国资源型地区经济的发展正处于由投入型向效率型、由资源型到资本型、科技进步型、由粗放型发展到和谐发展转变的时期,金融作为支持经济发展的重要力量,只有适应经济转型发展的要求,创新资金支持机制,强化资金导向功能,完善金融宏观调控机制和政策协调机制,进一步发挥金融在资源收益调控方面的作用,促进资源型地区经济结构的转换与升级,推动资源型地区经济的可持续发展。

三、煤炭业重组的金融支持模式

(一)提供高效的融资服务

成功的并购重组离不开强有力的资金支持。金融为并购重组提供高效的融资服务也是其基本功能。从我国目前的融资体制和环境来看,煤企重组资金主要依赖于企业的自有资金、自筹资金和银行贷款,一些煤炭类上市公司还可以资本市场筹集资金。具体来看:

第一,我国非上市的中小型煤炭企业较多,因此重组资金更多地是来自于民间融资,尤其是民间借贷这一债务性融资方式,也有部分企业利用私募股票或债券进行融资。这类融资方式的主要约束条件是我国关于私募证券融资方式的规定和具有专业投资经验的机构投资者的水平。具体的融资方式、资金来源、优缺点和条件见表5-1。

表5-2　　我国煤炭企业重组可利用的融资方式

融资方式	适用范围	资金来源	优点	缺点
并购贷款	任何组织形式的煤炭企业	银行	不影响公司控制权,股权不被稀释	贷款难度大,需要有担保和抵押等
私募股票	未达到公开上市条件的煤炭企业以及一些不愿信息公开的大企业	非银行金融机构、个人或机构投资者	资金筹措快,公司信息不必公开披露,专业机构投资者的参与有助于企业经营,不必担心失去控制权	法规对投资人数、范围、总额、股票转让等有限制
债券私募	未达到公开上市条件的也很难贷款的煤炭企业	非银行金融机构,个人或投资者	筹资成本很低,债务融资比股权融资便利	可能影响企业的财务状况
股票市场	上市的煤炭企业	股东和其他投资者	可以利用股票进行多样化的重组方式,融资手段也较其他类型煤炭资多	失去公司隐私权
债券市场	各种煤炭企业	各类投资者	可以获得低成本的大额资金,也有利于提高煤炭企业的公信力	需要煤炭企业有良好的信誉和足够的偿付能力

第二,关于并购贷款在我国煤企业重组中的运用。在欧美等经济发达国家,并购方可以从银行获得交易总额80%左右的信贷资金。然而我国长期禁止金融机构发放专门的并购贷款,直到2008年底中国银监会下发关于《商业银行并购贷款风险管理指引》的通知后,并购贷款的禁令才被解除。从一年的运行情况看,商业银行发放的并购贷款主要集中于规模较大、信用等级高的国有企业。我国煤企大多为国有企业,负担重,利润低,负债率高,囿于商业银行的抵押、担保等条件,获取并购贷款依然非常困难。另外,并购贷款的配套改革方面进展缓慢,尤其在收益和风险匹配,优先债和和债权人参与管理,接管企业经营权及并购的法律和监管方面还需要予以跟进。

第三,对于上市公司重组资金的筹集渠道相对较多,方式也比较丰富。但总体来看,上市的煤炭企业不多,利用资本市场功能进行融资的能力还不强,如对可转换证券、认股权证的运用很少。另一方面,重组中股权融资的法律制度还不完善。如对股权出资的限制在2009年3月才解禁。如换股并购方式在法律上规定过于简单,对实践的操作意义不大。

鉴于我国煤企重组融资需求的现状及发展状况,本文建议,一方面,考虑到煤炭企业明显的区域化特征,国家可以在融资市场中专门针对矿业(煤炭)企业制定特殊的融资政策;建议对煤炭企业债券发行条件中的可分配利润,净资产额度,净资产收益率等方面的限制条件予以适当放宽;建议进行煤炭企业并购重组债务融资的试点,为并购活动提供资金支持。另一方面,加快建立并购贷款实施的配套措施,适当放宽煤炭企业并购贷款条件。如在贷款资金占并购资金比例,并购贷款年限等方面予以煤炭企业的适当放宽。此外,要尽快完善股权出资的相关法规。鉴于我国煤企并购重组的主体中国有企业较多,国有资产管理部门应当完善国有公司股权出资的相关协调性规定,相关程序性要求及规定等。

发展创新型金融工具。煤炭企业重组需要金融创新的支持,这一点在以往国际企业大规模重组过程中表现的尤为突出。我国煤炭业重组为金融发展带来了机遇,推动金融产品和服务创新成为金融业参与煤炭重组的重要途径。在市场经济和法律法规不断完善的情况下,银团贷款、杠杆融资、私募基金等可成为煤企重组重要的资金来源,成为金融支持煤企重组的重要媒介与工具。

一是发展银团贷款业务。一般来说煤企重组的融资需求量大,容易造成银行贷款的行业、地区、客户集中度过高的问题。银团贷款作为多边贷款模式,充分发挥了各家银行的自身优势和品牌特色,形成了优势互补,具有信息共享、风险分散、合作共赢的优势,既利于规避风险又可形成合力。

二是利用杠杆融资支持煤企重组。杠杆融资是企业资本运作方式的一种特殊形式。即通过信贷融通资本,运用财务杠杆加大负债比例,以较少的股本投入融得数倍的资金,对企业进行收购、重组,并以被收购企业未来的利润和现金流偿还负债。杠杆融资对于煤炭企业重组的作用在于:(1)有助于促进企业的优胜劣汰,进行企业兼并、改组,是迅速淘汰经营不良、效益低下的企业的一种有效途径,同时效益好的企业通过收购、兼并其他企业能壮大自身的实力,进一步增强竞争能力。(2)对于银行而言,由于有拟收购企业的资产和将来的收益能力做抵押,因而其贷款的安全性有较大的保障;(3)杠杆融资可以与股份制改造结合起来。(4)杠杆融资为企业参与并购活动提供了一条高效、灵活的筹资渠道。

三是私募股权基金。它不同于之前所述国有资本主导的煤炭重组基金,它是完全市场化融资、投资和管理的投资基金。他的目标主要是有发展潜力的中小型的煤炭企业,投资方式是企业重组。目前,国际上由并购基金发起的并购占据并购市场 50% 左右的份额;基金机构数、管理资金量和从业人数逐年成倍增长。而国内从事并购业务的私募基金数量极为有限,仍处于起步阶段,需要加快配套机制建设和人才储备,充分发挥重组基金在"调结构"方面的作用和私募并购基金在"促改革"方面的价值,为煤炭企业兼并重组拓宽融资渠道。

(二)设立煤炭重组基金

从我国以往煤炭业重组实践来看,重组活动更多的是产业资本之间的整合,缺乏金融资本的有效参与。同时由于国有资本仍然在煤炭重组中占有主导权,往往缺少重组的内在动力和外部投资者的介入。针对这一实际问题,本文建议,探索设立"煤炭重组基金",发挥基金在重组中的战略投资者作用。这对调整煤炭国有经济结构、进行国有企业改制、实现国有资产保值增值和技术开发创新等改革重任,是一个崭新的考虑和选择。

创建煤炭重组基金,对推动煤炭企业国有经济结构调整具有积极作用。基金作为市场经济国家推动产业结构调整和升级、实现企业改制重组的有效金融手段,有着"集合资金,专家理财,组合投资,市场运作"的特点,可以有效地集合国有、社会、外资等各类资本,从一定程度上满足国企改制、盘活存量资产的资金需求。创建煤炭重组基金,对加快国有煤炭企业改制具有积极作用。国家提出了"按照现代企业制度的要求,加快煤矿企业股份制改造"。煤炭重组基金的设立不仅为国有企业产权多元化改制提供了新的投资主体,而且基金作为市场化的投资机构,可以在产权结构上解决目前国有企业股权单一、股权结构不合理的问题。

煤炭重组基金实际上是产业投资基金的一种类型。这种类型的基金目前的设立、监管均在国家发改委,而且已经有十几只类似基金在运作,为重组基金的提供了有益的借鉴。因此设立煤炭重组基金时机基本成熟,条件基本具备。本文对煤炭重组基金的初步构想是:

第一,资金来源方面。鉴于煤炭资源的特殊性和行业的战略重要性,以国有资本牵头组建煤炭企业重组基金是目前较为可行的方式。具体应由国资委牵头,国资委作为出资人代表出部分资金,可以从国有煤炭企业的利润中提取一定比例投入基金,此外可以吸收国有大型煤炭企业、外资和民营资本等。但总体要保持国有资本占据主导地位。

第二,基金投资方向。煤炭企业重组基金投资方向非常明确,就是专司煤炭企业重组活动,重点是央企的二三级企业以及地方大型国有企业,同时在大型煤炭企业兼并重组中小型煤企,有发展潜力的中小型煤企的合并重组活动中发挥作用。

第三,基金的目标。煤炭重组基金带来的不仅是资金,更重要的是给企业注入有效的管理制度,帮助企业提升核心竞争力,帮助企业在重组后提升整体业务的价值。

第四,基金的管理。虽然煤炭重组基金的资本结构多样,但毕竟还是国有控股的基金,因此基金管理要避免陷入不遵循市场规律、以行政代替市场方式进行操作的困境。重组基金应强调以创造利润、创造价值为目标,必须有自己的投资操作规范和标准,建立完善的基金治理结构。

第五,重组基金的法律支持。从以往基金参与重组和资产处置的经验来看,成功的运作必须得到强有力的法律支持。因此,一方面要尽快出台关于产业投资基金设立和运作的法律法规,可先制定《产业投资基金管理暂行办法》,待条件成熟后出台《产业投资基金法》。另一方面,建议煤炭重组基金参照能源投资基金、煤炭可持续发展基金等经验,在资产处置方面可以进行积极的创新和试点。

(三)发展矿业权证券化

资产证券化是指将缺乏流动性但能够产生可预见的稳定现金流的资产,通过一定的结构安排,对资产中风险与收益要素进行分离与重组,进而转换成为在金融市场上可以出售和流通的证券的过程。矿业权证券化是矿业权和金融相结合的一种创新性金融工具。煤炭企业拥有的最重要的资产就是采矿权。它基本具备的资产证券化的本质特征:采矿权收益具有能够产生稳定的、可预测的现金流收入;原始权益人已持有该资产一段时间,且信用表现良好;资产的历史记录良好,违约率和损失率较低。因此以采矿权收益为对象进行资产证券化具有可行性。

这种矿业权证券化的总体方案是:通过成立 SPV 将募集到的资金专门用于向煤炭企业购买未来特定时期的不超过基础资产预期收益金额的采矿权收益(煤炭销售净现金流量),通过内部、外部信用增级方式提高采矿权收益的信用级别,用该采矿权收益向计划份额持有人(证券持有人)支付本息。具体的步骤是:

首先,成立 SPV,确定矿业权资产证券化目标,组成资产池。对拥有矿业权的机构进行贷款的各家银行,要对有关贷款的未来现金流进行清理、估算和考核,根据证券化目标确定资产数;然后多家银行的这些资产汇集形成一个资产池。

其次,信用增级。为吸引投资者并降低融资成本,必须对资产证券化产品进行信用增级,以提高发行证券的信用级别。

再次,信用评级。在完成信用增级后,由评级机构进行正式的发行评级,并向投资者公布最终的评级结果。信用等级越高,表明证券的风险越低,从而能够降低发行成本。

最后,发售证券。由 SPV 在资本市场中发行证券募集资金,并将资金用于购买被证券化的资产(见图 6-1)。

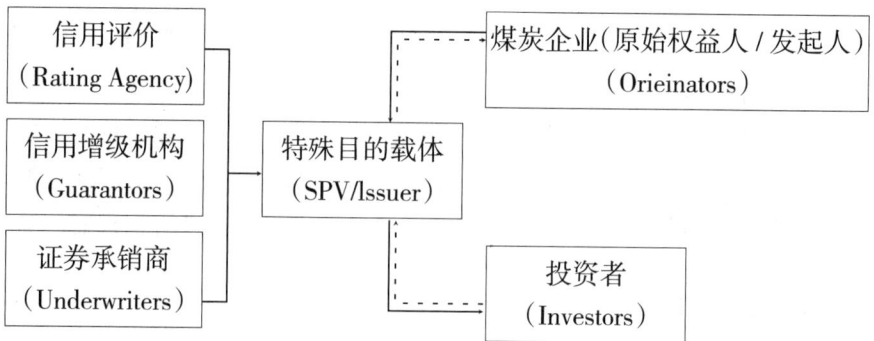

图 5-1　煤炭企业资产证券化流程图

目前我国由于矿业权流转制度的不完善,矿业资产流动性很差,投资矿业权的金融风险也很大,矿业权证券化,资本化的程度也很低,而且相关法规、细则尚未完善。但与银行贷款、股票等传统融资方式相比,矿业权证券化更便于煤炭企业合理高效地使用资金。

结合我国煤企重组实际,借鉴国际发展经验,本文认为我国发展矿业权证券化需要注意以下几个问题:一是融资观念问题,资产证券化产品在我国是创新产品,它的资金来源,资金成本、资金运用、归还方式、运作流程等方面与银行贷款等传统的融资方式存在诸多不同,因此煤企需要调整已有的融资理念,熟悉创新型的融资策略,树立新型的融资观念。二是重视投资银行在矿业权领域中的作用。充分发挥投资银行的资源、信息优势,向矿业权投资人提供重组、私募、发债、上市等一系列安排和专业服务,解决矿业权投资的进入、流动、退出和收益实现问题。三是由于资产证券化产品在中国是创新产品,中国的资产证券化实践只有零星个案,对于煤炭企业采矿权收益进行资产证券化还没有先例,所有的工作都将在实践中摸索,因此具有一定的风险性。

(四)创新煤炭重组的信托模式

在我国目前分业经营的情况下,信托公司是唯一能够综合利用金融市场,连通产业与金融市场的机构。它可以为企业提供从并购重组、转制改制到融资,财务顾问等几乎全程式的金融服务。具体来看,信托业在煤炭业重组中的作用主要体现在:一是信托公司通过发行单个或集合资金信托计划支持煤企并购重组。二是信托公司受托进行股权管理和并购信用监督;三是进行受托收购。与收购方组成收购集团,避免要约收购;四是设立附担保的公司债信托,隔离目标公司债务以加快收购谈判进度。

从我国目前的情况看,大多数的煤炭信托计划基本采用贷款、预购代销、股权回购等方式运用信托资金,保证方式多来自于第三方连带责任担保,自2007年开始采用采矿权和股权质押方式(见表5-3)。

表5-3　　我国煤炭行业信托计划统计

信托计划	受托人	规模(万元)	期限(年)	成立时间	资金运用方式	保证方式
山西柳林焦煤信托计划（狮尾沟煤矿）	北京信托	6800	0.5-3	2004.8	预购煤炭并委托代销	煤矿联合供煤保证、第三方连带责任保证、煤炭回购承诺、煤矿投资人权益质押
山西柳林焦煤信托计划（金家庄煤矿）	北京信托	7200	0.5-3	2004.9	预购煤炭并委托代销	煤矿联合供煤保证、第三方连带责任保证、煤炭回购承诺、煤矿承包转让
山西柳林焦煤信托计划（王家沟煤矿）	北京信托	6000	0.5-3	2004.10	预购煤炭并委托代销	煤矿联合供煤保证、第三方连带责任保证、煤炭回购承诺、煤矿承包转让
山西柳林焦煤信托计划（兴无煤矿）	北京信托	20000	2	2004.11	预购煤炭并委托代销	煤矿联合供煤保证、多家第二方连带责任保证、股权质押
(2005)陕西煤业集合资金信托计划	西部信托	14601	1-3	2005.8	贷款	——
山东里能能源开发项目贷款集合资金信托计划	平安信托	30000	2	2006.3	贷款	母公司连带责任保证；国开行负责贷后监控和管理并履约发放后续贷款
晋神沙坪煤矿资金信托计划	山西信托	5000	1	2006.4	贷款	——
(2006)陕西煤业集合资金信托计划	西部信托	16781	1	2006.6	贷款	
永城煤电集团龙王庄煤矿项目贷款集合资金信托计划	中原信托	13000	3-4	2007.1	贷款	母公司连带责任担保
蒙信矿业1号-忽沙图煤矿项目集合资金信托计划	华宸信托	10000	2	2007.2	贷款	采矿权作抵押；母公司连带责任保证。

　　本文针对新一轮煤炭业重组的特点和趋势，结合以往煤炭信托计划的经验，创新地提出了煤炭重组信托模式。这种模式中，信托交易范围从企业发展延伸到区域经济；交易对手从企业个体扩展到各级政府；资金来源拓宽到私募基金或能源产业基金等多种融资手段；合作机构包括外资、银行等资金渠道；保证方式上应在资产抵押的基础上引入担保公司等增信机构，具体操作模式构想如下：

　　1.从某规划矿区入手，以财务顾问角色介入当地政府等相关部门牵头的煤炭企业兼并重组;2.发行基金型信托计划为当地政府确定的大型煤矿集团或煤矿主体兼并重组小煤矿提供资金支持;3.携手国际基金、银行等战略合作伙伴,延伸资金运用渠道,以企业并购、协议转让、联合重组、控股参股等多种方式兼并重组小煤矿;4.在增加担保公司等增信机构的基础上,尝试引入政府信用为信托计划信用增级。(具体见下图5-2)[24]。

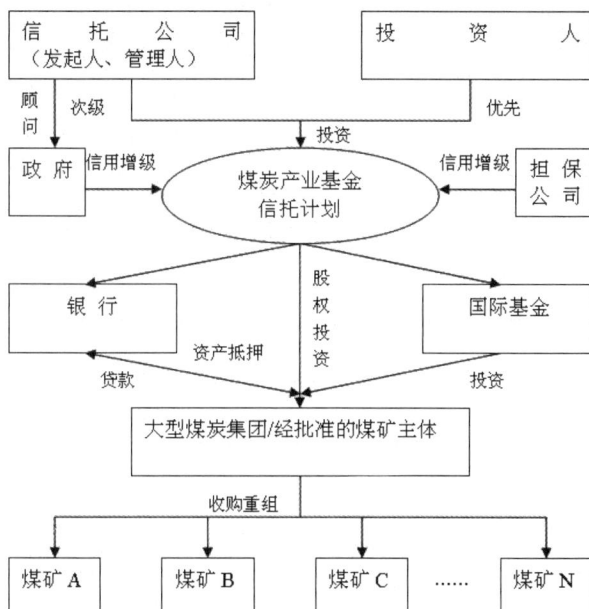

图 5-2　煤炭产业基金信托计划操作模式

在这种新模式中,信托公司作为煤炭产业基金信托计划的发起人和管理人,可认购一部分基金份额,享有次级受益权,获得股权分红和收取管理费;其他基金份额由其他投资人认购,享有优先受益人,获得固定收益。信托公司可以直接参股或控股大型煤炭集团或煤矿主体的方式、或以和大型煤炭集团或煤矿主体发起设立新主体的方式、或间接借助银行、国际基金的渠道运用于煤矿主体,用于兼并收购小煤矿。该模式将信托、基金、银行等构成了共同体,当然在现有政策环境、法律环境和市场环境背景下,该模式的法律架构、募集资金规模问题、流动性问题都有待深入研究。

(五)发展煤炭工业与保险的战略合作

煤炭是国民经济发展的命脉,保险是现代金融体系的重要支柱,这两个行业在现代经济发展中都具有举足轻重的地位。加强煤炭工业与保险业交流合

---

[24]本部分参考引用于幸宇辉、杜芳:《新形势下山西煤炭行业信托模式探讨》。

作，实现优势互补，有利于改善发展环境、整合发展资源、增强发展动力，不断提高煤炭工业和保险业的发展水平。加强保险业与煤炭工业的战略合作，可以从以下几个方面入手：

第一，推动相互投资。煤炭工业是资本密集型行业，发展煤炭工业需要巨额长期资金。保险资金具有长期性和稳定性的特点，十分适合投资周期较长的能源项目。随着保险投资渠道的逐步放开，对国计民生有重大影响的煤炭行业必将成为保险业的投资重点之一。另外，当前，已经有煤炭企业在保险方面做了一些尝试，如山西大同煤业、潞安集团、阳泉煤业等共同发起成立了中煤保险公司。我国的一些能源企业也在保险方面做了有益的尝试。虽然煤炭企业对保险业的投资相对还比较分散，规模也不大，但是煤炭企业积极参与到保险业的发展中来，在分享保险业快速发展成果的同时为中国保险市场发展贡献一份力量。

第二，保险业为煤炭企业提供养老保障。对煤炭业重组来说，重组后的人员整合，在职职工的人身安全、后顾之忧等都是保险业发挥作用的地方。同时，由于许多煤炭企业离退休职工比例较高，为已退休职工提供合理的养老保障，是协调在职职工与离退休职工利益关系的内在需要。在这些方面，保险业可以通过发挥在精算、长期资产负债匹配、投资以及风险控制等方面的优势，为重组企业在职职工和离退休职工科学规划养老计划，提高煤企重组的成功概率。

第三，保险业为煤炭企业提供责任赔偿保障。近年来，针对我国经济社会发展中重大责任事故频发的新情况，保监会与国家安全生产监督管理总局、公安部、卫生部、建设部和交通部等部门在河北、山西、安徽等9个省市开展火灾、煤矿、公共场所的责任保险试点，在化解社会矛盾、解决责任赔偿的法律纠纷等方面发挥了重要作用。保险业为煤炭企业职工提供责任赔偿保障，有利于煤炭企业在重组整合成本的降低，有利于提高煤炭工业的风险管理水平和煤炭安全生产，从而提高了煤炭企业的可持续发展水平。保险业对煤炭重组的支持，还表现在应允许和鼓励保险资金通过参与煤炭重组基金、重组信托计划等。

四、小　结

中国煤炭业重组已经进入了一个相对成熟稳定的阶段，加大和鼓励煤炭企业重组，建立和培育大型煤炭企业集团是我国煤炭业战略发展的重要方向。金融作为现代经济的核心，在煤炭重组中发挥支持和促进作用已经成为了全社会的共识。因此,金融业不仅要以股权、资产、产权为纽带,为企业提供财务顾问、杠杆融资等多样化的金融服务手段,培育和发展跨区域、跨行业、多种所有制成分相互参股的大型煤炭企业集团。同时,金融业也要充分发挥资源配置作用,引导社会资本向煤炭产业流动;利用资本联合的手段支持煤炭企业进行联合、兼并和重组;发挥金融的融资规模大、效率高的特点,鼓励金融机构支持不同行业和不同所有制的优势企业开发利用煤炭资源,促进产融的有机结合,推动煤炭工业可持续发展。

第六章 产权交易市场介入煤炭业重组研究

第六章 产权交易市场介入
煤炭业重组的研究

一、问题的提出

当今世界经济的竞争是能源经济的竞争。煤炭作为重要的基础性能源,对人类社会经济可持续发展具有举足轻重的作用。目前,重组已经成为世界煤炭产业可持续发展的重要途径。在当今追求科学发展、以人为本、生态经济的中国,煤炭业重组已不仅仅是煤炭产业自身结构优化的内在要求,它还关系着国家的能源、经济的安全;关系着全国人民的根本利益和子孙后代的福祉,关系着中国社会经济科学的全面、和谐、可持续发展。

中国煤炭业重组得到了国家和各级政府的大力支持[25]。2009年初,新一轮的煤炭业重组大幕在山西拉开。一年多来,煤炭业重组取得了明显实效:淘汰了众多小煤矿等落后产能,提升了煤矿资源的综合利用率,安全生产得到进一步强化,生态环境有所好转,煤炭运销市场环境得到优化。同时煤炭业重组的消极面也引起各方面关注:一是政府在本次煤炭业重组中居于主导地位,煤矿的评估、定价、转让、如何分配等全部由政府敲定,市场作用受到严重削弱;二是民营资本遭遇"挤出",重组后民营资本的市场份额下降到30%,[26]"国进民退"的呼声鹊起;三是在重组的制度体系中,缺乏有效的资源评价机制、竞争机制、收益补偿机制,出现了行政命令取代市场的现象。虽然是多方面因素造成了这些问题,但最主要的原因在于:由于政府的"越位"导致市场机制无法发挥作用,从而导致"利益"天平的倾斜。虽然基于煤炭业的特殊属性和在国民经济中的独特地位,政府推动和指导重组是应有之义,但从根本上说,煤炭业重组理

注:本章执笔人:武宏波、张杰,参与讨论人员:张中平、褚文、马丽、李勇五、宋建伟。

[25] 2006年,国务院《关于制定煤矿整顿关闭工作三年规划的指导意见》就提出"解决小煤矿问题";同年,《国务院关于促进煤炭工业健康发展若干意见》和《中国煤炭工业发展"十一五"规划》中指出要打破地域、行业和所有制界限,加快培育和发展若干个亿吨级大型煤炭骨干企业和企业集团。2007年,国家出台的《煤炭产业政策》提出要"深化煤炭企业改革,推进煤炭企业的股份制改造、兼并和重组,提高产业集中度,形成以大型煤炭企业集团为主体、中小型煤矿协调发展的产业组织结构。"2009年4月,山西省政府出台《山西省煤炭产业调整和振兴规划》,煤炭业重组的正式拉开序幕。

[26] 据山西省省长王君在十一届全国人大三次会议山西代表团的会议上的讲话。

应遵循市场化原则,以企业为主体,以市场为导向,充分发挥市场机制在资源配置方面的基础性作用。

从本质来说,煤炭业重组是国企改革的有机组成部分,而产权改革和市场环境整肃则成为目前煤炭企业改革的重要内容。Jefferson(2005)、董晓媛等(2006)、陆挺和刘小玄(2005)的研究均表明:无论是国有大中型企业还是乡镇企业,以多样化为目标的产权改革都能够大大促进企业效率的提高。赵世勇、陈其广(2007)对产权改革的研究表明:良好的市场环境和政府环境也会对改制效率产生积极的影响。[27]刘小玄(2001)通过案例研究认为:国有企业应通过"充分利用市场机制诉求,为市场交易带来效率和活力"。[28]上述研究在追求产权的多样化和产权交易的市场化方面达成了一致。还有的文献研究了产权交易市场服务企业重组的问题:陈小洪(1995)提出国有产权需要通过法制以及规范的市场进行交易,因此需要建立产权交易市场,并讨论了设立产权交易市场涉及的法律政策、审批和中介机构等问题。[29]朱志刚、倪吉祥(1994)也认为:产权作为一种重要的生产要素,理应进入市场。在进行产权交易时应"引入市场机制,促进产权交易,引导资源重组。"[30]郭元烯(1998)指出:"通过产权交易市场交易,优势企业可以将自身的竞争优势'送出去',或将被并购企业的竞争优势'拿进来',这不仅推动了竞争优势在并购企业之间的相互转移,还通过企业之间的合并产生新的竞争优势"。[31]许多案例也显示了产权交易市场在重组中的作用。

对于煤炭企业而言,重组的目的不仅是要提高企业的综合竞争力,实现产权配置的高效和活力,满足经济可持续发展中的能源需求,而且还要营造一个国有与非国有成分动态平衡、同台竞争的市场环境,尽量规避由行业垄断带来的低效率。而产权交易市场正是在本质上提供了一个以市场化运作、专业化管理为基础的市场平台。产权交易市场善于"发现投资人,发现价格",以多种方式竞价撮合,能够合理充分地发挥市场的资源配置功能。因此,把产权交易市场机制引入煤炭业重组,对于提高重组过程的市场化程度将具有重要意义。

中国产权交易市场产生于上世纪八十年代。目前,全国有产权交易市场200多家,20多年来累计完成各类产权交易约25万宗,成交金额约74107.23亿元。2008年,全国的产权交易成交额达4000多亿元,年交易量已趋近股票市

㉗赵世勇、陈其广:产权改革模式与企业技术效率,《经济研究》2007年11期。

㉘刘小玄:企业边界的重新确定:分立式产权重组——大中型国有企业的一种改制模式,《经济研究》2001年4期。

㉙陈小洪:产权交易情况及相关综述,《管理世界》1995年5期。

㉚朱志刚、倪吉祥:国有产权交易问题研究,《经济研究》1994年10期。

㉛郭元烯:《资本扩张:聚变时代中权利的获得与利用》,西南财经大学出版社,1998。

场 IPO 融资额。[32]更为重要的是,产权交易市场在规范国有产权转让,保障国有资产保值增值、盘活存量资产,引导资源重组和优化配置、合理调整产业结构等方面积累了丰富经验,而且在信息聚散、价格发现、中介服务方面具备了比较优势。可以说,产权交易市场介入煤炭业重组的市场基础已经具备。

2010 年 10 月,国务院制定和下发了《关于加快推进煤矿企业兼并重组的若干意见》,特别指出要以市场机制加快开展跨行业、跨区域和跨所有制的煤炭企业重组活动。可以预见,煤炭业重组必将掀起新一轮高潮。在资源战略越来越居于突出地位的新形势下,研究煤炭业重组和产权交易市场的协同发展的契合点,探索中国煤炭业和产权交易市场可持续发展的路径,具有重要的理论价值和现实意义。

二、产权交易市场介入煤炭业重组的理论分析

煤炭特殊的自然社会属性和在国民经济中的重要地位,是政府行政力量介入煤炭业重组的存在理由。但是如果行政力量一旦主导了重组,将很可能严重扭曲市场行为,致使资源偏离市场配置效率的最高点,形成了所谓的"不完全重组市场"[33],即政府行为已经成为煤炭业重组的一种内生因素,影响着重组的目标和绩效。产权交易市场不仅能够为煤炭企业改制重组构架桥梁,还能改善重组环境、提高重组效率、延伸政府职能、界定政府合理边界,这种类"第三方"平台的介入,对于参与各方都是一种共赢的选择。

(一)煤炭业的特殊性及煤炭业重组的多元目标

考察煤炭业的特殊性及其重组目标是研究产权交易市场介入行为的出发点和合理路径。据此有助于理解和界定煤炭业重组中的政府行为,进而寻找出产权交易市场介入的理由。

煤炭业具有特殊的自然属性和社会属性。煤炭作为重要能源,具有自然的稀缺性和不可再生性,在很多国家的能源消费中占据绝对比例。煤炭是重要的战略物资,在国民经济中占据重要的战略地位。另外,煤炭还具有金融属性,煤

---

[32]历年《中国产权交易市场年鉴》。
[33]唐宗琨,不完全资本市场的功能残缺,《改革》,1997,第 5 期。所谓不完全资本市场,就是有行政机制进入或侵入的资本市场,换言之,它是体现计划经济本性的行政机制和体现计划经济本性的的市场机制并存和冲突着的资本市场。在某些情况下,甚至可以说是由行政行为控制市场行为、使市场行为从属于行政行为的资本市场。不完全资本市场不同于市场经济中的不完善资本市场,后者只是由于竞争不充分和信息供给不足所导致的市场状态。本文是从这里引入了"不完全重组市场"。

炭等大宗商品交易价格的变化往往引起金融市场的波动。因此，煤炭业对一国的能源安全、经济发展和社会稳定至关重要。

如果从一般性的社会经济角度来考察，重组目标可能更多地倾向于微观经济主体的绩效要求。但是在不完全重组市场中，煤炭业重组目标不仅要体现政府在社会领域中扮演的不同角色，同时也要体现出煤炭行业特殊要求。因此说，在不完全重组市场中，煤炭业重组目标是一个多元函数。用 TC 表示煤炭业重组行为目标的综合值：

TC=f(TS,TE1,TE2,TE3,TG,TO)

其中：TS 表示社会目标：维护或增进社会福利。包括提高资源回收率，实现节约发展；保障矿工生命安全和身体健康，实现安全发展；进行节能减排，提高技术水平，实现清洁发展。

TE1 表示经济目标 1：抵御或化解经济风险，维护经济安全，确保市场有序竞争；提高产业集中度，包括争夺国际定价权，提升核心竞争力，确保国家经济能源安全。

TE2 表示经济目标 2：贯彻产业政策，调整和优化产业结构，实现煤炭工业的可持续发展。

TE3 表示经济目标 3：增进重组双方(可能是单方)的微观绩效；不仅包括煤炭企业的经济效益，也包括规模经济、范围经济等战略目标。

TG 表示政府机构内部目标：政府机构自身利益，如政府创租。

TO 表示其他目标：如提高财政收入等。

毫无疑问，煤炭业重组的目标之间是具有相关性的。例如在执行产业政策(TE2)的同时也不可能视企业的微观利益(TE3)不顾；如政府维护市场秩序(TE1)时，可能也是出于保护社会公众利益(TS)；煤炭企业为了规模经济(TE3)而实施重组时，自然地会提高整个产业的集中度(TE1)；政府为了社会目标(TS)而促成煤炭企业重组时，有时不免输入政府机构的自身利益因素(TG)。子目标间的内在联系构成了整个目标体系的基础。

但是，重组目标之间也具有相对独立性，各目标同时执行可能导致综合效益的弱化。如基于微观利益的企业并购(TE3)所导致的市场垄断，未能实现社会总福利的帕累托最优，偏离了社会目标(TS)；如果重组主要是为了经济体制改革和市场结构调整(TE2)，政府经常会使用直接干预手段，"拉郎配"式地进行重组，结果很可能损害的是企业的微观效率(TE3)，导致重组失败。当然政府机构或其负责人也可能出于内部集团或者个人的利益(TG)，依靠强制性行政手段或以不公平的方式促成企业并购,导致个别企业利益(TE3)受损。可以说,煤炭业的重组过程是其子目标之间的博弈过程。产权交易市场介入的一个重要作用就是平衡各目标的利益关系,使重组目的更加清晰。

(二)产权交易市场介入的必要性:从政府行为说起

在不完全重组市场条件下,煤炭业重组的多元目标显示出政府作为社会管理者,有可能实现煤炭产业结构的调整和升级,提高煤炭企业的规模经济效益,增强煤炭业竞争能力,解决职工就业、债权、债务及产权转移等社会目标。同时政府作为国有产权所有者的代表,还掌握着"权力"这种资源,因此它在重组市场上可能存在对国有煤炭企业的偏好或成为某些利益集团的寻租对象,即优势企业以寻租成本为代价购买它所需的"政府行为",阻止其他企业加入竞争并获得并购低价,进而获取超额利润。政府获得创租收益的同时,却造成社会资源或社会福利的损失。

在图 1 中,D 曲线代表优势企业(并购方)在不同并购价格上所希望得到的并购规模的组合;S 曲线代表目标企业(被并购方)在不同价格上所愿意提供的并购规模。E 点即在完全竞争市场上,重组双方所达到的均衡点,P* 代表均衡价格。AC 代表平均成本,市场供给曲线与平均成本曲线相适应。由于寻租行为的存在,政府对重组进行了干预,P′ 代表政府干预行为下的并购价格(价格下限),Q_1 代表政府干预行为下的并购规模。

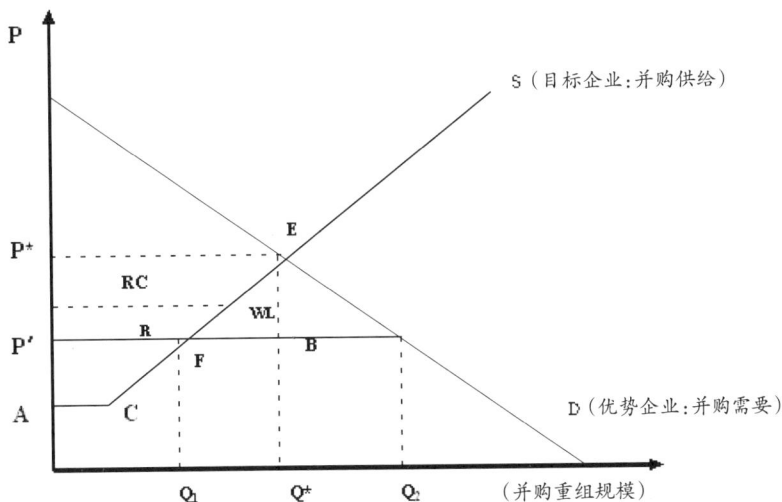

图 6-1 不完全重组市场环境下的并购状况

显然,政府寻租行为的存在只对获取超额利润的优势企业有利,目标企业成了寻租并购中的损失承担者,其利益损失为图中的 P* P BE 部分。目标企业损失的部分一方面被优势企业所获得(即 P* P′ FE),一方面表现为社会福利净损失(WL)。如果假设优势企业的寻租成本为 RC(也就是政府或其内部利益相关者的创租收益),R 表示优势企业通过寻租而获得的超额利润。从总量上看,寻租成本只占总利润的一部分,即 RC+R>RC,否则寻租不会进行。WL 部分是社会福利的净损失。从图 1 中可以看出,如果不存在损失转移或损失补偿,社会福利的净损失是由目标企业承担的。当然政府此举显然有失公允,目标企业将难以接受。因此为了重组的顺利进行,政府会建立损失补偿机制,给予目标企业适当的利益补偿,使得博弈结果更趋于合理及公平。

实际上,在不完全重组市场环境下进行的煤炭业重组所造成的社会成本不仅仅表现在图 1 中 WL 部分,至少还应该包括在该图中无法反映的四种重要成本:一是重组的机会成本,即优势企业切断市场上自我最优配置的过程,从而使资源无法优化配置而造成的机会损失;二是制度性损失,即政府治理和管制制度缺陷得以强化,增加了政府制度未来改革或创新成本;三是由重组的寻租行为导致了行政腐败,法律监督和执法成本随即上升;四是潜在的垄断性福利损失,即如果寻租行为的继续存在,可能导致优势企业规模不断扩张,从而获取更多的市场份额而形成垄断。

(三)产权交易市场的功能效应分析:一种制度安排

毫无疑问,政府过度干预煤炭业重组造成了巨大的社会成本。那么对于政府干预造成的后果,应该如何面对?产权交易市场的介入是否能够为煤炭业重组提供了一种制度性和组织化的机制保障?是否能够减少了政府行政干预对重组的负面影响,进而减少了社会福利净损失和社会成本?这需要从分析产权交易市场的功能效应入手:

第一,价格发现效应。产权交易市场的介入有助于准确形成反映资产价值的价格。假如在产权交易市场介入的情况下,政府仅控制重组并购规模的供给而放开管制价格,那么优势企业所付出的重组并购成本(并购价格)必然会上升。这一方面是源于优势企业之间对有限的并购规模供给的竞争;另一方面,目标企业依据产权交易市场建立的程序和惯例,用招标转让、拍卖转让等市场化的议价方式,追求得到符合市场确认的最佳价格的结果。在这样的情况下,并购价格会向均衡价格方向移动。很显然,由于重组价格的上升,目标企业承担的损失(RC+R+WL)会减少。虽然此时优势企业仍然会获得超额利润,但是超额利润也在减少。直到优势企业的获得超额利润(R)为零时或者说总利润

（R+RC）全部用于寻租时,重组需求与管制下的重组规模供给达到均衡。同时,图中所得体现出的社会福利净损失也在减少。（如图 2 所示）

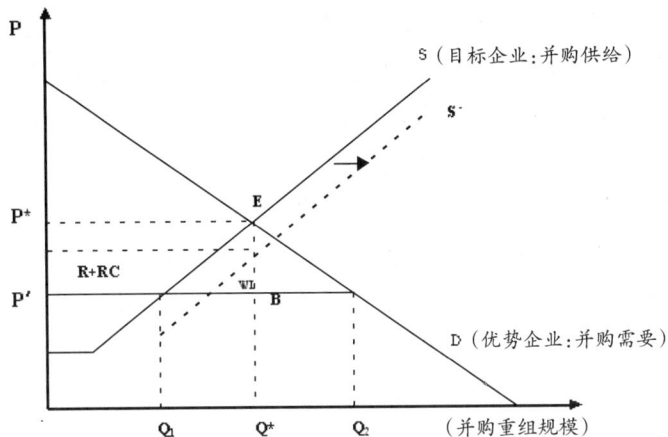

图 6-2　　产权交易市场介入后的价格发现功能

假设政府完全放松干预,仅是以社会管理者身份参与煤炭重组,那么产权交易市场的价格发现效应将完全遵循市场经济的价格规律,价格完全反映目标企业的资产价值。并购价格的上升会使愿意被重组的目标企业增多,也就是说并购供给会增加,从而并购供给曲线向右移动,达到新的均衡点 B,形成较均衡的市场价格 P′ 和适度的重组规模 Q*（如图 3 所示）。这可以说是完全竞争条件下的煤炭业重组的理想图景。

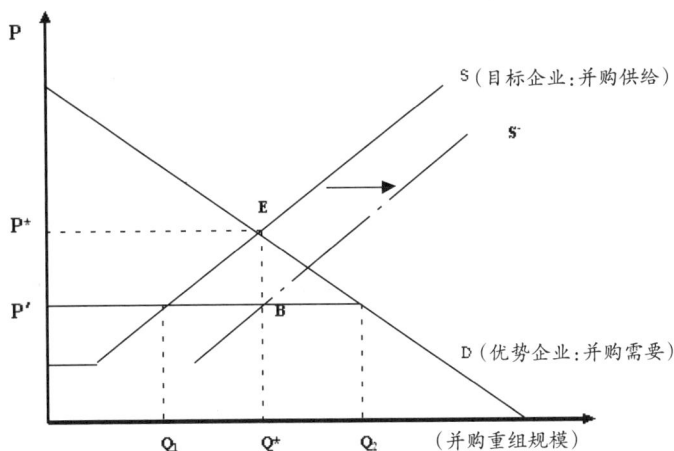

图 6-3　　产权交易市场介入后的政府不干预的理想图景

第二,规制监督效应。产权交易市场可以延伸政府干预下的煤炭重组过程中的监督职能,减少其监督寻租腐败和执法成本。经过二十多年的发展,产权交易市场已经基本形成了一套制度化的内外结合的风险防范监督管理机制,产权交易遵循合法规范的程序,形成了公开的阳光操作,对有效遏制国有资产流失和寻租腐败等行为形成制度约束。此外,产权交易市场在监督落实被兼并企业职工的就业保障方面可以发挥重要作用。按照产权理论,企业是一组契约关系的连接点. 这组契约关系者就是劳动所有者、物资投入的提供者、产出品的消费者相互之间的契约关系。企业被兼并重组实际上是一个要素所有者的"解约"过程,即原资本投入者与劳动所有者和其他利益相关者解除契约的过程。在典型市场经济制度中,解除契约后的资本所有者一般不再承担原契约关系中的对劳动所有者或债权人的权益保护责任。而我国目前仍然存在诸多国有煤炭企业,政府在企业重组中仍然有"隐含契约"的责任和义务,如果没有适当的制度安排和操作程序,重组中涉及的煤矿工人的安置与就业问题将会严重的影响社会稳定。

第三,信息积聚效应。产权交易市场可以提供所有产权交易的信息,沟通买卖双方,有效地降低煤炭业重组的信息搜寻成本。市场可以公开价格和其他相关信息,使交易者通过市场建立固定的联络渠道,使具有交易意愿的买卖双方或潜在的买卖双方通过恰当的形式进行磋商。有意进行重组的煤炭企业可以在此搜寻和甄选目标企业,获得初步的重组信息。这避免了政府主导下重组主体的非自主性选择,降低由于优势企业的强制并购而造成的并购机会成本,也有助于提高煤炭企业的搜寻时间效率,降低信息成本。(如图4)

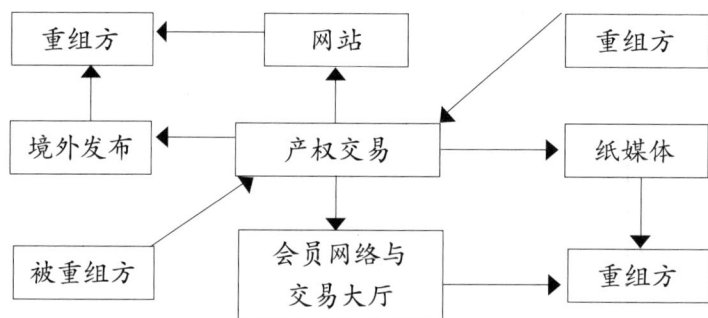

图 6-4　　产权交易市场信息披露系统

第四,中介桥梁功能。产权交易市场的中介服务有助于缩短产权交易过程,提高产权交易效率。由于产权交易市场实行会员制或委托代理制,场内长期驻有资产评估机构、会计师事务所、律师事务所、投资银行、PE 等众多产权交易中介专业机构,这在无形中增强了市场交易的独立性和市场服务功能的专业性。从国有产权转让的流程图(见图5)可以看出,在煤炭重组的信息搜寻(或发布)、评估、决策、交易、善后工作这五个环节中,产权交易市场中各会员机构的聚集为煤炭企业重组提供一条龙服务,简化了产权交易手续,缩短了交易过程。

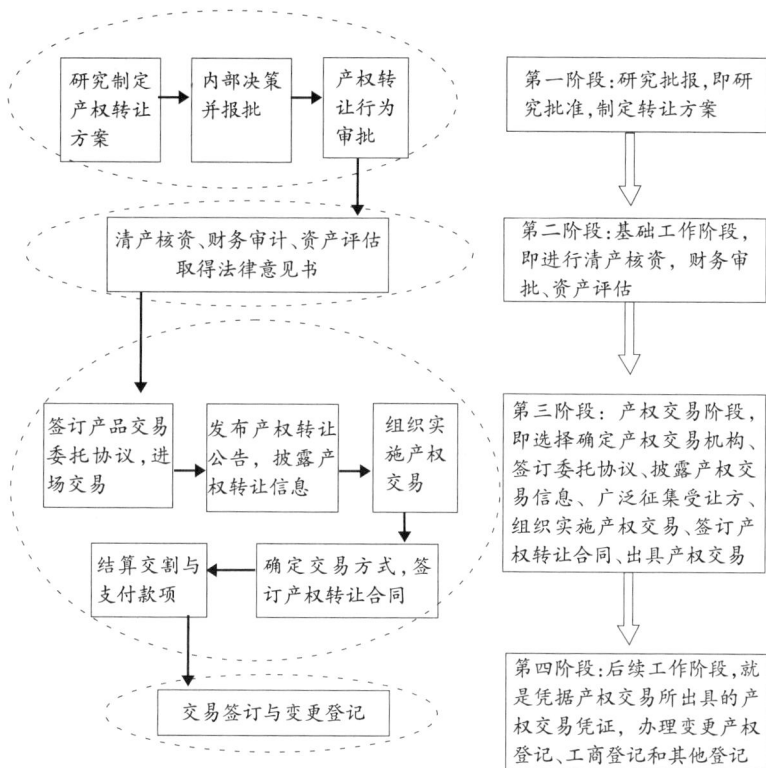

图 6-5 煤炭重组中国有产权转让的流程图[34]

第五,资金聚集效应。煤炭业是资金密集型行业,企业改制、重组、并购服务,都需要大量的资金支持。但由于资本市场格局存在的问题,企业直接融资比例过低,间接融资机构加强了风险防范和信贷管理,重组过程将会出现严重的融资瓶颈问题,所以资金问题成为重组是否顺利进行的关键因素。而产权交

---

[34] 2004 年国务院国资委联合国家财政部颁布了《企业国有产权转让管理暂行办法》(3 号令)。除此之外,关于规范国有企业改制工作意见(国办发【2003】96 号)、关于进一步规范国有企业改制工作的实施意见(国办发【2005】60 号)、企业国有资产评估管理暂行办法(国务院国资委第 12 号)等等一系列法规政策相继出台,逐步形成了一整套比较完整的企业国有产权转让审核、挂牌、定价、鉴证制度。按照 3 号令及其配套文件的规定,一个完整的企业国有产权转让过程包含内部决策、报批、基础工作、进场交易、善后工作这五大工作环节。所以,煤炭企业可以按照产权交易的 4 个阶段以及 10 个操作转让程序进行场内交易。

易市场不仅能为煤炭业重组提供一个难得的"点对面"平台，使其获得来自银行、风险投资、私募股权投资等各类金融机构的关注，还能为一些优质项目带来其他融资渠道所不及的溢价机会，有助于保持企业适当的资产负债比例和资本要素的合理流动。另外，通过以产权换市场、以产权换技术、以产权换融资等多种形式，促进煤炭企业转变发展方式，积极扶持煤炭企业发展。

三、产权交易市场介入煤炭业重组：实证分析

　　理论研究证明了政府过度干预煤炭业重组会造成社会福利损失，加大了社会成本，同时也说明了产权交易市场介入重组的积极作用。那么，现实中的煤炭业重组是否契合理论研究的结论？在当前的市场环境下，产权交易市场介入条件是否具备？产权交易市场介入重组的一些案例能够提供什么启示，能否在弥补重组功能缺陷中发挥重要作用？

　　（一）煤炭业重组的功能缺陷与产权交易市场介入的现实需求：以山西为例[35]

　　2009 年 4 月，随着《山西省煤炭产业调整和振兴规划》的出台，山西的煤炭资源整合拉开了新一轮重组的序幕。此次重组是一次典型的政府主导型重组，虽然基本达到了预期的量化目标[36]，但由于政府以重组发起人和主导者的身份介入，重组过程中凸显了诸多理想假设与具体现实碰撞的矛盾和缺陷。而这些功能缺陷恰恰形成了对产权交易市场介入的现实需求，具体而言，主要表现在：

　　1.产权交易缺乏透明的市场化运作机制，破坏了企业产权交易的自主性和竞争性原则。山西省煤炭资源整合是由政府发起和主导的，煤炭资源重组方案、重组进度时间表、补偿价格，重组主体的确定[37]和兼并区域划分，被重组煤矿的确定和归属都由省政府一手包办。在这次重组活动中，不仅重组主体的自主决策权限较小，而且被重组企业面对的基本上是单一的重组主体，没有选择和对

---

[35] 2009 年的山西省煤炭业重组是新一轮全国煤炭业重组的前奏。山西煤炭重组为全国的煤炭业重组提供一个研究案例，也能反映出当前我国煤炭业重组中众多不适应市场经济发展的功能缺陷。

[36] 山西省矿井由 2008 年的 2598 座减少到目前的 1053 座，30 万吨／年以下的矿井全部淘汰关闭，70％的矿井规模达到年产 90 万吨以上，平均单井规模由年产 30 万吨提高到年产 100 万吨以上，保留矿井全部实现机械化开采。

[37] 山西省政府确定了两类兼并重组主体：一类是大型国有企业集团，即中煤平朔、山西煤炭运销、山西煤炭进出口公司、山西焦煤、同煤、晋煤、阳泉煤业、潞安矿业，共 8 家；一类是地方政府控股公司和地方骨干煤炭企业，要求这些企业现已具备 300 万吨／年生产规模，且至少有一个 120 万吨／年机械化开采矿井。

比的空间,也没有参与平等的谈判和参与方案制定的权利,甚至没有知情权。这种完全以行政命令方式主导的重组行为,是一种歧视性交易制度,不仅不符合中央"跨区域、跨行业、跨所有制"的重组要求,而且限制了产权交易的市场范围,把可能潜在的能对资源高效利用的主体排除在外,是一种封闭的、狭隘的改革方法,违背了竞争原则。这种做法无疑破坏了产权交易的透明、公开、公正、公平的市场化原则。

2.缺乏市场化的定价机制和有效的监督管理机制。这方面最突出的表现是采矿权价款的补偿问题。这次重组的目标企业中包括许多被关闭的"六证"齐全的矿井,这些矿井大多按照国家规定投入了大量资金进行了技术改造,虽然被重组后取得了剩余资源量的价款,并且可以获得按照原价款标准的50%或100%的补偿,但是这种补偿机制是由行政评估得出的一种行政定价,采取"一刀切"的方式。这种行政性补偿定价与实际的市场化定价相比,溢价空间较小,对于近年来合法取得采矿权的煤炭企业而言是损失大于收益。更为重要的一点是目前重组中涉及的价款拖欠的现象。虽然2010年3月份,山西省宣布重组整合煤矿企业正式协议签订率超过99%,主体接管到位率达98%,但被整合企业的补偿进度和到款比例却不超过50%,远落后于煤矿资源整合的进度。对于这种产权转让和获得价款非同步性的现象,不仅在重组双方的协议中没有明文规定逾期付款的罚则,而且在重组方案中也没有对补偿进度的监督和管理机制。

3.重组双方缺乏信息搜寻、沟通、谈判和传递的渠道。此次煤炭业重组要求全省百余家重组主体在一年多的时间内完成对全省2000多家中小煤矿的整合,这涉及被整合煤矿的股权、债权、资产等产权的划分认定、评估等,还要完成人事布局,完善规章制度等工作。例如对被整合煤矿的资源量的核定。由于在过去几年中,地方煤矿主为了少缴资源价款,在煤炭储量评估中故意缩小资源储量,少则2000万吨,多则5000万吨,这给资源整合带来了不确定因素。诸如这类信息,由于缺乏经常性的信息搜集,而且时间紧迫使得重组方根本无法有效地搜寻和甄选被重组方的信息。

4.政府的过多介入形成了事实上的"国进民退",弱化了市场效应。在这次山西煤炭业重组中,95%以上的兼并主体为国有企业或政府控股企业,而且兼并重组后超过煤炭总产能的60%以上集中于山西国有煤炭企业。央企及外省煤炭企业在山西的数量有9个,矿井数量为32座,产能只有4320万吨。如果以煤炭产能作为比较参数,山西国有重点煤炭企业与非国有重点煤炭企业之比接近 2:1;以矿井数量作为比较参数,两者比例为 1.3:1。㊳事实上形成了"国进民退"的现象。虽然民营企业在重组过程中被兼并的居多,得以保留的较少,但是资源整合方案中缺乏为民营资本代言的谈判机制。从所有制角度看,虽然重组后混合所有制企业占到所有企业的 53%,但山西省政府明确规定被重组企业所占股份上限不得超过 49%,且无权参加重组后企业的经营管理。也就是说,被收编后的民营经济在重组后的企业中完全处于从属地位,既无话语权,又无管理权。重组之后,山西煤炭产业布局变为以国有制为主的格局,这是对煤炭产业市场化的一种倒退。再者,国企凭借自身庞大的实力和国家的大力支持就可以在某些情况下不顾市场经济的规则,市场发挥的效用将越来越小,政府过度取代市场的调节作用,也是对市场基础作用的一种抑制。

5.资金需求上缺乏相应的融资制度安排。根据一项调查显示:65.54%的兼并主体认为筹集重组所需资金是当前煤炭重组急需解决的问题;92.54%的重组主体认为融资需求是最主要金融需求。对于支付补偿款的资金来源的选择中,调查对象认为通过银行借贷、自有资金、直接融资的比例分别是 44.78%、43.28%、26.87%。㊴这些数据说明,融资制度的安排在煤炭业重组中是至关重要的。据估计,在山西煤炭资源整合所需资金量在 3000 亿元以上,而如此大规模的资金需求却没有合理的融资制度安排,严重影响了煤炭业重组的顺利进行,其中对资源补偿价款的拖欠情况就说明了这种问题。

(二)产权交易市场介入的可行性分析

虽然本文对山西煤炭资源整合的研究只是个例,但煤炭业重组的功能缺陷与需求则具有普遍意义。理论上提出产权交易市场介入重组的命题是否已经在实践中具备了可行的条件? 这是本部分探讨的重要内容。

1.产权交易市场本身有了一定的发育,为煤炭业重组提供了基本的制度条件。我国产权交易市场正式成立于 1988 年 5 月,以武汉企业兼并市场事务所成立为标志。目前,以 2003 年 12 月,国资委和财政部联合下发的《企业国有产权转让管理暂行办法》,以及之后的 11 个与之配套的规范性文件,组成了国有产权进场交易的制度规定。2004 年初,国务院发布《关于推进资本市场改革和稳定发展的若干意见》,逐步形成了一整套比较完整的企业国有产权转让审核、挂牌、定价、鉴证制度。2008 年 12 月,《中华人民共和国企业国有资产法》颁布实施。这部法律明确了国有资产的范围、国有资产的出资人的权益和责任,还

㊳数据来源于山西省煤炭厅相关文件,并经作者整理计算所得。

㊴中国人民银行太原中心支行 2009 年的《关于对山西省煤炭业重组的调查报告》。

对国有资产控股企业的合并、分立、破产,国有资产的转让等进行了详细规定。这部法律对国有资产的监管机构、资产评估、法律责任作了认定,为国有资产的监管和流动提供了法律依据,并且第一次在国家的正式法律中确立了产权交易市场地位。经过 20 多年的实践检验,目前的产权交易市场已经成为我国"统一开放、竞争有序"的现代市场体系的一个重要组成部分,它为我国企业破产、改制、并购重组、资产结构调整提供了综合配套服务,为企业资产通过产权进行规范流转奠定了基础,也为产权重组提供了一个良好自由竞争和流动的市场环境。

2.煤炭企业产权状况为产权交易市场介入重组提供了巨大的空间。煤炭企业的重组实质上是煤炭资源的重新配置活动,这种资源的重新配置在市场经济条件下主要靠产权流转实现。按照实践中常用的产权依据,即会计事务所出具的验资报告、营业执照和工商行政管理局备案的煤矿工商档案,我国煤炭企业的产权组织形式可以分为以下几种:(1)国有煤矿。一种是非公司法人的国有煤矿,一种是已经成为公司法人的国有公司。他们的投资人均为国资委。产权转让只要满足国有产权的相关规定即可。(2)集体煤矿。包括乡、镇和村集体所有制的煤矿。(3)公司制的法人煤矿。主要形式有以自然人或法人为股东的有限责任公司,集体与个人成立的公司法人等。(4)联营煤矿。指两个及两个以上相同或不同所有制性质的企业法人或事业单位法人,按自愿、平等、互利的原则,共同投资组成的经济组织。联营煤矿比较复杂,主要包括有国有联营煤矿、集体联营煤矿、国有与集体联营煤矿和其他联营煤矿。虽然煤炭企业的产权组织多样化,但是产权结构和权责还是基本明确的:首先,矿山资源所有权属全民所有,企业所有权则按照所占股份分作多种所有制形式。其次,对于煤炭重组的主要内容即采矿权,根据《矿产资源法》规定,"已取得采矿权的矿山企业,因企业合并、分立、与他人合资、合作经营,或者因企业资产出售以及有其他变更企业资产产权的情形而需要变更采矿权主体的, 经依法批准可以将采矿权转让他人采矿"。从这个方面来看,无论是国有煤炭企业产权还是其他所有制产权基本具备了可流通性和可交易性, 可流通性要求克服国有产权的封闭性弊端,使国有资产流动起来;可交易性要求克服交易市场的体制性障碍,允许产权走市场化定价交易的道路。

3.宏观政策的开放取向,为产权交易市场与煤炭业重组结合提供了坚实的政策基石。产权交易市场介入煤炭业重组是不只是产权交易市场或者煤炭业单方面的问题,涉及复杂的社会层面的问题。虽然目前两者结合的实践经验很少,但是政府对于两者的发展是积极支持的。对于煤炭行业,自 2004 年《煤炭工业中长期发展规划(2004-2020 年)出台后,党中央、国务院又先后出台了《国务院关于促进煤炭工业健康发展的若干意见》、《煤炭工业发展"十一五"规划》、《煤炭产业政策》等。这一系列规划、意见和政策,对我国煤炭企业的重组给予了有力支持。为了贯彻落实中央政府的相关政策,主要产煤省(自治区)政府,也都相继出台了对煤炭企业并购重组的意见,提出了地方性的优惠支持政策。尤其是 2010 年 10 月 21 日出台的《关于加快推进煤矿企业兼并重组的若干意见》,特别指出要以市场机制加快开展跨行业、跨区域和跨所有制的煤炭企业重组活动。可以预见中央、地方政府的有关政策必将引导煤炭企业并购重组深入展开。此外,产权交易市场的内涵在《中共中央关于完善社会主义市场经济体制的若干问题的决定》、《国家十一五期间发展规划纲要》、《国家中长期科学与技术发展规划纲要(2006-2020 年)》等文件中均有所表述。可以说在各层级、各领域的结构调整中,产权交易市场都可以获得交易和并购的各种资源,以此丰富产权交易市场发展的内容。宏观政策的开放和有效,是确保煤炭重组顺利进行的保障,也必将对产权交易市场介入提供政策基石。

(三)产权交易市场介入煤炭业重组的探索

近年来产权交易市场介入煤炭业重组在部分省市已经进行了初步探索和实践。根据清科研究中心最新统计数据显示,仅 2010 年 1 月至今,在北京、上海、重庆三大产权交易所挂牌出售的矿业及煤炭类资产就多达近 20 个项目。这些案例在中国产权交易市场介入煤炭重组具有节点性意义,可以为产权交易市场介入重组的创新、拓展和研究提供参照。由于篇幅所限, 我们选取了两个案例⑳,一个采取的是协议转让方式,另一个采取的是招标转让方式,通过案例来分析一下产权交易市场在煤炭业重组中发挥的重要作用。

1.内蒙古扎赉诺尔煤业有限责任公司转让案例。内蒙古扎赉诺尔煤业有限责任公司,属国有独资公司,年设计产能 576 万吨,年核定产能为 543 万吨,主要工业煤产品是理想的电煤和民用煤种。2006 年,为了更好地整合资源,引进战略投资者,带动地方经济发展,呼伦贝尔市政府决定引入优势企业重组扎赉诺尔煤业公司。此次重组项目在 2006 年 12 月 31 日通过内蒙古产权交易中心

⑳目前煤炭企业通过产权交易市场进行重组的案例中更多的是煤炭企业国有产权的转让和交易,其他所有制性质的产权重组的案例比较少,主要原因是 2005 年下发的 3 号令,要求所有企业的国有产权都必须进入指定的产权交易市场进行交易。所以,本部分列举的两个案例中煤炭企业均属于国有性质的。需要说明的是,虽然有多个重组案例,但是由于重组信息的封闭,数据来源渠道是比较困难的。

公开挂牌,并分别在内蒙古产权交易网、内蒙古日报等媒体进行了公告。公告前,交易中心严格按照法定的国有资产进场交易程序就扎赉诺尔煤业有限公司重组过程中涉及的矿业权处置、职工安置等问题做了前期的咨询策划;公告期内,中国华能集团公司通过了产权交易中心对受让方受让主体资格的审核,依法进行了受让登记;公告期满后,只产生了中国华能集团一家意向受让方。按照国家企业国有产权转让的相关规定,最终确定本次扎赉诺尔煤业公司国有股权转让采取协议转让。2007 年 1 月 30 日,重组双方在产权交易中心的组织下签订了《产权交易合同》,标志着本次重组的主要程序性工作完成。

通过该案例,我们看到煤炭企业利用产权交易市场进行转让的几个优势:一是利用产权交易市场进行信息发布,以此来搜寻潜在的投资者,这种方式比较快捷,也非常有效,该公司只用了一个月的时间就顺利完成了转让事项。二是很好地避免了国有资产转让中存在的委托代理问题。由于国有资产存在天然的委托代理问题,如果政府作为代理人参与转让过程,必然会在自身利益、国有资产利益和全体公民的利益之间进行通过的抉择。此次转让采用产权交易中心作为中介,这样只需要建立和监督一个主体,即可实现所赐国有资产转让的公正和公开。三是此次重组通过履行严格的进场交易程序和对交易各环节的细致监督,形成了一套完整的监督机制,最终确保了本次重组工作规范、高效的完成。

2.山西达胜泰能源实业有限公司国有股权转让案例。达胜泰能源实业有限公司前身是原交口县地方国营梁家沟煤矿,属国有控股企业。受山西交口县国有资产运营中心的委托,太原市产权交易市场顺利完成了该项转让工作。首先,交易市场对该项国有股权审核后,在省级有关报刊进行了公示,同时在市场网站和北方产权交易共同市场网、中国拍卖网、山西煤焦网等网站进行了公开披露,并在交口县电视台、交口县政务公示栏等公众场合张贴转让公告,公开披露转让信息,接受社会监督。公示时间为 20 个工作日,期间有徐州矿务局等七家法人和自然人登记受让。随后采取了公开市场招标转让的方式,按照《招投标法》的规定制定了《山西达胜泰能源实业有限公司股权转让招投标方案》,从招标、投标、开标、验标、唱标、询标、评标、确定中标人各环节都做了严格细致的规定,并委托山西和胜律师事务所制作了招标文件,在开标当天,验标、唱标等环节都有产权交易市场工作人员参与严格把关,在确认所投标书完全符合法律的规定,所投标书有效的情况下,招标工作进入评标阶段,采取打分的方法,最后经过严格评审,自然人穆先生被确定为中标人。通过产权交易市场的介入,此次转让实现增值 1135.2 万元,由评估价 674.8 万元增值为实际成交价格 1200 万元,增值率为 168%。

本案例的特点主要表现在以下几个方面:一是利用产权交易市场将产权采用招标方式定价,以市场发现价格的机制来显现国有资产的市场真实价值,有效避免了低价收购和暗箱操作问题。因为定价过高,不利于吸收更多的社会资本参与国有企业的改制,定价过低又会造成国有资产的流失、损害国家的利益,因此,公平合理的价格在煤炭业重组中很重要。二是产权转让完全由产权交易中心在市场内公开操作,评估结果公开,竞价规则行为公开,竞价结果公开,竞价当场确定买受人,整个过程是受所有参与人的监督,在公平层面上有利于调动竞买人的积极性。三是通过产权交易平台实现了国有资产的极大增值。多个投资者参与竞价的方式无形中提高了转让方的谈判筹码,相比协议转让,可能更容易获得贴近市场的价格,本次转让增值率达到 168%,这是在没有这个平台时无法实现的。

从上述两个案例,可以明显地看出,产权交易市场在煤炭业重组中发挥着重要的信息积聚、价格发现、规制监督和中介服务等功能。事实上,产权交易市场也确实正在成为各类企业并购重组的重要市场平台,因此,充分认识产权交易市场介入煤炭业重组的重要性,合理调整产权交易市场的定位,不断规范和完善产权交易市场的介入功能,对下一步的煤炭业重组将有着重要的现实意义。

四、产权交易市场介入煤炭业重组:战略思路与创新路径

煤炭资源的特殊性和不完全的并购环境决定了产权重组还无法完全按照市场化的原则进行自由交易。但是理论和实践已经表明,产权交易市场的介入对于强化市场作用、恢复市场化重组本质具有重要价值。因此,解放思想,转变观念,制定合理的战略思路;努力解决制约产权交易市场介入煤炭重组的体制性、制度性因素;以创新的思维和行动,构建煤炭业重组与产权交易市场结合的科学发展道路,将成为进一步贯彻落实科学发展观、构建和谐社会的重要任务。

(一)战略思路

无论是当前的现实需求还是未来的发展方向,产权交易市场介入煤炭业重组是符合中国国情,具有中国特色,确保企业产权规范有序运作的最佳选择。因

此,深刻认识产权交易市场与煤炭重组的关系,改善产权交易市场介入条件、构建市场介入环境,成为改变政府主导资源配置、充分发挥市场作用的重要战略途径。

1.充分认识产权交易市场在煤炭业重组中的作用

产权交易市场可以为煤炭业重组提供组织化、制度化、市场化和专业化的运作平台,有助于系统化地解决煤炭业重组的问题。产权交易市场是链接政府和企业的桥梁和纽带,在一定程度上科学地划分了各种利益关系。它可以充分利用信息、人才、制度等优势,发挥监督、中介等前置和延伸的服务功能,切实关注到煤炭企业重组方案是否科学合理;关注到重组企业广大职工的发展需求;关注到国有资产的保值增值;关注到重组企业的微观绩效改善等。当然产权交易市场具有的天然优势,在激励优势群体的积极性,保护弱势群体的生存与发展权;在提高重组效率,关注社会公平等方面也可以发挥积极的作用。

产权交易市场介入煤炭业重组有助于促进煤炭资源的合理配置,是提高社会经济的宏观和微观绩效的重要方式。产权交易市场最重要功能就是实现经济要素向高效率,高效益的优势企业集聚。实践中由于重组信息的不对称,常常会导致产权转让合同和契约失灵,不能真实的反映其市场价值。一方面,产权交易市场作为中介机构,利用其掌握动态信息,能够及时全面地向潜在的投资者提供信息,降低它们的搜寻成本;也可以向政府反映某一期间产权交易状况,为政府宏观决策提供科学、可靠的统计数据。另一方面,产权交易市场的价格发现功能,改变了重组中行政定价的"一对一"的谈判方式,保证了国有资产不流失、保值增值、公平交易。

产权交易市场介入煤炭业重组有助于改善重组的公开、公正、公平的市场化运作机制。产权交易市场二十多年的不断发展,在政府、监管部门与市场之间形成了比较科学规范的相互制衡机制。这种机制可以减少政府对重组活动的不当干预,确保重组活动在市场运行中恪守交易程序和交易规则。这种机制也隔断了企业与政府间的直接利益关系,因此也减少了共谋不当利益的可能性,从而降低交易成本和所有权成本,为保证产权交易在规范、公正的环境条件下进行发挥了积极作用。

2.积极营造和改善产权交易市场介入环境

产权交易市场作为市场经济体系中的一个子系统,在煤炭业重组中能否有效运转以及能够发挥多大的作用,取决于介入环境和条件的完善程度。从目前的情况来看,至少需要在以下几个方面进行反思和改革。

（1）产权交易市场介入的宏观环境。国务院下发的《关于加快推进煤矿企业兼并重组若干意见》指出要以市场机制进行煤炭企业重组，开展跨行业、跨区域和跨所有制的重组活动，可以说为产权交易市场介入煤炭业重组提供了制度空间。从改革大局和企业长期发展考虑，关键是政府应规范自己的经济职能，更多地以社会公关管理者的角色出现，以增进社会福利，改善重组宏观环境为目标。政府应当是煤炭业重组的推动者、促进者和协调者，而不是主导者。具体来说，就是政府要为产权交易市场介入重组创造良好的宏观环境，包括制定正确的、操作性较强的法规和经济政策；构建产权交易市场介入煤炭业重组的政策支持体系，为产权交易市场介入重组提供明确的政策导向和基本框架；完善产权交易市场介入的组织协调机制，及时总结和研究相关经验和教训，提高宏观调控水平。

（2）产权交易市场介入的法律法制环境。煤炭业重组中的各种经济关系需要法律的确认和保护，产权交易市场的介入行为也需要法律来引导、规范、保障和约束。目前，虽然国资委和财政部颁布的《企业国有产权转让暂行规定》及其配套文件，对规范煤炭企业产权的有序流转起到了重要作用，但由于是部门规章，不具有普适性，法律效力不高，而且，它们只能对企业国有产权交易行为有效，其他产权进入产权交易市场公开交易的行为依然缺乏法律支撑。因此，出台一部全国统一的产权交易法已成为产权交易市场发展的首要任务，同时也要在交易制度规则、信息披露、市场管理与市场体系建设、市场主体与主体行为、中介机构、资产评估等方面做出清晰完整的法律表达，做到产权交易介入煤炭重组的有法可依，有规可循。

（3）产权交易市场介入的微观主体的条件。关键是按照党的十六届三中全会提出建立"归属清晰、权责明确、保护严格、流转顺畅"的现代产权制度的要求，对现有煤矿的投资经营行为进行清理、整顿和规范企业组织形式和经营方式，落实安全责任主体，加强监督管理和责任追究。同时在推行采矿权有偿使用的基础上，推动煤炭企业建立"产权归属清晰，主体权责明确，经营方式规范，管理科学严格"的现代煤炭企业制度，为产权交易的流动提供条件。

3.规范和创新发展，提升产权交易市场介入功能

我国产权交易市场是在服务国有企业股权转让的过程中发展起来的，它一方面推动了国有企业及其他各类企业股份制改造过程，为资本市场培育了拟上市企业资源；另一方面，产权交易市场目前已基本覆盖了除上市公司流通股以外的其他资本要素资源，事实上已经是多层次资本市场体系的一个基础平台。

因此产权交易市场介入煤炭业重组,关键是规范和创新发展,提升产权交易市场服务功能。规范发展,就是要健全产权交易市场管理体制,规范产权交易运作流程,构筑公开、公平、公正的重组交易环境;创新发展,就是要完善煤炭重组市场运作机制,提升介入重组的综合服务能力。

规范是产权交易市场介入重组的生命线。在规范中发展,在发展中介入是产权交易市场健康、科学、可持续发展的重要途径。规范发展,一是要强化交易流程控制,对煤炭企业产权转让信息公开披露、按规定程序履行产权转让审批手续;二是要严格规范资产评估管理、加强产权交易活动的监管等相应制度的建设,这些举措对进一步搭建产权转让公开、公平、公正的阳光交易平台可以发挥积极作用;三是要强化交易行为监督,尤其是对国有煤炭企业产权转让,强化交易行为的内外监督机制,从信息发布、竞价组织、内控监督等方面构筑严格风险控制机制。

创新是产权交易市场健康发展的不竭动力,在严格规范的基础上,不断创新,积极完善产权交易市场的服务功能。具体来说:一是要创新运行体系。产权交易市场介入煤炭重组要构筑完善的监管层、交易层和经纪层三层分立运行的产权交易市场运行体系。二是要创新观点,坚持市场化导向。综合运用各种市场化的手段,增强聚集投资人资源和增强服务投资人的能力,完善产权交易市场会员代理交易制度和提供会员机构业务操作能力,创新交易制度增强价格发现功能;三是要创新交易制度,增强信息化手段。充分利用现代电子技术与网络资源,扩大对现有煤炭改组项目信息的覆盖面,探索建立网上交易平台,提高交易效率和降低交易成本,使之在煤炭业重组中更好地发挥资源配置作用。四是要机构和制度创新。针对煤炭资源跨地区,跨行业、跨所有制结构流动重组的特点和需求,发展全国性会员和拓展国内市场服务渠道,为境内煤炭企业吸引外资和并购提供专业化服务,为煤炭产业升级转移提供专业化服务。

(二)创新路径

重组作为煤炭企业可持续发展的重要途径和战略选择,产权交易市场需要以创新思维和行动,发挥信息、资源、人才优势,构建煤炭业重组与产权交易市场结合的科学发展道路,这对提高重组的社会经济效益是非常必要的。

1.建立专门的矿权交易平台

要深化产权交易市场介入煤炭重组的一个重要创新途径就是设立专门的矿权交易平台。设立专门的矿权交易平台基于如下考虑:一方面,目前我国煤炭企业采矿权是由政府主导的,因此在公平和效率方面常常引起诟病;另一方面是目前存在的一些独立的矿业权交易市场缺乏明确配套的法律制度，监督管理机构不健全，交易规则的制定有待规范。这导致了矿业权交易市场的价格发现和资源配置的功能不能充分发挥，也造成完全采取产权流转方式实现煤炭企业重组存在一定困难。产权交易市场则在这些方面具有资源、信息优势，而且在重组的评估、交易等方面具有专业的制度安排和服务规则。因此在产权交易市场内设立专门的矿权交易平台对煤炭业重组具有非常现实的意义。[41]

2.引入多元化资本，设立产权交易与重组基金

从以往煤炭业重组实践来看，重组活动更多的是产业资本之间的整合，缺乏金融资本的有效参与。同时由于国有资本仍然在煤炭重组中占有主导权，往往缺少重组的内在动力和外部投资者的介入。探索设立"产权交易与重组基金"，发挥基金在重组中的政策目标保障和战略投资者作用，对调整煤炭经济结构、实现国有资产保值增值、技术开发创新和煤企产权转让等是一个崭新的考虑和选择。

产权交易与重组基金是在产权交易市场内设立，并在产权交易市场内寻找投资对象。产权交易与重组基金实际上是产业投资基金的一种类型。这种类型的基金目前的设立、监管均在国家发改委，而且已经有十几只产业基金在运作，为重组基金提供了有益的借鉴。本文对煤炭产权交易与重组基金的初步构想是：

资金来源方面。可以由产权交易市场牵头，吸收市场会员中国有大型煤炭企业、外资和民营资本等组建。鉴于煤炭资源的特殊性和行业的战略重要性，以国有资本占据主导地位为好。

基金投资方向。煤炭企业产权转让与重组基金投资方向非常明确，就是专司煤炭企业重组活动，重点是央企的二三级企业以及地方大型国有企业，同时在大型煤炭企业兼并重组中小型煤企，有发展潜力的中小型煤企的合并重组活动中发挥作用。

基金的目标。产权转让与重组基金是国有、社会、外资等各类资本的有效集合。目标是为国有煤炭企业产权多元化提供新的投资主体，为煤炭企业盘活存量资产提供资金。当然核心目标不仅是带来资金，更重要的是给企业注入有效的管理制度，帮助企业提升核心竞争力，帮助企业在重组后提升整体业务的价值。

基金的管理。虽然煤炭重组基金的资本结构多样，但毕竟还是国有控股的

---

[41]参考了《2009年山西经济与金融预测》，山西人民出版社，2009年。

基金,因此基金管理要避免陷入不遵循市场规律、以行政代替市场方式进行操作的困境。重组基金应强调以创造利润、创造价值为目标,必须有自己的投资操作规范和标准,建立完善的基金治理结构。

3.结合信托优势,创新煤炭信托投资计划

从我国目前的情况看,大多数的煤炭信托计划基本采用贷款、预购代销、股权回购等方式运用信托资金,保证方式多来自于第三方连带责任担保。自2007年开始采用采矿权和股权质押方式。这为产权交易市场介入煤炭重组提供了一个新的思路。针对目前煤炭业重组的特点和趋势,结合以往煤炭信托计划的经验,创新地在煤炭业重组信托模式中引入产权交易市场。具体操作模式构想如下:

(1)利用产权交易市场与政府的良好关系,从某规划矿区入手,信托公司联合产权交易市场以财务顾问角色介入当地政府等相关部门牵头的煤炭企业兼并重组;

(2)信托公司发起并管理煤炭产业基金信托计划,然后利用产权交易市场的交易平台发售信托计划;信托公司可认购一部分基金份额,享有次级受益权,获得股权分红和收取管理费;其他基金份额由产权交易市场的会员认购,享有优先受益人,获得固定收益;

(3)通过产权交易市场搜寻当地合适的大型煤矿集团或兼并主体为整合小煤矿提供资金支持;

(4)信托计划借助产权交易市场的渠道,可以以直接参股或控股大型煤炭集团或煤矿主体的方式、或以和大型煤炭集团或煤矿主体发起设立新主体的方式运用于煤矿主体,或间接借助银行、国际基金的渠道运用于煤矿主体兼并收购小煤矿。(具体图6)

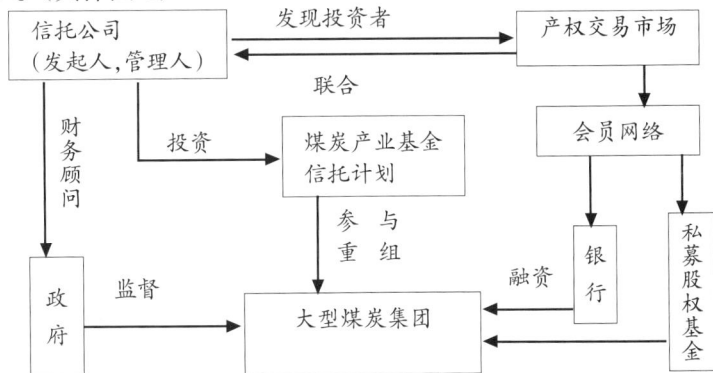

图 6　产权交易市场介入煤炭重组信托模式

产权交易市场与信托公司联合能够充分发挥两者的优势:第一,充分发挥产权交易市场的信息网络、会员网络的优势,将信托交易范围从企业发展延伸到区域经济;第二,信托计划在资产抵押的基础上可以定向发售给产权交易市场的会员,交易对象由分散到聚集,信用风险和交易风险大大减小;第三,信托计划的资金来源拓宽到私募基金、国际资本等,这些都是产权交易市场的重要会员,同时也为他们提供了投资渠道;第四,产权交易市场可以为信托计划提供收益监督和管理提供服务,提供信息披露、查询、分红等服务,可以为信托计划的股权进行托管等,可以说为信托计划与煤炭重组双方提供了第三方信任机制。

4.利用产权交易市场平台,发展矿业权证券化

矿业权证券化是解决煤炭业重组资金的一个重要战略渠道。它是指将缺乏流动性但能够产生可预见的稳定现金流的资产,通过一定的结构安排,对资产中风险与收益要素进行分离与重组,进而转换成为在金融市场上可以出售和流通的证券的过程。矿业权证券化是矿业权和金融相结合的一种创新性金融工具,就是将煤炭企业拥有的采矿权进行资本化的过程。

目前,我国煤炭企业的采矿权基本具备资产证券化的本质特征:(1)采矿权收益能产生持续、稳定、真实、可预测的现金流,符合资产证券化对于基础资产的要求;(2)受益权作为采矿权的一项内容,可以作为一种独立的权利转让,将收益权转让给专项资产管理计划既能保证煤矿企业仍然可以开采煤矿,同时又能使采矿权的受益权在资产证券化期间独立于煤炭企业,有效实现资产证券化要求的破产隔离。(3)资产证券化以专项资产管理计划的模式进行可以获得中国证监会的批准,有现成的规章制度和操作规程。

方案设计思路是:设立煤炭开采收益专项资产管理计划,发行以煤炭开采权收益为支撑的受益凭证,将投资者资源投资的合法资金通过参与专项计划,形成由托管人托管的专项计划资金,并由管理人将专项计划资金投资于购买煤炭企业合法所有的未来一定时期内的煤炭开采权收益,该收益产生的现金流为受益凭证持有人获取稳定的投资收益。

产权交易市场通过证券化方式介入煤炭重组,可以起到如下作用:(1)发挥其资源、信息和平台优势,可以参与证券的发行,为其提供信息披露渠道和发行的平台;(2)发挥其广泛的会员渠道,可以为资产证券化提供优质的合格投资者;(3)发挥产权交易市场的电子信息平台,为资产证券化建立信用触发机制,保证现金流偿付的安全可靠;(4)可以发挥产权交易市场完善的中介服务,为资

产证券化提供担保、托管、登记、财务顾问、信用评级、评估等一系列安排和专业服务,解决矿业权投资的进入、流动、退出和收益实现等问题。具体的交易结构设计框架如图7:

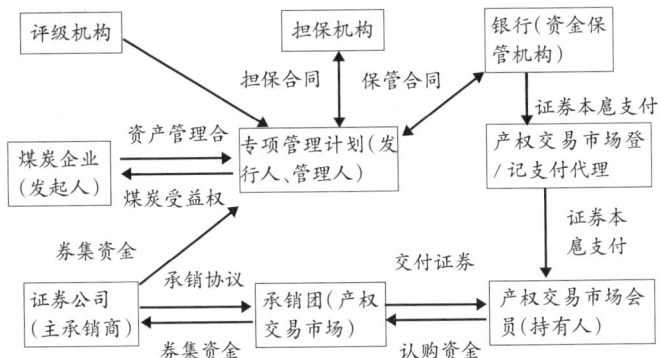

图7 通过产权交易市场的矿业权证券化的交易结构框架

5.发挥私募股权投资基金的战略投资作用,介入煤炭业重组

私募股权投资基金是由基金管理公司以私募资本组成基金对非上市企业进行资本与人本相结合的股权投资过程。它不同于之前所述国有资本主导的煤炭业重组基金,它是完全市场化融资、投资和管理的投资基金。他的目标主要是有发展潜力的中小型的煤炭企业,参与煤炭企业重组并在合适时机退出。

私募股权投资基金通过产权交易市场与煤炭业重组结合起来的原理是:产权交易市场集中了大量的煤炭企业产权交易项目,交易主体和交易服务中介,在这里私募股权投资基金既可以更加广泛、及时地发现值得投资的煤炭企业,也可以实现更加经济、高效的退出。由于集中了交易信息、交易主体和交易服务,产权交易市场能有效降低基金的运作成本和交易费用,反过来又进一步扩大了基金的发展空间。换言之,对于广大了希望重组的中小煤炭企业而言,产权交易市场也是其接触和必选私募股权投资基金的最好渠道。目前,国际上由并购基金发起的并购占据并购市场50%左右的份额;基金机构数、管理资金量和从业人数逐年成倍增长。而国内从事并购业务的私募基金数量极为有限,仍处于起步阶段,需要加快配套机制建设和人才储备,充分发挥重组基金在"调结构"方面的作用和私募并购基金在"促改革"方面的价值,为煤炭企业兼并重组拓宽融资渠道。

五、结　论

中国煤炭业重组的现实的情况是：政府发起和主导了煤炭业重组，扭曲了市场化的产权交易模式，弱化或抑制了市场作用。鉴于此，本课题提出在煤炭业重组中引入产权交易市场，以此来解决重组过程中政府与市场的作用、定位以及发展思路和路径选择的问题。课题得出的主要结论有：

第一，政府渗入并主导煤炭资源配置的整个过程，造成了巨大的社会成本，引致了煤炭业重组的多元化目标。因此，引入制度化、组织化的市场机制显得更为紧迫和必要。

第二、从理论上证明了产权交易市场通过其信息聚散、价格发现、规制监督、中介服务等功能，可以为煤炭业重组提供了一种制度化和组织化的运作机制，保障了产权交易的"公开、公正、公平、透明"，同时也可以在一定程度上缓解政府介入的不良影响。

第三，煤炭重组的具体实践暴露了现行制度下重组过程中的资源评价机制、有效竞争机制、收益补偿机制、融资等功能缺陷。当前的宏观环境、微观条件和一些具体尝试都验证了中国煤炭业重组遇到的困难，可以通过产权交易市场的介入而得到解决和改善。

第四，提出系统地解决产权交易市场介入煤炭重组的战略思路，并以创新思维，提出充分发挥信息、资源、人才优势，构建煤炭业重组与产权交易市场结合的科学发展道路。产权交易与重组基金、矿业权证券化、信托基金以及私募股权投资基金就是产权交易市场介入煤炭重组的重要选择。

当然，产权交易市场介入煤炭业重组是一个系统工程，但是两者结合的制度支持还显不够。产权交易市场与煤炭业重组的自觉结合还未显现清晰的激励冲动。作为中国特色的制度安排，产权交易市场介入煤炭业重组在某种意义上是世界经济发展的实验场所。本课题是这种研究的初次尝试，意在说明产权交易市场介入煤炭重组的理论含义和创新意义，对二者结合的具体的实证分析和路径检验将是今后研究的重要内容。

第七章 山西省煤炭业重组案例研究

第七章　山西省煤炭业重组案例研究

　　2009年4月,随着《山西省煤炭产业调整和振兴规划》(后简称《规划》)的出台,在三晋大地上掀起一场史无前例规模浩大的煤炭重组整合风暴。根据规划要求,到2010年末,全省煤炭矿井总数由2598座减少到1000座,煤炭企业数量由2200家减少到100家,兼并重组力度之大,前所未有。也因此,它注定成为全国范围内关注的焦点。人们在对这场改革寄予厚望的同时,也不乏出现一些"另类"解读:"山西再无煤老板","山西煤炭业国进民退","上千亿元煤炭业撤出资金流向股市楼市"……但是,毋庸置疑,这场重组在改变山西煤炭工业乃至整个经济生态的同时,同样以先行者的身份,给了我国煤炭工业的兼并重组及其发展一个有益的启示,同时,也为我们对煤炭业重组的研究增添了一个独特的案例。

一、背景分析

　　山西是我国重要的能源重化工基地。建国60年来,山西共生产原煤106.3亿吨,占全国生产总量的1/4以上;国内70%以上的外运煤、近50%的全球煤炭交易额都来自山西,山西焦炭市场交易量占全国2/3以上。但是,在为积极保障国家能源供给、全力支撑经济社会发展做出巨大贡献的同时,山西省煤炭产业也积累了很多矛盾和问题。突出表现为:

　　产业集中度较低。进入新世纪以来,尽管通过"关井压产、淘汰落后、资源整合"等一系列煤炭改革措施减少了7000多家小煤矿,但是,煤炭工业"多、小、散、低"的发展格局仍未彻底改变。全省30万吨以下的小煤矿占70%以上(见图7-1),其中15万吨以下的小矿占近一半,矿井平均单井规模仅36万吨,5个大集团大公司占全省煤炭产量的比重不到40%。由于产业集中度较低,生产和销售决策过度分散,使山西煤炭业陷入煤越产越多,钱越赚越少,市场越来越窄,话语权越来越小的尴尬境地。

注:本章执笔人:褚文、马丽,参与讨论人员:张中平、李勇五、武宏波、张杰。

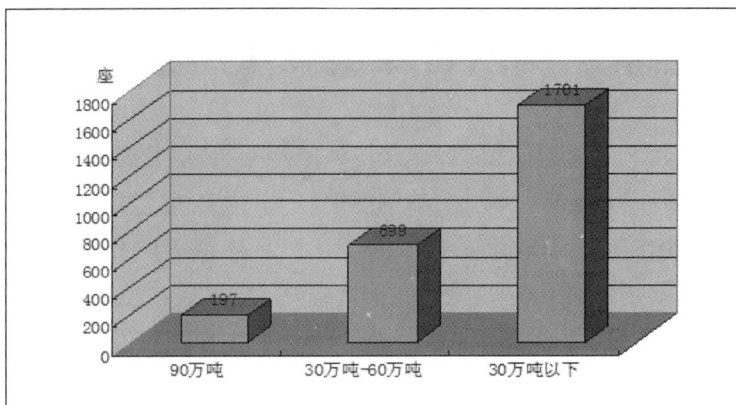

数据来源:煤炭资源网 http://www.coal.com.cn。

图 7-1　　2008 年山西省煤炭产能结构

产业技术水平低下。2008 年仅有 307 座煤矿实现了综合开采,占煤矿总数的 11.9%,约有 40%的煤炭产能仍采用落后的炮采方式;煤炭行业劳动生产率低,与国内先进水平差距较大,综合竞争力不强。

资源环境破坏严重。粗放的煤炭开发,造成大量中小煤矿资源回采率只有 20%左右,仅相当先进水平的 1/4。在小煤矿遍地开花的地方,每采 1 吨煤破坏和浪费近 6 吨煤炭资源、2.48 吨水资源。山西煤矸石堆存量超过 11 亿吨,且正以每年新增 1 亿吨的速度增加,年排放烟尘 87 万吨以上,排放 $SO_2$82 万吨以上,保守估计,近 30 年来,山西省因粗放采煤造成的生态环境损失接近 5000 亿元。

煤矿安全生产形势严峻。山西大、中、小煤矿之间的安全生产水平差距十分明显,地方国有煤矿百万吨死亡率是国有重点煤矿的 3.8 倍,而乡镇小煤矿百万吨死亡率则高达国有重点煤矿的 11.3 倍。2008 年,山西共发生矿难 16 起,死亡 532 人[42]。尤其,襄汾尾矿库溃坝事故震惊全国。

此外,煤炭生产转型步伐缓慢,产业结构初级化、单一化严重,矿工收入水平低,煤炭的加工转化和相关产业,特别是煤化工、煤机制造、工业区煤炭物流等产业的发展都与煤炭大省地位极为不符。

与此同时,国内能源格局发生变化。作为煤炭和火电替代能源的水能、风能、核能、太阳能、生物能源等新型能源的比重日益扩大。而随着西部大开发加快、交通条件的改善,能源中心逐步西移成为趋势。内蒙古、陕西、宁夏正在向

[42]注:"背景分析"所有数据均来源于山西省煤炭厅相关文件。

煤炭大省(区)迈进,以新疆为代表的第三梯队正在形成。作为后发省份如陕西、内蒙的产业布局要比山西的起点高,产业集中度也高。陕西、内蒙、新疆等省份的单井规模均高于山西(见图7-2)。国内能源格局的风起云涌迫使山西煤炭行业必须做出相应的战略调整。

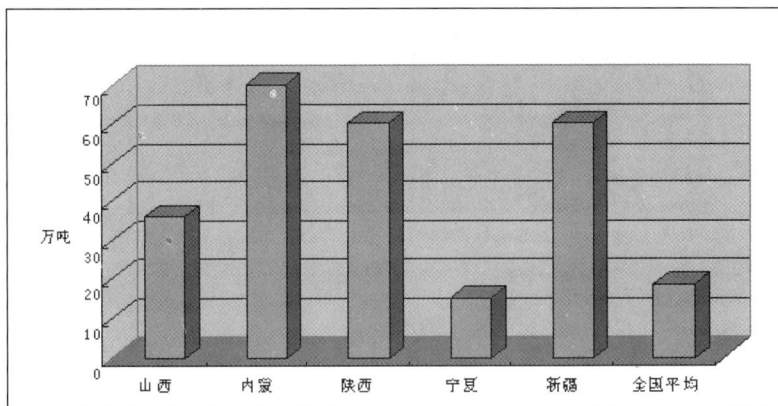

数据来源:煤炭资源网 http://www.coal.com.cn。

图7-2　　　中国主要产煤省平均单井规模

　　2008 年下半年以来,国际金融危机对实体经济的剧烈冲击,再度使山西煤炭产业陷入窘迫境地,煤炭需求量大为萎缩,煤炭产销均呈下降趋势,煤炭价格下挫近 50%,企业经营困难。尤其进入 2009 年,山西省一季度煤炭产量首次被内蒙超过,产销量低位运行(见图 7-3),省内 GDP 连续两个季度负增长。金融危机的冲击,给山西省煤炭资源重组提供了一次"化危为机"的契机。首先,煤炭市场需求减少,矿主的利益驱动相对减弱,使政策实施阻力变小;其二,生产要素全部进入下行期,工业品价格、劳动力工资、银行利率、进口机械设备价格全部下降,进行煤矿升级改造所需的各种生产要素价格降低,这个时候,正好是优势煤炭企业进行低成本扩张的好时机。其三,国家实施积极的财政政策和适度宽松的货币政策给煤炭资源整合和煤矿兼并重组提供了良好的融资条件。当前如此低廉的要素价格和宽松的供应环境,正适于通过资源整合,全面整治煤炭的生产经营格局,一旦市场好转,山西省就能以全新的产业面貌站上行业高端。因此,山西省煤炭重组整合无疑是为应对国际金融危机中改造提升煤炭产业,迎接经济新一轮发展做的必要准备。

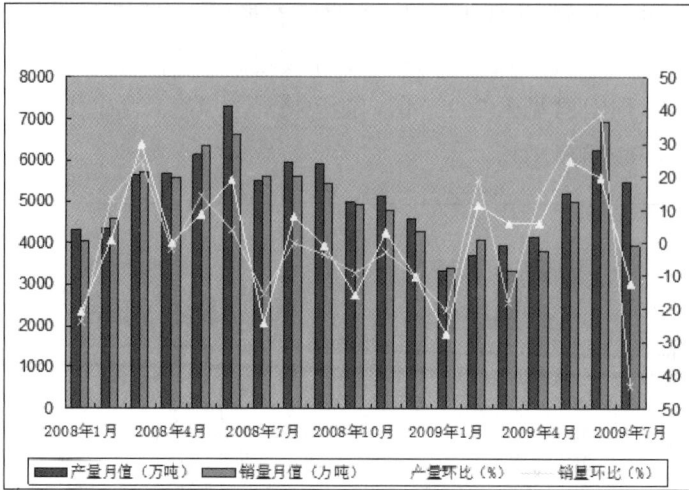

数据来源：《晋煤产运销信息》(2008, 2009)。

图 7-3　　山西省煤炭产销趋势图(2008 年 1 月 -2009 年 7 月)

二、山西煤炭业重组情况概述

截至 2009 年 11 月 30 日,山西省 11 个市煤矿重组整合方案已全部经省煤炭工业厅审定完毕,从审定的方案看,全省煤炭行业的产业水平和产业集中度将明显提升。全省矿井个数已由 2008 年的 2598 处减少到 1053 处,压减比例为 60%,30 万吨 / 年以下的矿井全部淘汰,保留矿井全部实现机械化开采。其中,90 万吨 / 年及以上的综采机械化矿井占到三分之二,平均单井规模由 36 万吨 / 年提高到 100 万吨 / 年以上。全省将形成 4 个年生产能力达亿吨级的特大型煤炭集团,3 个年生产能力 5000 万吨级以上的大型煤炭企业集团,11 个年生产能力 1000 万吨级以上的大型煤炭企业集团,72 个 300 万吨级左右的地方集团公司;央企(不包括中煤)及省外大企业办矿 46 处;全省办矿企业由 2200 多个减少到近 130 个。

在保留的 1053 个煤矿中,776 个取得采矿许可证, 占保留企业数的 72.9%;在工商部门预核准企业名称 774 个中,已换证 630 个,占 81.4%;在国有八大煤炭集团整合后应换证 408 个中, 已换证 311 个, 占国有大矿应换证 76.2%;全省 11 个市换证资料上报率均超过 80%,办结率均超过 70%[43]。预计,

---

[43]数据来源于"山西煤企兼并重组换发采矿证工作实现四个 70%"2009.12.02 新华网山西频道 http://www.news.cn

全部煤矿换发采矿许可证的工作到年底将全部完成。重组整合后形成了以股份制企业为主要形式,国有、民营并存的办矿格局。其中:国有办矿198处,占19%;民营办矿294处,占28%;股份制企业561处,占53%(见图7-4)。

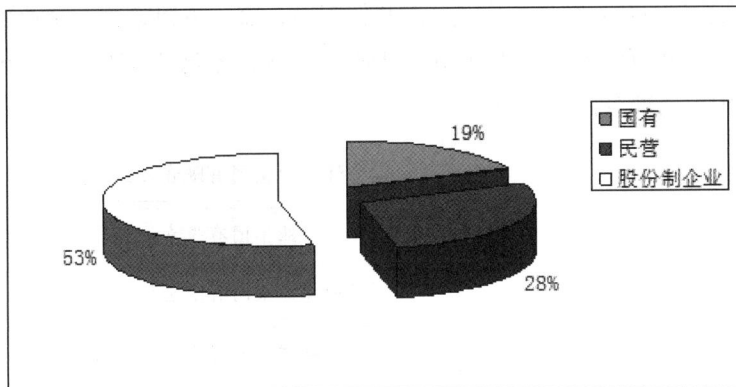

图7-4 山西省煤炭重组后的办矿格局

(一)本次重组兼并主体的构成

本次重组兼并主体主要由两部分构成。一是大型国有企业集团,这部分重组兼并主体负责重组省内煤矿1161座;二是地方骨干企业,这部分兼并主体将重组煤矿693座(见图7-5)。

1.大型国有企业集团

中煤集团:中国煤炭巨头,山西省政府指定整合主体中唯——家央企;

阳煤集团:省属五大煤炭集团之一;

晋煤集团:由山西省国资委控股、股权结构多元化的有限责任公司;

同煤集团:前身为大同矿务局,成立于1949年,2000年7月改为大同煤矿集团有限责任公司;

潞安集团:前身是潞安矿务局,原煤炭部重点企业;

焦煤集团:山西焦煤集团公司,中国目前规模最大、煤种最全、煤质优良的炼焦煤生产企业;

山西省运销集团:由山西省国资委和11个市国资委出资,2007年7月20日正式挂牌成立。中国最大的煤炭运销专业企业、山西省煤炭进出口集团;

山西省煤炭进出口集团:全国四家具有煤炭出口成交权的出口企业之一和山西省唯一拥有出口内销两个通道的大型国有企业。

2.地方政府控股公司及地方骨干企业

省政府晋政发(2009)10号文件规定,这部分兼并主体须满足以下条件:现已具备 300 万吨/年生产规模,且至少有一个 120 万吨/年机械化开采矿井的地方骨干煤炭企业,也可作为兼并重组的主体。其他作为兼并重组整合主体的地方骨干煤炭企业(矿井),由各市人民政府提出,报批省政府,但原则上应有一个生产规模在 90 万吨/年及以上矿井作支撑,兼并重组整合后企业生产规模应不低于 300 万吨/年,所属矿井至少有一个规模不低于 120 万吨/年。这部分企业中包括部分民营企业。

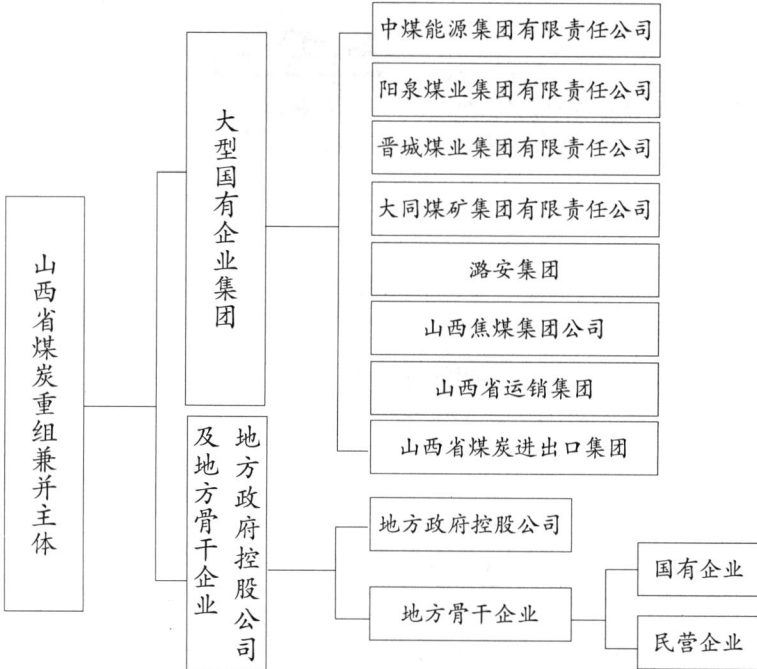

图 7-5　　山西省煤炭重组兼并主体构成

(二)重组兼并的类型

1.整体出售。即被重组煤矿直接将资产及采矿权等整体作价出售给重组主体。

2.作价入股。被重组对象将资产和采矿权折合成相应股份并入兼并主体,但,被重组对象股份上限不得超过 49%。

3.部分转让。即一些中小煤矿在整合过程中,通过与收购方签订协议,将所拥有的煤炭资源和全部资产作价,然后一部分以股份形式加入收购方,成为收购方的股东,另一部分由收购方以现金或转账形式将转让资金划给被收购中小煤矿。

4.联合重组。地理位置相邻的两个或两个以上小型煤矿自行联合,组成一个规模较大,能够达到国家规定标准的大型煤炭企业集团。这样的企业集团,一般为地方政府控股,且可以兼并其他被重组对象。被兼并煤矿取得一部分转让费,其余部分为其在兼并重组后新组建企业的股份。

5.直接关停。一些私营、个体煤矿由于规模偏小、污染严重,不达国家环保要求,被政府强制性关停,地下资源并入附近大型煤炭企业(集团),小煤矿依此获得一部分补偿资金。

(三)本次煤炭重组的特点

1.政府主导型并购重组

本次重组是一种典型的政府主导型并购重组。主要表现在:重组方案、重组主体、重组进度时间表、补偿价格等完全是在各地政府主导下,由当地煤炭整合工作领导组制定;被整合煤矿的确定和归属也由政府制定基本框架,被重组煤矿完全处于被动地位,除了同意整合方案,别无选择。

2.横向并购重组

本次重组具有横向并购重组的特点。表现为:重组双方均为以煤炭生产或经营为主业的企业。在重组中,山西省太钢集团、焦炭集团、能源产业集团、国际电力集团等不以煤炭为主业的大型国有企业,全部退出了所办煤矿的控股权,转由大型煤炭企业生产经营。横向重组其优点是:有利于企业以最快的速度实现规模扩张,扩大市场份额,减少行业竞争,提高行业集中度;其缺点是:容易破坏竞争,形成垄断,并可能带来信息传递效率低下、组织机构臃肿的负面影响。属于并购重组活动的初级阶段。

3.区域内并购重组。按照并购双方行政区域来看,本次重组表现为区域内并购重组。除中煤集团外,本次重组整合的重组主体与被重组对象都位于山西省辖内。区域内并购重组,有利于集中优势资源,实现资源优化配置,进而提升本区域总体经济实力。

4.以强并弱型并购重组。本次重组的制度设置具有"以大并小,以强并弱"的特征。从重组主体来讲,主要是大型国有煤炭企业集团和单井产能在90万吨/年以上的地方骨干企业。而被重组对象,则主要是产能较低、实力较弱的小型煤炭企业。在本次重组中,30万吨/年以下的矿井将全部淘汰关闭,90万吨/年及以上的综采机械化矿井将占到2/3,平均单井规模由36万吨/年提高到100万吨/年以上。以大并小、以强并弱,有利于充分发挥山西省行业龙头企业的作用,通过以强并弱,有效提高行业集中度,优化资源配置。

5.范围大,涉及面广。本次重组整合将 2008 年末的 2598 座矿井压缩为整合后的 1053 座,压缩比例为 60%。被重组对象遍布山西省 11 个地市,91 个产煤县。是历史上规模最大、范围最广的一次煤炭重组整合行动。

三、对重组中若干热点问题的看法

伴随着这场长达七个月的煤炭重组过程,一些问题成为人们关注和争议的焦点。目前,重组工作已接近尾声,但是,围绕山西煤矿整合的议论却仍未停止。在本课题中,我们也试图对这些热点问题进行一些探讨。

为了解本次重组整合及金融支持的有关情况,一方面我们深入企业进行调研座谈,另一方面,我们在全省范围内,采用问卷形式分别对煤炭重组主体、被重组对象及金融机构进行了调查。本次调查,涉及调查对象共计 480 家。其中,重组主体 80 家(包括国有重组主体 50 家,民营重组主体 30 家);被重组对象 200 家(包括省内企业 180 家,省外在省内投资的企业 20 家);金融机构 200 家(见图 7-6)。

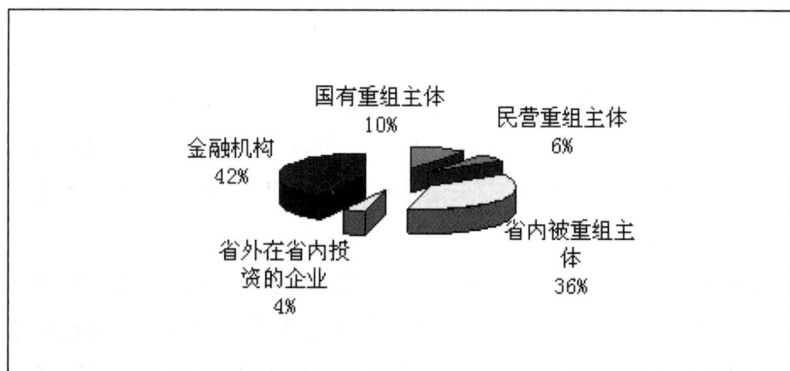

图 7-6   问卷调查对象构成

(一)关于优化资源配置问题

重组的本质就是资源的重新配置。推进煤炭企业战略重组,培育大型企业集团的目的是提升产业集中度,延伸产业链条,优化产业结构,避免重复建设、资源浪费和无序竞争,实现产业聚集和规模效益,构建新的产业格局和完善的产业链体系,增强煤炭、煤化工产品的市场定价主导权,提升煤炭企业的整体运营效率和协同效益。但实际上,本次重组仅仅是第一步,仅此,还远不能产生"1+1＞2"的效应。下一阶段重组工作的重点,应转向优化产业结构,提高重组

效益上来。当前,首先要做好以下工作:

1.着力解决重组后规模效益提升面临的困难。本次重组规定,单井最低生产规模原则上不得低于 90 万吨 / 年。相对于前几次整合 9 万吨、15 万吨、30 万吨的最低年生产规模,有了大幅度的提高。从资源整合的角度来说,提升单井生产水平既是原因之一,又是整合的成效,而且有利于降低边际成本,提高利润率。但是,煤炭生产不同于其他商品生产,不是简单的添置几台机器,多雇用几个工人就能提高产能的,这必须具备一定的条件方可实现。首先,产能的提高涉及井下结构改造,大型、巨型采掘机的生产安装,地质结构的勘测与评估,地面设施的保护,电网建设和公路建设等一系列相关问题。提出怎样的对策,实际工作中如何操作,都是需要考虑的问题。其次,产能提升面临着巨大的资金压力。根据目前机械化生产建设要求,每提升 15 万吨产能大约需要投入资金 3000 万元,重组后从原先的 6 亿吨提升到 2010 年的 9 亿吨,则需投入资金 600 多亿元。这对已付出高额补偿款项后的兼并主体,无疑是力不能及的负担。其三,矿山企业的规模效益与其他工业企业的规模效益不同,矿山的规模效益严格受矿床储量规模的制约,只有当矿山生产能力与矿床储量规模相匹配时才能显示规模效益。这就是说,山西省本次确定的兼并矿井规模下限是需要经济技术论证作依据的。那么整合后全部维持单井产量 90 万吨以上,保有储量能维持多少年? 尽管山西煤炭资源丰富,是否能保证矿井所在煤田一定时期内都能达到采储平衡? 其四,受地质条件的限制和历史遗留问题影响,现在很多搭配在一起的煤矿储量小,且由于多年的私挖滥采使得煤层被破坏的残缺不全,很多小煤矿之间由于采空区的存在,根本无法形成规模开采,很有可能最后将不得不保持 45 万吨、30 万吨的产能,只不过会在采煤方法上作一些改进。如果抛弃它们不再开采,无疑也是资源的一种大浪费,如果继续开采,建设现代化的大矿显然并不经济,如果继续采用原有的开采方式,安全显然难以保障。以上这些,都是摆在重组后煤炭企业面前的实际困难和问题,如得不到合理解决,将严重制约重组后规模效益的提升。

2.加快煤炭产业结构的升级改造,迎接"低碳经济"对煤炭产业的挑战。哥本哈根气候会议的召开,预示着可持续的低碳和绿色经济,将是未来世界发展的大势所趋。目前,我国制定了 2020 年碳减排目标,即单位 GDP 二氧化碳排放比 2005 年下降 40-50%。这意味着,今后我国新能源产业将实现大规模快速发展,在国家能源结构中新能源所占比重定会逐步上升。同时,以低能耗、低污染、低排放为特征的低碳经济,将会成为我国新的经济发展方式目标体系中的组成部分。据相关报道,中国实现45%减排目标,将使煤炭开采产值损失1842亿元,洗选业产值损失3142亿元,损失比例分别为14.13%和24.12%[44]。因此,低碳经济的发展对山西省煤炭产业的可持续发展,无疑提出更高的要求。多年来,山西省由于产业结构单一,传统产业延续至今而形成了高耗能、重污染的畸重型产业结构,特别是煤炭开采伴生物——煤层气(瓦斯)对大气环境的直接排放,所造成的温室效应正以20倍的二氧化碳排放影响着整个山西。因此,通过重组整合,提高产业集中度和规模效益还远远不够。从我国目前的实际情况看,煤炭需求仍然很大,替代起来仍然很困难,但是,对煤炭的环保及深加工等方面的要求会越来越高。从这个角度看,山西煤炭企业实现资源的优化配置,不仅要实现横向并购重组,更要注重延伸产业链,从卖原煤向卖深加工精制煤方向转变,不断提升煤炭产品的附加值。只有这样,煤炭企业才能减产不减效,实现长期、良性发展的目标。因此,如何及时分析和预判新能源崛起和低碳经济的发展态势,加快煤炭产业结构的升级改造,发展循环经济,提升煤炭产业资源利用率,延伸煤炭产业链,增加产品附加值,降低能源格局变化和市场价格波动对山西的影响,确保经济可持续发展的同时减少环境污染,是整合后的煤炭行业面对的一个重要课题。为此,重组之后,要加快煤炭与电力、冶金、建材、化工等相关产业相衔接,促进煤炭产业可持续发展,按照产业发展规律和新型工业化要求,鼓励大型煤炭企业以低消耗、低排放、高效益为目标,以多联产、洁净化为方向,延伸煤一电一铝、煤一焦一化、煤化工等产业链,实现上下游联动,发展煤炭循环经济.加快产品产业结构调整步伐,促进煤炭产业优化升级,以煤炭大集团为主体,以大型矿区为依托,以洗中煤、煤矸石发电为切入点,实行煤炭生产、洗选加工、低热值燃料发电、煤矸石(粉煤灰)建材和煤焦化工产业以及煤机修造等科学布局,逐步形成具有特色的煤炭循环经济体系。

(二)关于撤出资金的流向问题

本次煤炭重组中撤出的民间资金的流向备受瞩目。从山西省政府角度,自然希望这部分资金继续留在当地,并流向政府鼓励的行业和领域,借以优化资源配置,提高本省非煤产业的比重,带动全省产业结构调整,形成可持续的产业结构。

为此,山西省政府印发了《关于促进民间资本进入我省鼓励类投资领域的意见》。指出:2009年至2010年,政府重点调控的6500亿元投资项目将向民间开放,引导民间资本投资公路、铁路、桥梁、城建、环保等基础设施领域和城市公

---

[44]数据来源:世界能源金融网 http://www.wefweb.com

交、燃气等市政公用设施领域,并在土地供应、财政扶持、税费优惠等九方面给予一定的政策鼓励。11月,山西省政府又公布了《关于做大做强农产品加工龙头企业的意见》,提出凡资源型企业转产和省外资本来山西投资农产品加工项目,投资额在5000万元以上的,均享受省级龙头企业的政策待遇。

1.撤出资金情况

全省煤炭企业整合过程中,撤出资金主要通过以下几种形式:一是整体出售后资金撤出,二是折价入股后剩余资金撤出,三是煤炭业主经营所得资金撤出,四是被强制关停煤矿矿主获得政府补偿资金后资金撤出等。根据被重组及关闭企业数量、产能及调查个案的赔偿情况,我们初步测算:全省在本次煤炭资源重组中,通过以上方式从煤炭行业撤出的资金约为1500亿元左右。从地区分布看,撤出资金主要分布在小煤矿集中地区,如临汾、吕梁、大同、长治等地。其中,从临汾、吕梁两市的煤炭行业撤出资金最多,约有510亿元,占到全省的34%(见图7-7)。

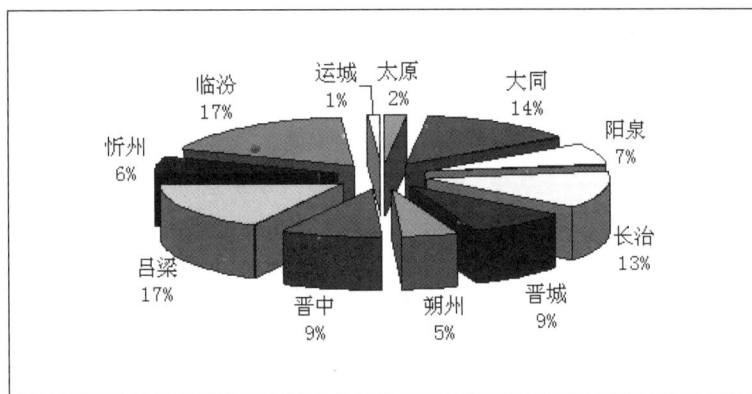

图 7-7　　整合撤出资金地区分布

但是,这部分资金并不会在短期内集中撤出,而是按照重组协议规定,在未来二至三年内,随着补偿资金的分批支付,而分批分次撤出。尤其,对于一些煤矿资质不好的企业,迫于行政命令,国企不得不兼并收购,这部分煤矿的偿付款支付期将拖得更长。在我们看到的一例协议中,某重组主体企业与某被重组对象协议付款期为两年半,且规定,付款进程中如有变化,将减少价款支付。从偿付款的进度估计,目前从煤炭行业已撤出的资金大约在500亿元左右,占全部撤出资金的1/3。

2、撤出资金的流向

问卷中,在对"重组后撤出资金的去向"的选择中,56.28%的被重组企业选择留在山西本地,18.09%的选择部分留下、部分撤走,25.63%的则选择撤向外省(见图7-8)。

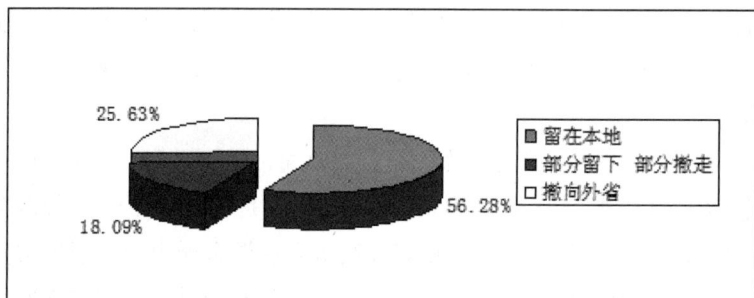

图 7-8　　重组撤出资金趋向选择结构

结合问卷及实地调查所掌握的情况,通过测算,截止目前,整合后撤出资金中约有 150 亿元流出省外,占比为 30%。在这部分流出资金中,约有 1/3 为浙江煤老板从山西撤走的资金。

在对"重组后撤出资金投向"的选择中,比重最大的为房地产市场,占比为 27%;其次为持观望态度;占比为 25%;比重最小的为纯消费领域,占比为 3%(具体结构见图7-9)。

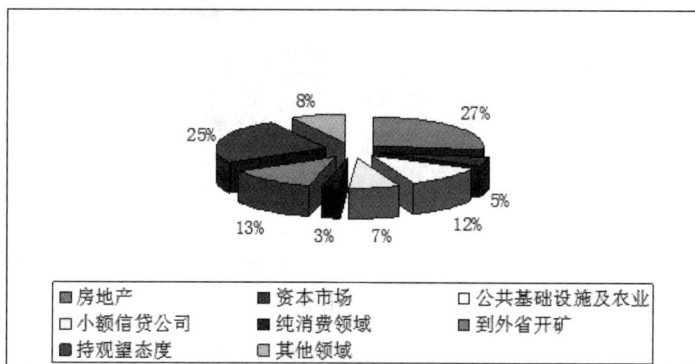

图 7-9　　重组撤出资金投向选择

结合实地调查所掌握的情况,我们对资金投向的比例有所调整。

(1)投入基础设施、公用设施及农业等政府鼓励领域

据测算,这部分资金约为 70 亿元,占到撤出资金总额的 14%。比问卷比例高出 2 个百分点。

①由政府引导投入基础设施、公用设施等建设领域。这部分资金约为 40 亿元,占比为 8%。如吕梁柳林县武家山、下寺头、龙门塔等煤矿被整合后,利用整合挤出的 16.24 亿元民间资本,自行联合成立了华润联盛投资有限公司,与

国内其他公司拟投资建设一条跨省区的运煤铁路专线,从山西柳林—运城—长治—河南焦作—鹤壁一直到山东日照港,3 年后投产;石楼县原投资煤矿的 3 户个体老板,投资 2000 万元,组建了城市公交公司和货运公司。大同有近 3.7 亿元资金通过政府引导投入到交通和环保设施建设;晋中市有 4.8 亿元资金投资于当地公共设施建设;晋城市沁水、高平、陵川三县(市)有 5.47 亿元资金投向水、电、路等基础设施和新建农村集中供水工程等项目,等等。

　　②投入农业领域。这部分资金约为 30 亿元,占比为 6%。山西省中小煤矿多集中于县域地区,撤出资金投入当地农业,成为地方政府引导民间资本回流、扶助"煤老板"转型的一个重点努力方向。如阳泉市加大了对发展农业产业奖励引导的力度,奖励方向集中在产业连片集聚发展的小区、基地、龙头企业。长期从事煤炭行业的华通集团,计划投资 33 亿元,用 5 年时间造地 5 万亩,建设 2.4 万亩日光温室,使之成为晋东地区最大的有机蔬菜生产基地之一;建设 60 万只蛋鸡的养鸡场和 50 万头生猪的养猪场,解决有机蔬菜生产用肥问题,同时开工建设复合肥厂、饲料厂、肉联厂、育苗厂等,将在当地形成循环高效农业圈。大同左云县东昌实业公司退出煤炭行业后,建立了左云县益民食用菌生产合作社,2009 年又投资 1000 万元续建了"小京庄白灵菇生产"项目,总计投资达 6900 万元;忻州原平市煤炭私营老板李俊华果断关停煤台,大胆转型,投资 5030 万元建设生猪养殖场,上马"无公害优种猪建设项目",采用"公司 + 农户"模式,产生了良好的示范效应;吕梁市文水县采用无偿划拨土地、减免一切税费的方式,扶持企业家石维国投资成立文水县诚信种业有限公司,主要从事农作物杂交种和常规种子的科研、开发、繁育和销售推广工作,目前总资产 5100 万元,拥有生产、加工和试验、示范基地 1170 亩,承担着文水县 85%以上的农业种子供应任务,成为吕梁市规模最大的种业公司及省级农业产业化龙头企业。

　　(2)投入房地产行业

　　据测算,这部分资金约为 125 亿元,占比为 25%。比问卷比例下降 3 个百分点。房地产行业的高回报率,促使部分煤老板将撤出资金投入该行业,如大同市有 21.1 亿元的撤出资金投了房地产业;运城市 73%的撤出资金投向房地产,其中河津市平头煤矿投资 9000 万元在河津承办超市、酒店、写字楼等项目;万兴煤矿投资 9000 万元承建海信房地产;固镇村办煤矿投资 5000 万在运城搞房地产开发。据调查,这部分资金 60%都投向省外。

　　(3)参股小额信贷公司

　　据测算,这部分资金约为 47 亿元,占比为 9%。比问卷比例高出 2 个百分点。自 2005 年 12 月,全国首批小额贷款公司试点工作开展以来,山西"煤老板"就成为推动当地小额贷款公司启动的主要力量。截至目前,山西成立小额贷款公司 131 家,注册资本金 71.04 亿元,其中,资本金的 60% 以上来自煤炭行业。尤其 2009 年以来,小额贷款公司成为中小煤矿主成功转型,进入金融领域的主要途径。据调查,2009 年全省新成立小额贷款公司 111 家,注册资本金 59.36 亿元,其中煤炭企业出资比例在 80% 以上。

(4)进入纯消费领域

在调查中了解到,煤炭资源整合以后形成的撤出资金,有一部分被原煤矿主进行了私人消费投资,主要用于购置高级商品住宅和高级汽车。这部分资金约 8 亿元,占撤出资金总额的 1.6%。

(5)转战他省继续开矿

据测算,这部分资金约为 60 亿元,占比为 12%,比问卷比例下降 1 个百分点。一是重操旧业,继续开采煤矿。有些煤老板干惯了煤炭行业,对采煤技术熟悉,认为这个行业挣钱快,不愿意放弃这块香饽饽,因此,将撤出资金转至甘肃、云南、陕西、新疆、内蒙古等地,准备重操旧业。例如大同的煤老板中,有 60% 的人选择前往内蒙古等地继续从事煤炭开采行业;二是开采金矿。2009 年以来,金矿价格急剧飙升,每吨金矿的价格已从 2000 年时的 200-500 万元,涨到现在的 500-1000 万元,国际金价 2009 年 9 月为每盎司 900 美元,到 11 月 26 号已创下每盎司 1195.22 美元的历史新高。为了追逐这部分高额利润,很多煤老板将资金投向产金省份开采金矿。如孝义某煤老板已赴新疆、云南等地开发金矿。为了尽快拿到采金权,他们有的直接背着整袋的现金,一次性支付款项;有的通过提高开采证报价、邀请当地关系人士持"干股"等手段来增强自己的竞争力。据媒体报道:手握超级游资的前煤老板们,已成为日益壮大的炒金矿大军中的新主力。国内所有产金省份、蒙古、菲律宾、印尼、南非、纳米比亚、澳大利亚,所有富藏金矿的地区,都得到煤老板的光顾[45]。

(6)持观望态度,尚未进行投资。

据测算,这部分资金约为 150 亿元,占比为 30%。比问卷占比高出 5 个百分点。据调查,由于山西很多中小煤矿有相当比例是由分散的民间资本入股而成,当资金撤出后,又按比例分散至众多的股东账户,大的几千万,小的几百万不等。这些资金中相当部分被金融机构动员,沉淀在银行储蓄存款项下。小额

---

[45]"煤政挤出资金显外流迹象　山西出手引导民资回'家'"中国经济信息网
http://www.cei.gov.cn

的留存可能性较大,大额的更多是暂时过渡,有了合适投资项目即会转走。而由于我国经济尚未完全摆脱金融危机的冲击,仍处于企稳回暖阶段,经济增长的基础还不太牢固,一定程度上影响了投资者的积极性,致使一些投资者还在观望、等待,造成一部分资金闲置。

（7）转向其他领域。

这部分资金约为 42 亿元,占比为 8.4%。这部分资金主要投向物流、商业、旅游、教育、高新技术等领域;另外还有少量资金转向本地水泥、铁矿等技术含量不高,进入门槛相对低的和煤矿类似的行业继续发展。

3.资金流向的特点及分析

（1）流出省外资金明显。虽然这部分资金仅占全部撤出资金的 30%,仍然高达 150 亿元。按照这个比例,随着赔偿金的不断支付,未来还将有超过 300 亿元的资金流向省外。问题还不仅于此。这部分撤出资金的外流,可能会带走相当一部分煤老板的存量资金,产生一定的乘数效应。据统计,2009 年前 11 个月山西省金融机构各项存款增速同比下降 3.44 个百分点。其中,企业存款增速同比下降 5.6 个百分点;储蓄存款增速同比下降 15.76 个百分点。而同期各项贷款增速同比上升 17.21 个百分点;比各项存款增速高出 7.58 个百分点(存贷款增长趋势见图 7-10)。可以看出,2009 年以来投放的增量贷款并没有有效形成金融机构的信贷资金来源。这从一个侧面也应证了山西省资金外流的状况。长期以来,民间资本成为山西省经济发展中重要的资金来源部分,尤其对缓解中小企业融资困难起到重要作用。而当前大量民间资本的外流将会对山西省经济发展后劲、投资环境及资金供求状况带来巨大的负面影响。

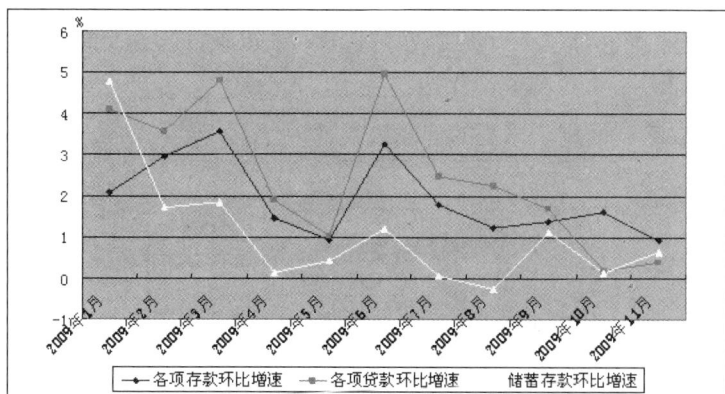

图 7-10　　山西省 2009 年各项存款、储蓄存款及贷款增长趋势图

(2)投向房地产行业占比过大。2009年初,胡润研究院在上海发布的《2009至尚优品——中国千万富豪品牌倾向报告》中显示,2009年富豪的理财投资方向房地产呼声最高。在目前经济危机下,我国房地产价格却居高不下,其深层次的原因值得深思。而如果大量民间资金持续流入房市,则势必助推房地产泡沫越吹越大,给未来经济发展带来诸多隐患。

(3)山西省政府鼓励领域投入不足。目前投入山西省政府鼓励领域的资金仅占到撤出资金的14%,尚有30%的撤出资金持币观望,这从一个侧面反映了投资者对山西省的投资环境、经济环境和政策环境等信心不足。

因此,如何合理引导这部分资金的投向,如何积极引导这部分资金留在省内,为山西的经济发展继续发挥作用,这是当前山西有关部门迫切需要解决的问题。而如果不从根本上解决民间投资的产业准入和持续经营权利,不给民间资金以合乎法规的安全保障,无论山西煤老板们的1500亿元的撤出资金,还是银行里数十万亿的存款,都容易走极端,或者变成快进快出的投机资金,或者以最笨的方式趴在银行,而无论任何一种情况,都无益于山西经济的健康发展。因此,要想把资金留在山西本地,把资金引导到鼓励的投资领域,山西省政府还需要做更多的工作。不仅要在政策上鼓励和引导,更要保证政策上的延续性,为民间资本创造出更公平、更平等、更稳定的融资环境,以增强投资者的信心。

(三)关于煤矿安全问题

降低煤矿事故率是本次山西煤炭资源重组的重要目标之一。在问卷中,在回答调查对象对本次煤炭产业重组的积极效应的选择中,83%的调查对象选择了可促进安全生产,比例仅次于"资源利用效率提高"选项,高于"促进产业升级"、"提高企业竞争力"及"预防腐败"的选项(见图7-11)。由此可见,大多数人对本次重组对安全事故降低的作用持乐观态度。但是,发生在2009年的两起国有煤矿事故给我们过于乐观的神经敲响警钟。

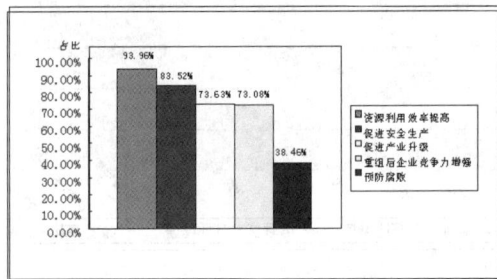

图7-11   关于对重组后的积极效应的选择比例

1.国有大型煤矿并不能提高煤矿安全系数。在对近年来我国煤炭行业安全事故数据的收集中,我们发现,虽然国有煤矿在事故发生频率上明显低于乡镇中小煤矿,但是,国有矿产安全事故仍时有发生。如2004年10月,郑州煤炭工业集团大平煤矿特大瓦斯事故;同年11月,陕西省铜川矿务局陈家山煤矿特大瓦斯爆炸事故;2005年2月,辽宁孙家湾矿难,死亡210人;同年11月,黑龙江七台河东风煤矿粉尘爆炸事故,死亡161人……2009年2月份,山西古交屯兰矿难,死亡74人,这是一个年产原煤400万吨的国有大矿,从2004年到事故发生前,一直保持着零死亡率的纪录;同年11月,黑龙江省鹤岗矿难,死亡108人。也是一座拥有3000多名矿工、核定产能145万吨/年的大型国有现代化煤矿。并且,一个极明显的特征是,一旦事故发生,国有煤矿企业造成的人员伤亡损失,往往比私营煤矿要大得多。据对这些国有煤矿事故原因调查分析后,得出的结论是:这些企业都存在生产布局不合理,点多、人多、面多,环节复杂、井下应急措施不当、安全监管体制不健全等诸多问题。由此可见,如果人员、设施、管理和监督没有落到实处,那么,国有大矿并不具备安全生产的必然优势。

2.重组中及重组后,一系列不确定因素给煤矿安全带来隐患。重组中涉及方方面面的利益纠葛,理顺关系,完全走上正轨,不可能一蹴而就。尤其全省百余家重组主体要兼并整合掉全省2千多中小煤矿,工作量的庞大可想而知。而在这个过程中,矿产企业股权、产权的划分认定,人事上的变动,规章制度的空缺,都容易带来主体企业接管不到位、责任不落实的问题;基础资料不完整,对水、火、瓦斯、采空区情况不清、隐患不明的问题;被关闭矿井、被整合矿井和单独保留矿井擅自组织生产和建设的问题;边施工边生产,以包代管、未竣工、未批准、未取得许可擅自组织生产的问题,以及专业机构、专业人员不落实,员工未经培训上岗作业的问题,无疑都将给煤矿安全生产工作带来了更大的压力。而当重组整合完毕,民生还要发展,经济需要进步,地方政府仍然需要政绩支撑,经济"负增长"的帽子终归要摘下来,那么,会不会在个别地方继续为了追求产量而"忽视"安全? 国有矿山存在的管理不严格、不规范甚至松懈的情况,会不会在新一轮的经济增长中被放大或被掩盖?

3.专业人才的匮乏是制约煤矿安全的瓶颈。更深层次讲,专业人才的匮乏问题一直困扰着整个煤矿生产领域,这个问题不独在山西存在。由于效益滑坡、待遇偏低等原因,煤炭行业对人才的吸引力越来越小,面临着技术人员严重不足的问题,一些国有大矿人才流失更为严重。这些问题显然不是"逼退"煤老板就能够解决的,也不是短期内能够解决的。这是煤矿或其他矿产领域生产发展的瓶颈，也正是潜在的煤矿生产和发展的隐患。

因此，整合了小煤矿的大型国有煤矿企业，如果不能尽快理顺管理关系，提高安全机制运行水平，健全各项规章制度，加强安全监管力度，仅仅依靠简单的加法，未必就能够有效降低安全隐患。警钟长鸣，重组之后，安全问题依然不可掉以轻心。

（四）关于"国进民退"问题

从重组开始，这场山西省煤炭重组整合就被冠以"国进民退"的称号。其原因始于被媒体曝光的兼并主体均为国有大型企业集团，而被兼并对象则多为民营企业。我们认为对此应做客观分析。

1. 从政策制定层面看，"优进劣退"、"以先进的生产力整合落后的生产力"的思路无可厚非。根据煤炭行业高危、资源和资本密集的特点，以及专业化、规模化、集约化发展的内在规律，为提高煤炭行业的生产力发展水平、健康有序水平和可持续发展能力，以适应科学发展的要求，山西省政府晋政发[2008]23 号文件明确规定：一是大力支持大同煤矿集团、山西焦煤集团、阳泉煤业集团、潞安矿业集团、晋城无烟煤集团和中煤平朔公司等大型煤炭生产企业作为主体，兼并重组中小煤矿，控股办大矿，建立煤炭旗舰企业，实现规模经营。二是允许山西煤炭运销集团公司、山西煤炭进出口集团公司等省属煤炭生产经营企业作为主体兼并重组整合地方中小煤矿，建立煤源基地。三是具备一定生产规模的地方骨干煤矿企业在不影响大型煤矿企业兼并重组的前提下，由所在市人民政府申报，经省人民政府批准后，也可以作为主体，兼并重组相邻中小煤矿。从文件规定来看，这个政策的出发点和落脚点是按照煤炭高危行业安全生产方针的要求，以提高煤炭产业发展水平为目标，以"优进劣退"、"以先进的生产力整合落后的生产力"为原则，并没有涉及主体的所有制和所属地区等生产关系方面的问题，也谈不上所有制和地区歧视倾向。

2. 从重组整合结果看，由于国有企业的强势身份，确实出现了"国进民退"的现象，值得我们高度重视。据官方公布的数据，在全省整合后保留的 1053 处矿井中，国有办矿 136 处，占保留矿井总数的 12.9%，加上地方国有独资办矿，国有办矿比例约为 19%；民营企业办矿 294 处，约占保留矿井总数的 28%；以股份制为主要形式的混合所有制企业办矿 561 处，约占保留矿井总数的 53%。其中，朔州和吕梁两市民营企业办矿的比例约 60%[46]。看上去似乎并没有出现"国退民进"的现象，也比较符合我国当前市场经济运行对市场结构的要求。但

---

[46]以上资料和数据来源于山西省煤炭厅相关文件。

是,如果从兼并主体、整合后的产能结构及股份制企业股权结构来看,"国进民退"的迹象是非常明显的。一是国有企业天然的强势,使得兼并主体95%以上为国有企业或政府控股企业。二是按照《规划》要求,整合后"全省将形成4个年生产能力亿吨级的特大型煤炭企业集团,3个年生产能力5000万吨级以上的大型煤炭企业集团,11个年生产能力1000万吨级以上的大型煤炭企业集团,72个300万吨级左右的地方集团公司"。据此计算,重组后的国有大型企业集团及地方政府控股集团公司产能已达8.7亿吨,而规划中预计2010年的总产能为9亿元。对照重组之前的产能结构(见表7-1),不难看出,重组后产能剧烈地向国企集中,国企在本次重组后已经垄断了山西省的煤炭生产。三是虽然重组后,混合所有制企业占到所有企业的53%,但是,在重组中,山西省政府明确规定被重组企业(基本都为民营企业)所占股份上限不得超过49%,且无权参加重组后企业的经营管理。也就是说,被收编后的民营经济在重组后的企业中完全处于从属地位,既无话语权,又无管理权。不难看出,这是一种"国进民退"的结果。

表7-1　　重组之前的产能结构

	煤矿个数	小煤矿产能(亿吨)	总产能(亿吨)	国有重点矿井产量占比	国有地方矿井年产量占比	乡镇煤矿年产量占比
2008年底	2598	2.89(含地方煤矿)	6.56	50.46%	27.59%	21.95%
2007年底	2810	1.61	6.3	49.76%	24.72%	25.52%
2006年底	2891	1.8	5.8	48.71%	21.34%	29.95%
2005年底	3365	2.8(含地方煤矿)	5.54	46.75%	20.40%	32.85%
2004年底	4598			38.95%	24.75%	36.31%

数据来源:中国煤炭资源网 http://www.sxcoal.com.cn。

从改革开放至今,山西省煤炭产业的结构逐步趋于市场化,而经过本次调整后,山西煤炭产业布局又变为以国有制为主的格局,这是对三十年发展的否定,是山西省煤炭产业的一种市场倒退。再者,国企凭借自身庞大的实力和国家的大力支持就可以在某些情况下不顾市场经济的规则,市场发挥的效用将越来越小,政府将过度取代市场的调节作用,是对市场基础作用的一种抑制,值得我们给予高度重视。

(五)如何界定政府作用的问题

山西煤炭资源重组整合,规模大、范围广,涉及整体布局与利益调整,山西省政府的积极推动和适度干预是符合当前实际和常规做法的。从煤炭企业重组的实践来看,政府的支持和推动也是至关重要的。而煤炭企业并购重组,又是市场经济条件下企业组织形式的重大改革,必须满足市场经济体制的要求,因此,政府推动与市场运作相结合,是兼并重组中必须坚持的一项基本原则。这一观点,在前文各章节中已多有论述。

具体讲,重组中山西省政府的作用应主要体现在以下四个方面:一是制定政策;二是编制和审批规划;三是按照国家政策和已经批复的规划,帮助兼并重组双方寻找合作对象,并协调解决疑难问题;四是提供证照办理等服务。但是,本次调查中,我们发现,在重组中存在政府作用过度的倾向。

在问卷中,对"本次煤炭产业重组中还存在哪些需要解决的问题"的选择中,78.24%的调查对象选择"合理确定政府行为边界",仅次于选项"筹集资金"的比例(见图7-12);在对"政府在本次重组过程中调控作用发挥如何"的选择中,67%的调查对象选择了"调控过度",16%的人选择了"调控到位",17%的人选择了"调控不足"(见图7-13);在对"本次重组应采取何种模式"的选择中,69.23%的调查对象选择"政府与市场相结合",19.78%的选择"市场主导"、10.99%的选择"政府主导"(见图7-14)。

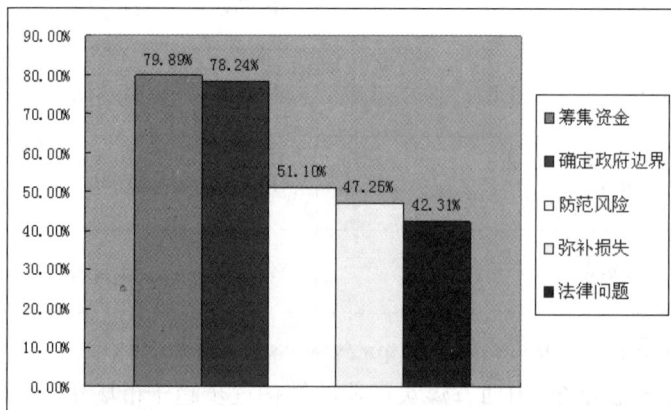

图7-12　　重组中需解决问题选择结构

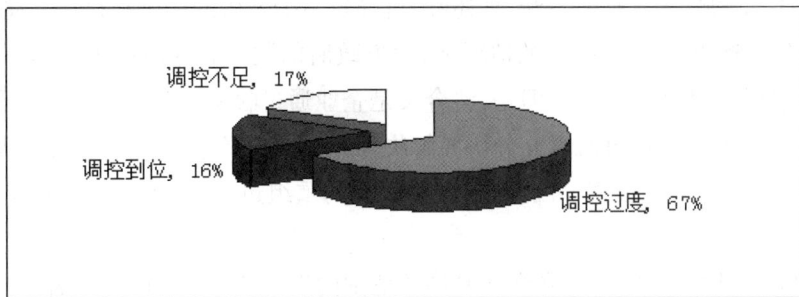

图 7-13　　　政府在重组中发挥作用评判结构

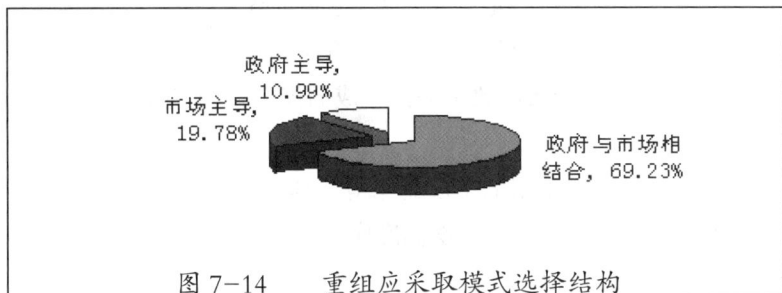

图 7-14　　　重组应采取模式选择结构

据调查,本次重组中对山西省政府作用的质疑主要集中在以下几个方面:一是以行政命令的方式,"勒令"合法途径获得产权的矿井和企业被强行兼并,采矿权被强行收回;二是整合方案的出台完全是在省政府主导下,由煤炭整合工作领导组制定,没有吸纳被整合煤矿的成员参与其中,煤老板们并没有平等的谈判权,有的煤矿甚至连基本的被告知权利也没有,当然更谈不上说"不"的权利,只能同意整合方案,否则,将面临无期限关停的窘境;三是被整合煤矿的确定和归属,兼并主体的兼并区域划分也由省政府一手包办;四是对收购价格、资产评估等均采取"一刀切"的方式,要求一律按文件规定为准,而没有根据实际情况,区别对待。

由于山西省政府的强势作用,被整合的煤老板们在重组中经历了一个从等待、观望、不解、拖延到配合实施的过程。他们看到了政府强力推进整合的不可动摇的坚定决心和果断措施,看到了谁也不可逆转的大趋势。虽然部分小矿主的利益受到损害,但无奈之下只能被迫妥协,因为,拒绝整合将会带来更大的损失。

整合过程中出现的阻力、争议和矛盾,充分凸现了在经济发展过程中,"市场经济规律"的无形之手和"政府管理"的有形之手,这两者之间的博弈。事实上,改革开放多年来,有关地方政府的"事权"范围,以及在资源领域中的投资决定权限等问题，一直是剪不断，理还乱，也导致不少矛盾的产生和存在。在产权市场不健全，煤炭市场失灵的情况下，地方政府的调控和导向作用是不可或缺的，是合情合理和必要的。但是，整合又是企业通过收购、兼并、重组来实现的，这是市场行为，应通过双方充分协商解决。而地方政府的作用应是引导与调解，保障交易的公平与公正。因此，在煤矿资源的重组过程中，山西省政府应注意以下问题：

第一，严格依法办事，在法律允许的范围内进行整合，不能违反法律的基本原则。

第二，一种政策的推行必定有受益者，也必定有受损者。对于损失要分清哪些是受损者应承受的"合理"损失，哪些是政策可以弥补的损失。对于合法经营，业绩良好，完全是由于政府政策失衡造成的损失，政府应该采取措施给予被整合者合理的补偿。

第三，此次煤矿兼并重组的本质是平等主体之间的民事活动，根据法律要求，兼并重组中对被重组对象的赔偿标准应通过市场机制定价。政府适度干预是必要的，但不能强制定价。

(六)关于补偿标准问题

对被重组对象补偿标准是本次重组中争议的焦点。根据山西省的政策，对于被兼并煤矿的补偿评估分三部分：一是已缴纳采矿权价款的补偿返还；二是固定资产，如地面建筑、矿井设备等；三是其他损失补偿。其中，对固定资产采用成本法进行评估；对采矿权采用补偿费的形式进行收购，补偿费的计算基础是采矿权价款。对评估结果，大多数被重组对象表示不能接受，认为自己的矿产被严重低估。

在问卷中，多数被整合煤矿对整合主体估价持质疑态度，认为估价过低的，占比为73.6%；认为估价可以接受的，占比为25.4%；还有1%的人认为估价高于自己的期望值(见图7-15)。

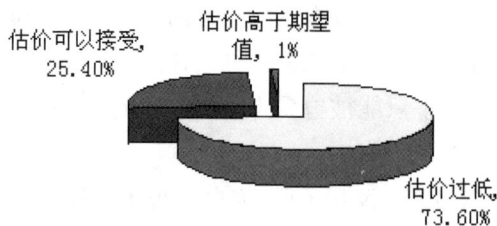

图 7-15　　被重组对象对股价认可结构

认为估价可以接受或者高于期望值的，主要是 2004 年以前进入煤炭行业的煤老板。当时民营煤炭产出成本较低，投资多有高额回报，这部分煤老板如今基本都已赚得钵满盆盈，故认为此次估价基本合理；而 2004 年以后民营煤矿成本逐渐加大，再加上后期煤矿的采矿权被多次转让，几易矿主，导致最后一个矿主买入时价位很高，则估价远远低于此类矿主的期望值。

1.对采矿权估值的争议

2006 年，山西省在全国率先对采矿权进行了有偿使用，规定只要交纳一定资源费，同时，矿井储量和生产规模达到规定要求，就可以合法拥有煤矿的开采权。按照不同品种，每吨煤收取采矿权价款一至八元不等。对采矿权价款，当时采取的是行政评估、行政定价，并没有采取市场评估和招标或拍卖的方式来进行。这种评估方式，造成煤炭资源政策上的国有化存在方式和过度私有化的分配方式极不对等，形成整个产业链中不公平的分配方式，行政监督缺失，为今天的兼并重组带来诸多矛盾。

本次重组中，晋政办发[2008]83 号文件对采矿权价款的补偿明确规定：被兼并重组的煤矿凡是在 2006 年 2 月 28 日之后交纳资源价款的，直接转让采矿权，兼并重组企业要退还剩余资源量的价款，并按照原价款标准的 50%给予经济补偿。在 2006 年 2 月 28 日之前交纳资源价款的，在退还企业剩余资源量价款的同时，按照原价款标准的 100%给予经济补偿。

规定中的采矿权价款即煤矿企业的采矿权账面值，其反映的是煤矿企业取得采矿权的成本即当时根据规定作价缴纳的价款，但因取得时间较早成本较低，而目前煤炭价格较高，因此，目前采矿权的实际价值已远远高于采矿权价款。也就是说，补偿费并没有考虑煤炭价格上涨对采矿权价值的影响，对于煤炭企业而言自然是不利的。

在我们的调查对象中，有一个案例可以说明问题。某投资人于 2007 年 8 月份，以 9300 万元价格"买"下山西一处煤矿，但时运不济，由于其他煤矿发生矿难，私人煤矿全部关停整治。导致该投资者自从"买"到煤矿后几乎没有开采过，一直等到现在，却遇到了兼并重组。而前来"收购"的则是一家国有煤炭企业，出价按照山西省规定的评估办法，只有 4500 万元。该投资人自然难以接受。

对采矿权价格补偿问题的争议，不仅是重组双方对矿产资源所有权与经营权理解上的差异，更暴露了我国现行法律与煤炭行业实际操作相背离的深层矛盾。我国《宪法》第九条规定，矿藏、水流、森林、山岭、草原、荒地、滩涂等自然资源，都属于国家所有，即全民所有，因此，矿产资源属国家所有，国家完全有权力调整煤炭资源配置格局，并获得资源增值收益；采矿权人获得的采矿权是一种用益物权，按照《物权法》第一百一十七条规定，用益物权人对他人所有的不动产或者动产，依法享有占有、使用和收益的权利。因此，采矿权人对煤炭资源本身没有完全意义上的处分权。按照《中华人民共和国矿产资源法》第六条规定，禁止将探矿权、采矿权倒卖牟利。同时，已取得采矿权的矿山企业，因企业合并、分立，与他人合资、合作经营，或者因企业资产出售以及有其他变更企业资产产权的情形而需要变更采矿权主体的，经依法批准，才可以将采矿权转让他人采矿。因此，采矿权不能、也不应自行转让和私下买卖。

但是，实际情况是，近年来，对采矿权的转让和买卖成为一个非常普遍的现象。尤其煤炭行业的高额利润使得采矿权价格水涨船高，市场评估价高出本次政府出价 5—10 倍之多。这个"市场价"反映的，不仅有煤矿开采行业的特许权，还包含了所开采出的煤炭的国家所有权，前面的案例可以充分说明这一问题。而这显然与法律规定相违背。并且，对应山西省政府当初对煤矿采矿权价款采取的是行政评估、行政定价，而没有采取市场的评估方式进行，现在整合也是用行政评估和行政定价的方式来进行补偿，是有其合理性的。

2.对固定资产及其他资产估值的争议

除了资源价款的争议，对固定资产及其他资产的估值也存在很多矛盾。很多被重组对象认为现在的评估范围远远没有涵盖自己当初对煤矿进行的投入。一是停产期间的各种耗费。有的煤矿主要求补充款中应加进近年来停产期间煤矿的各种耗费。对煤矿主来说经常性的停产是致命的，一旦临时性停产，企业每天都需要投入大量资金对矿山安全和采煤设备进行维护，还要保持矿洞内的通风和排水，一年下来，一口矿井的这类支出就达 800 万元之多。而近年来，山西矿难时有发生，而只要有矿难发生，所有煤矿就必须停产检查，而一旦停下来，何时复工就遥遥无期，因此，停产中的耗费巨大。二是技术改造的各种耗费。近年来，为了符合山西省政府不断提升的准入门槛，很多矿主不断技改，投入巨大。如 2002 年，平阳人林泰在大同市南郊区高山镇投资近 2 亿元与高山村联营一家煤矿，经营期 8 年。在投资煤矿的几年时间里，几乎是在当地政策的不断变动中度过的。2005 年，南郊区一共有 170 家小煤窑，当地政府计划经过整顿缩减到 58 家，后来说只保留 42 家，不久又说只留 35 家，再后又说仅保留 24 家。为了使自己的小煤窑能保留下来，林泰不仅投资增加产能和安全设备投资，先后还给当地政府缴纳了 3000 万元。再加上其他的费用，将原来几年所赚到的钱全部用了进去，结果等了 3 年的时间，2008 年 7 月份，又一份文件下来说，大同市的小煤矿全部要被强制关闭。因此,这些煤矿主要求补偿款中加入近年来自己技术改造的各种耗费。三是其他额外支出。这部分支出五花八门,品种繁多。如部分煤矿由于长年开采,造成矿界范围内地层下陷,周边居民群体上访,因此需支付土地和房屋补偿款;还有的认为应该将其修建寺庙、待摊费用等都纳入评估内容。另外,由于各煤矿资源质量有差异,有的是薄煤层,有的是厚煤层,直接影响煤矿效益,补偿估值中也应该把其作为一个因素考虑进去。等等。

这部分争议反映出我国小煤矿合理退出机制和关闭矿井的补偿办法和标准的缺失。目前关闭矿井绝大部分都是"六证"齐全的矿井,并且,其资金来源于个人、集体集资和贷款,涉及人员范围较大。如果没有合理的退出机制和对关闭矿井的补偿办法和标准,将会对社会的和谐造成一定的负面影响。

(七)关于金融支持煤炭重组问题

成功的重组需要金融的支持。山西目前正在进行的这项重组给山西金融业的发展提供了机遇,但也提出了挑战。从我们调查的问卷看,可以反映出三个特点:第一,融资需求是重组过程中需要重点解决的问题之一。当调查对象被问到"对本次煤炭产业重组中还存在哪些问题需要解决"时,65.54%的调查对象将筹集重组所需资金放在了首位;在问到"重组过程中需要那些金融需求"时,92.54%的重组主体认为融资需求是最主要的,其次才是金融服务需求和金融产品需求;第二,间接融资仍然被认为是主要的融资渠道。当被问到"在所支付的重组补偿款的资金来源上如何选择"时,被调查对象选择的依次是银行借贷、自有资金、直接融资,分别占到44.78%、43.28%、26.87%;第三,金融风险是金融机构认为最值得关注的问题。94%的金融机构在回答"本次煤炭产业重组中还存在哪些需要解决的问题"时,把"防范和化解重组伴生的经济金融风险"排在了首位。

结合问卷调查结果,我们必须对"山西目前的金融环境是否能够有效支持重组的顺利进行"这个问题进行认真的思考和探讨。

1.金融支持现状分析。从目前山西省的融资结构看,间接融资的比重远远大于直接融资,截至2009年6月末,山西省间接融资额已占到融资总量的88.4%。而从直接融资市场看,一方面,山西省股票市场融资不足。辖内上市公司共有27家,占沪深上市公司总数的1.66%,其中9家为煤炭企业,上市公司累计直接融资506.9亿元,占全国总筹资量的2.13%,中小企业板开设以来,全国已有260多家公司在中小板上市,IPO融资总额超过800亿元,而山西省至今没有一家中小板企业上市;另一方面,山西省债券市场发展缓慢。2005年发行企业短期融资券以来,累计募集资金251.6亿元,占全国企业短期融资券发行总量的3.4%,2009年发行中期票据110亿元,而企业债券市场从1999年以来几乎处于停滞状态,2009年仅发行企业债券35亿元,融资效率偏低。所以,总体来看,企业并没有将资本市场的融资功能有效地利用起来。因此,山西金融市场发展的现状决定了间接融资是重组资金的主要来源渠道。从这次重组的实际情况看,山西省的金融机构确实在发挥着主要的支持作用。截至2009年11月末,煤炭行业贷款余额为1173.12亿元,比年初增加313.6亿元,为2008年全年增加额的2倍之多。此外,有一些金融机构专门针对并购重组发放了专项并购贷款进行资金支持,例如,中国农业银行山西省分行与山西省七大煤炭资源整合主体签署了授信协议,提供了总额达450亿元人民币的授信额度,进一步推进了全省煤炭资源整合进程。

2.重组过程中关注的金融风险点。一要高度关注小煤矿行业撤出或参与重组给金融机构带来的信贷风险问题。一直以来,受山西省以煤为主的产业结构以及金融市场发展滞后等因素影响,煤炭行业资金供给的80%来源于银行,同时银行信贷资源的40%集中于煤炭行业,煤炭行业的景气度与金融景气度相关性很强。据调查,目前山西煤炭业的重组已经使部分金融机构的金融资产质量受到了影响。例如,阳泉煤炭重组工作开始以来,阳泉市平定、盂县、郊区三家信用联社涉及的67户煤炭企业贷款本息难以落实,同时由煤炭企业提供担保的82548万元信贷资金也受到影响,严重威胁到信用社的信贷资金安全;晋中市在兼并重组范围内的54个煤矿中,有6个煤矿在农村信用社贷出的422.53万元无法保全,涉及左权、昔阳、介休3个联社;有8个煤矿已形成损失贷款363万元。另外,由于此次煤炭资源整合涉及许多小煤矿采矿权证取消、更改等问题,因此,小煤矿以采矿权证作为抵押物向银行贷款的方式所引发的金融风险,是本次重组过程中特别需要关注的一个问题。其一,此次重组中,年产能小于30万吨的小煤矿都被强制关停,采矿权证也被取消,煤矿主在拿到政府关停煤矿补偿资金后,可能从此撤出煤炭行业,在银行抵押的采矿证也将成为一张废纸,银行贷款面临被悬空风险;其二,重组中许多中小煤矿将被兼并或者更名,采矿权证需要重新办理,但由于重组资金没有到位,企业的银行债务无法偿还,企业旧的采矿权证拿不到手,新证办不下来,因此同样面临关停境地,银行贷款更无法偿还。据调查,全省有900多家煤炭企业需办理采矿权证转让手续,其中有53家就面临上述问题,对多家银行已构成信贷风险。二要关注未来重组整合过程中可能产生的金融风险。一方面,煤炭业的重组提高了煤炭产业的集中度,同时也加剧了金融资源的行业集中、企业集中趋势,金融资源积聚所引发的潜在风险会进一步加大。从调查问卷看,在回答"金融机构应采取何种措施防范重组带来的风险"时,32%的金融机构选择了继续加大资金支持重组力度,它们认为通过信贷资金支持重组主体可以进一步优化自身信贷结构、调整贷款客户,从而提高资产质量。另一方面,资金进入重组主体后可能产生的金融风险。重组是一个复杂的过程,从开始重组到企业走上正常的运营轨道,涉及方方面面的问题,包括经营管理、技术、人才、财产、文化等等方面的规范,这些关系能否理顺,直接关系到银行信贷资产的质量问题。

3.金融支持的创新。本次煤炭业重组为山西的金融创新提供了机遇。一方面,我们要继续发挥间接融资市场优化资源配置的作用。全省金融机构要以此次重组为契机,不断创新金融产品、金融工具,如银团贷款、杠杆融资等,在提高防范和化解金融风险能力的同时继续加大对重组的金融支持。另一方面,我们必须立足山西实际,创新金融支持方式,为重组提高多元化的融资平台。目前主要可以在以下三方面进行创新:一是充分发挥直接融资市场的资源配置作用,积极推动山西的五大重组主体整体上市,形成中国股市的"煤焦板块",实现产业资本与金融资本的融合。二是在适当时候推出煤炭重组基金,发挥基金在煤企重组中的战略投资作用。目前针对煤炭行业的发展,山西已经推出了煤炭可持续发展基金和能源产业投资基金政策,从近几年运作情况看,效果不错,这两项政策的出台也为山西建立煤炭重组基金提供了经验。三是建立私募股权基金。目前,山西民间资本充裕、投资渠道窄,而且本次重组中又有大量退出的民间资本寻找投资出路,这种现状为私募基金的建立提供了资金保障;另外,近年来山西省积极出台的各项推动资本市场发展的政策,也为私募股权基金的推出提供了良好的政策环境,因此,积极推动私募股权基金的建立可以有效拓宽山西省煤炭企业重组融资渠道。

附　录

附录　煤炭业并购重组政策法规摘编㊼

编者按:

　　自《国务院关于促进煤炭工业健康发展的若干意见》[国发(2005)18号]文件下发以来,煤炭产业结构调整日益加快,煤炭企业并购重组如期展开。在此期间,中央政府又相继制定和进一步完善了一系列政策法规。在这里,我们摘编了自2005年下半年以来国家发布的与煤炭企业并购重组相关的政策法规,旨在于指导、规范和保障这一具有重大战略意义的活动顺利推进。

一　指导思想

　　以邓小平理论和"三个代表"重要思想为指导,全面落实科学发展观,坚持依靠科技进步,走资源利用率高、安全有保障、经济效益好、环境污染少和可持续的煤炭工业发展道路。把煤矿安全生产始终放在各项工作的首位,以建设大型煤炭基地、培育大型煤炭企业和企业集团为主线,按照统筹煤炭工业与相关产业协调发展,统筹煤炭开发与生态环境协调发展,统筹矿山经济与区域经济协调发展的要求,构建与社会主义市场经济体制相适应的新型煤炭工业体系,实现煤炭工业持续稳定健康发展,加快建设资源节约型社会,为全面建设小康社会提供可靠的能源保障。

《国务院关于促进煤炭工业健康发展的若干意见》

[2005年6月7日国发(2005)18号]

　　以邓小平理论和"三个代表"重要思想为指导,全面落实科学发展观,综合运用经济、法律和必要的行政手段,结合产业政策和产业结构调整需要,按照矿业可持续发展的要求,通过收购、参股、兼并等方式,对矿山企业依法开采的矿产资源及矿山企业的生产要素进行重组,逐步形成以大型矿业集团为主体,大中小型矿山协调发展的矿产开发新格局,实现资源优化配置、矿山开发合理布局,增强矿产资源对经济社会可持续发展的保障能力。

《国务院办公厅转发国土资源部等部对矿产资源
开发进行整合意见的通知》

㊼附录部分参考引用了《中国煤炭工业发展报告(2009)》的内容。

[2006 年 12 月 31 日国办发(2006)108 号]

以邓小平理论和"三个代表"重要思想为指导,全面贯彻落实科学发展观,以市场运作为基础,强化政府引导和政策支持,打破区域、行业、所有制界限,培育和发展大型煤炭企业集团公司,使其成为优化煤炭工业结构、建设大型煤炭基地、平衡市场供需关系、参与国际竞争的主体,实现安全生产,保障煤炭供应,促进煤炭工业持续稳定健康发展。

《国家发展和改革委员会　财政部　国土资源部
国务院国有资产管理委员会　　国家安全监督管理总局
关于印发煤炭企业组织结构调整意见的通知》
[发改能源(2007)2178 号]

二　基本原则

坚持发展先进生产能力和淘汰落后生产能力相结合的原则,一方面加快现代化大型煤炭基地建设,培育大型煤炭企业和企业集团,促进中小型煤矿重组联合改造;另一方面继续依法关闭布局不合理、不具备安全生产条件、浪费资源、破坏生态环境的小煤矿。坚持治标与治本相结合的原则,着力解决影响煤炭工业健康发展的突出问题,同时抓紧完善法规政策调控体系,提高煤炭资源勘察、开发准入条件。坚持"安全第一、预防为主"的方针和综合治理的原则,促使煤矿安全文化、安全法制、安全责任、安全科技、安全投入等各项要素到位。坚持国家引导、扶持和企业自主发展相结合的原则,既要帮助企业解决历史遗留问题,为企业发展创造公平竞争的市场环境,又要尊重企业的自主发展权。坚持体制改革与机制创新相结合的原则,推进煤炭企业建立规范的现代企业制度,建立保障安全生产和促进健康发展的激励约束机制,提高企业的活力和竞争力。坚持煤炭开发与地方经济和社会发展相结合的原则,合理开发利用煤炭资源,促进煤炭、电力、冶金、化工等相关产业的联合和煤炭就地转化,带动地方经济和社会协调发展。

《国务院关于促进煤炭工业健康发展的若干意见》
[2005 年 6 月 7 日国发(2005)18 号]

加快推进产能过剩行业结构调整的总体要求是:坚持以科学发展观为指

导,依靠市场,因势利导,控制增能,优化结构,区别对待,扶优汰劣,力争今年迈出实质性步伐,经过几年努力取得明显成效。在具体工作中要注意把握好以下原则:

(一)充分发挥市场配置资源的基础性作用。坚持以市场为导向,利用市场约束和资源约束增强的"倒逼"机制,促进总量平衡和结构优化。调整和理顺资源产品价格关系,更好地发挥价格杠杆的调节作用,推动企业自主创新、主动调整结构。

(二)综合运用经济、法律手段和必要的行政手段。加强产业政策引导、信贷政策支持、财税政策调节,推动行业结构调整。提高并严格执行环保、安全、技术、土地和资源综合利用等市场准入标准,引导市场投资方向。完善并严格执行相关法律法规,规范企业和政府行为。

(三)坚持区别对待,促进扶优汰劣。根据不同行业、不同地区、不同企业的具体情况,分类指导、有保有压。坚持扶优与汰劣相结合,升级改造与淘汰落后相结合,兼并重组与关闭破产相结合。合理利用和消化一些已经形成的生产能力,进一步优化企业结构和布局。

(四)健全持续推进结构调整的制度保障。把解决当前问题和长远问题结合起来,加快推进改革,消除制约结构调整的体制性、机制性障碍,有序推进产能过剩行业的结构调整,促进经济持续快速健康发展。

《国务院关于加快推进产能过剩行业结构调整的通知》

[2006 年 3 月 12 日国发(2006)11 号]

1.煤炭资源整合工作应按照经省级人民政府批准的整合方案有计划、分步骤地进行。煤炭国家规划矿区的资源整合工作应遵循已批复的矿业权设置方案。

2. 必须先关闭后整合。对于不具备安全生产条件、非法开采的煤矿,由地方人民政府作出关闭决定后,相关部门必须吊(注)销其所有证照,停止供电,地方人民政府组织实施关闭。

3. 必须坚持以大并小、以优并差。合法矿井参与煤炭资源整合,应以规模大,技术、管理和装备水平高的矿井作为主体整合其他矿井。鼓励大型煤矿企业采取兼并、收购等方式整合小煤矿。

4. 坚持一个法人主体。煤炭资源整合只能由一个法人主体实施,必须是一个有资质、有资金、有技术的法人主体整合其他矿井。整合后形成的矿井只能有一套生产系统,选用先进开采技术和先进装备,杜绝一矿多井或一矿多坑。

5. 整合后形成的矿井的生产能力、服务年限应符合国家有关规定,其资源(储量)要与生产规模、服务年限相匹配。

6. 对实施整合的矿井,要按建设项目进行管理。矿井必须依法取得(变更)采矿权,履行煤矿建设项目相关核准手续和"三同时"审核批准程序;有关部门按照建设项目对其实施监督管理。

《关于加强煤矿安全生产工作规范煤炭资源整合的若干意见》

[安监总煤矿(2006)48 号]

(一)统一规划,分步实施。整合工作应按照矿产资源规划、国家对有关矿产资源总量控制以及产业结构调整和产业发展规划等规定,有计划地分步实施。

(二)以大并小,以优并劣。整合工作应根据资源自然赋存状况,遵循市场经济规律,结合企业重组、改制、改造,以规模大和技术、管理、装备水平高的矿山作为主体,整合其他矿山。

(三)突出重点,分类指导。重点整合影响大矿统一规划开采的小矿、小矿密集区、对国民经济发展有较大影响的重要矿种和优势矿产;根据不同地区、不同矿种和矿山企业的具体情况,因地制宜、因势利导地做好整合工作。

(四)政府引导,市场运作。以资源为基础,以矿业权为纽带,坚持政府引导和市场运作相结合,综合运用经济、法律和必要的行政手段,依法推进整合工作。

(五)统筹兼顾,公开公正。兼顾各方利益,依法保护采矿权人的合法权益,积极稳妥推进,维护社会稳定;公开整合过程,广泛接受社会监督。

《国务院办公厅转发国土资源部等部对矿产资源
开发进行整合意见的通知》

[2006 年 12 月 31 日国办发(2006)108 号]

"十一五"期间,要以煤炭整合、有序开发为重点:对中小煤矿实施整合改造,实现资源、资产、技术、人力等生产要素的整合和重组。在大型煤炭基地内,一个矿区原则上由一个主体开发,推进企业整合。鼓励大型煤炭企业整合重组和上下游产业融合,提高产业集中度。加强资源勘察,科学制订规划,规范矿权设置,调控建设规模,合理组织生产,有序开发资源。

改小建大、优化结构。煤炭发展以"整合为主、新建为辅",严格控制小型煤矿建设,整合改造中小型煤矿,全面提升办矿水平;加强大型煤炭基地建设,优先建设大型现代化露天煤矿和千万吨级安全高效矿井,优化煤炭生产结构。

《煤炭工业发展"十一五"规划》

(国家发改委 2007 年 1 月)

坚持培育大型煤炭企业与建设大型煤炭基地相结合,以大型煤炭企业为主体建设大型煤炭基地,坚持扶优扶强与淘汰落后生产力相结合,提高煤炭工业生产力水平。坚持煤炭企业股份制改革与减轻企业负担相结合,发展有各类资本参与的大型煤炭企业集团公司。坚持发展大型煤炭集团公司与区域经济社会协调发展相结合,促进煤炭资源富集地区经济、社会、环境协调发展。

《国家发展和改革委员会 财政部 国土资源部

国务院国有资产管理委员会 国家安全监督管理总局

关于印发煤炭企业组织结构调整意见的通知》

[发改能源(2007)2178 号]

国有股东与上市公司进行资产重组,应遵循以下原则:

(一)有利于促进国有资产保值增值,符合国有股东发展战略

(二)有利于提高上市公司质量和核心竞争力;

(三)标的资产权属清晰,资产交付或转移不存在法律障碍;

(四)标的资产定价应当符合市场化原则,有利于维护各类投资者合法权益。

《关于规范国有股东与上市公司进行资产重组有关事项的通知》

[国务院国有资产监督管理委员会 2009 年 7 月 3 日颁布,

国资发产权(2009)124 号]

三 目 标

进一步改造整顿和规范小煤矿。各产煤地区要充分发挥市场机制的作用,加快中小型煤矿的整顿、改造和提高,整合煤炭资源,实行集约化开发经营。鼓励大型煤炭企业兼并改造中小型煤矿,鼓励资源储量可靠的中小型煤矿,通过资产重组实行联合改造。积极推进中小型煤矿采煤工艺改革和技术改造,规模以上煤矿必须做到壁式正规化开采。继续淘汰布局不合理、不符合安全标准、不符合环保要求和浪费资源的小煤矿,坚决取缔违法经营的小煤矿。

《国务院关于促进煤炭工业健康发展的若干意见》

[2005 年 6 月 7 日国发(2005)18 号]

(一)煤炭资源整合的目标

1. 坚决依法关闭不具备安全生产条件、非法和破坏浪费资源的煤矿。

2. 淘汰落后生产力。2007 年末淘汰年生产能力在 3 万吨以下的矿井;各省(区、市)规定淘汰生产能力在 3 万吨以上的,从其规定。

3. 提升煤矿安全生产条件,提高煤矿本质安全程度。矿井必须采用正规采煤方法。

4. 压减小煤矿数量,提高矿井单井规模。经整合形成的矿井的规模不得低于以下要求:山西、内蒙古、陕西 30 万吨／年,新疆、甘肃、青海、宁夏、北京、河北、东北及华东地区 15 万吨／年,西南和中南地区 9 万吨／年。

5. 合理开发和保护煤炭资源,符合已经批准的矿区总体规划和矿业权设置方案,回采率符合国家有关规定。

《关于加强煤矿安全生产工作规范煤炭资源整合的若干意见》

[安监总煤矿(2006)48 号]

通过整合,使矿山企业"多、小、散"的局面得到明显改变,矿山开发布局趋于合理,矿山企业结构不断优化,矿产资源开发利用水平明显提高,矿山安全生产条件和矿区生态环境得到明显改善, 矿产资源对经济社会可持续发展的保障能力明显增强。

(一)矿山开发布局明显合理。按照矿产资源自然赋存状况、地质条件和矿产资源规划,合理编制矿业权设置方案,重新划分矿区范围,确定开采规模,一个矿区只设置一个采矿权,彻底解决大矿小开、一矿多开等问题。通过整合,重点矿区和重要矿种的矿业权设置符合规划要求。

(二)矿山企业结构明显优化。以优并劣,扶优扶强,矿产资源向开采技术先进、开发利用水平高、安全生产装备条件好和矿区生态环境得到有效保护的优势企业集聚。通过整合,使矿山企业规模化、集约化水平明显提高,矿山企业数量明显减少。

(三)开发利用水平明显提高。采用科学的采矿方法和选矿工艺,使矿产资源开采回采率和选矿回收率达到设计要求,共生、伴生矿产得到综合利用,废石、尾矿等矿业固体废物得到安全存放和二次开发。通过整合,使整合区域内的矿产资源开发利用率明显提高。

(四)安全生产状况明显好转。认真执行安全生产法律法规,强化安全监管监察,落实矿山企业安全生产主体责任,提高矿山企业安全生产技术装备水平和从业人员安全素质,改善矿山安全生产条件,遏制重特大事故发生。通过整合,使因矿山开发布局不合理引起的安全隐患基本消除。

(五)矿山生态环境明显改善。按照财政部、国土资源部、环保总局《关于逐步建立矿山环境治理和生态恢复责任机制的指导意见》的要求,建立健全矿山环境治理恢复保证金制度,制订矿山生态环境保护与综合治理方案。通过整合,实施废弃物集中贮存、处置,污染物集中治理并达标排放,重点矿区主要污染物排放总量明显减少,环境污染事故和生态破坏事件得到预防与控制。

《国务院办公厅转发国土资源部等部对矿产资源

开发进行整合意见的通知》

[2006 年 12 月 31 日国办发(2006)108 号]

建立规范的煤炭资源开发秩序,大型煤炭基地建设初见成效,中小型煤矿整合改造取得明显进展;现代企业制度进一步完善,形成若干个亿吨级产能的大型煤炭企业和企业集团;基本形成适应煤炭工业发展的科技创新体系;煤矿安全生产形势明显好转;洁净煤技术开发和产业化全面发展,资源综合利用和节约资源取得明显进展;矿区生态环境恶化的趋势得到遏制;职工收入稳步增长,初步形成与社会主义市场经济体制相适应的煤炭工业管理体制和煤炭法律法规体系。

煤炭建设:"十五"结转的在建煤矿全部建成投产。"十一五"期间,小型煤矿整合改造为大中型煤矿,增加产能 2 亿吨;新开工(新建和改扩建)煤矿规模 4.5 亿吨,形成产能 2 亿吨。重点建设 10 个千万吨级现代化露天煤矿,10 个千万吨级安全高效现代化矿井。加强煤炭资源基础地质勘察,提交普查资源量 1500 亿吨。

大集团发展:促进以煤为基础,煤电、煤化、煤路等多元化发展,形成 6—8 个亿吨级和 8—10 个 5000 万吨级大型煤炭企业集团,煤炭产量占全国的 50% 以上。

《煤炭工业发展"十一五"规划》

(国家发改委 2007 年 1 月)

以大型煤炭企业为基础,推进煤电、煤化、煤路等多元化发展,到"十一五"末,形成 6～8 个亿吨级和 8—10 个 5000 万吨级大型煤炭企业集团,煤炭产量占全国的 50% 以上。以现有国有大型优势企业为战略重组的主体,在煤炭矿区逐步形成多元投资、一个主体开发经营的格局。

《国家发展和改革委员会　财政部　国土资源部

国务院国有资产管理委员会　国家安全监督管理总局

关于印发煤炭企业组织结构调整意见的通知》

[发改能源(2007)2178 号]

第一章　发展目标

第一条　坚持依靠科技进步,走资源利用率高、安全有保障、经济效益环境污染少的煤炭工业可持续发展道路,为全面建设小康社会提供能源保

第二条　深化煤炭资源有偿使用制度改革,加快煤炭资源整合,形成以合理开发、强化节约、循环利用为重点,生产安全、环境友好、协调发展的煤炭资源开发利用体系。

第三条　严格产业准入,规范开发秩序,完善退出机制,形成以大型煤炭基地为主体、与环境和运输等外部条件相适应、与区域经济发展相协调的产业布局。

第四条　深化煤炭企业改革,推进煤炭企业的股份制改造、兼并和重组,提高产业集中度,形成以大型煤炭企业集团为主体、中小型煤矿协调发展的产业组织结构。

《煤炭产业政策》

[国家发展和改革委员会 2007 年 11 月 23 日颁布,(2007)80 号]

四　主要任务

淘汰落后生产能力。依法关闭一批破坏资源、污染环境和不具备安全生产条件的小企业,分期分批淘汰一批落后生产能力,对淘汰的生产设备进行废毁处理。逐步淘汰立窑等落后的水泥生产能力;关闭淘汰敞开式和生产能力低于 1 万吨的小电石炉;尽快淘汰 5000 千伏安以下铁合金矿热炉 (特种铁合金除外)、100 立方米以下铁合金高炉;淘汰 300 立方米以下炼铁高炉和 20 吨以下

炼钢转炉、电炉;彻底淘汰土焦和改良焦设施;逐步关停小油机和 5 万千瓦及以下凝汽式燃煤小机组;淘汰达不到产业政策规定规模和安全标准的小煤矿。

加快大型煤炭基地建设。按照煤炭发展规划和开发布局,选择资源条件好、具有发展潜力的矿区,以国有大型煤炭企业为依托,加快神东、陕北、晋中等 13 个大型煤炭基地建设,形成稳定可靠的商品煤供应基地、煤炭深加工基地和出口煤基地。国家继续从中央预算内基建投资(或国债资金)中安排资金,以资本金注入等方式,重点支持大型煤炭基地建设。政策性银行、国有商业银行和股份制商业银行应积极改进金融服务,加大金融产品创新力度,切实支持符合国家产业政策和市场准入条件的煤炭开发建设。支持有条件的煤炭企业上市融资,按照国家规定发行企业债券,筹集建设资金,加快建设和发展。

促进煤炭与相关产业协调发展。大型煤炭基地建设要与煤炭外运和水资源等条件相衔接,与相关产业和地方经济发展相协调。要加大投资力度,改革铁路和港口投资体制,鼓励企业法人、非公有资本参股建设和管理,抓紧建设和改造山西、陕西、内蒙古西部出煤通道和北方煤炭下水港口,提高煤炭运输能力,从根本上缓解交通运输对煤炭供给的制约。按照政府引导和企业自愿的原则,鼓励煤电一体化发展,加快大型坑口电站建设,缓解煤炭运输压力。鼓励大型煤炭企业与冶金、化工、建材、交通运输企业联营。火力发电、煤焦化工、建材等产业发展布局,要优先安排依托煤炭矿区的项目,促进能源及相关产业布局的优化和煤炭产业与下游产业协调发展。

培育大型煤炭企业集团。打破地域、行业和所有制界限,加快培育和发展若干个亿吨级大型煤炭骨干企业和企业集团,使之成为优化煤炭工业结构、建设大型煤炭基地、平衡国内煤炭市场供需关系和"走出去"开发国外煤炭、参与国际市场竞争的主体。煤炭企业要进一步完善法人治理结构,按照现代企业制度要求积极推进股份制改造,转换经营机制,提高管理水平。国家规划矿区、对国民经济具有重要价值矿区的资源开发由国有资本控股。鼓励发展煤炭、电力、铁路、港口等一体化经营的具有国际竞争力的大型企业集团。鼓励大型煤炭企业到境外投资办矿,带动煤炭机械产品出口和技术、劳务输出,提高我国煤炭工业的国际竞争力。

《国务院关于促进煤炭工业健康发展的若干意见》

[2005 年 6 月 7 日国发(2005)18 号]

(二)推进大型煤炭基地建设和煤炭企业整合

……

2. 建设大型煤炭基地。在大型煤炭基地内以建设大型煤矿为主,优先建设特大型露天煤矿和安全高效现代化矿井,严格控制小型煤矿建设。国家给予适当国债资金补助,重点支持大型煤炭企业兼并整合中小型煤矿。

3. 构建大型煤炭集团。制定切实可行的政策,鼓励煤炭企业联合重组,引导形成产能亿吨级和5000万吨级的大型骨干企业。鼓励有优势的煤炭企业实行煤电联营或煤电运一体化经营。

4. 促进小型煤矿整合。产煤地区要结合实际情况制订小型煤矿整合规划和控制目标,运用经济、法律和必要的行政手段,继续依法关闭布局不合理、不具备安全生产条件、破坏资源和环境的煤矿。

(三)建设大型煤炭基地

大型煤炭基地包括神东、陕北、黄陇(华亭)、晋北、晋中、晋东、鲁西、两淮、冀中、河南、云贵、蒙东(东北)、宁东13个大型煤炭基地。大型煤炭基地建设,一是坚持有序集中开发。依据批准的矿区总体规划和矿业权设置方案,实行矿业权市场化配置。坚持一个矿区原则上由一个主体开发,一个主体可以开发多个矿区的集中开发模式,合理安排勘察开发项目,控制建设节奏。二是推进制度创新。以大型基地建设为契机,培育大型煤炭企业集团,建立现代企业制度;以大型煤炭企业为主体建设大型煤炭基地。三是优化生产结构。优先建设大型现代化露天煤矿和现代化矿井,提高资源回收率,加快淘汰小型煤矿。四是促进产业融合。支持煤电、煤化、煤路等一体化建设,推进产业聚集和产业融合。五是发展循环经济和加强环境保护。按照循环经济的理念,综合开发利用煤炭及与煤共伴生资源。采取有力措施,做好资源开发与保护,加强生态环境保护、污染治理和地质灾害防治。

"十一五"期间,全国新开工大中型煤矿主要分布在大型煤炭基地内,重点建设10个千万吨级现代化露天煤矿和10个千万吨级安全高效矿井。2010年,大型煤炭基地产量达到22.4亿吨。

(四)培育大型煤炭企业集团

以市场运作为主,强化政府推动和政策引导,打破区域界限,发展跨区域企业集团;打破行业界限,发展煤、电、化、路、港为一体的跨行业企业集团;打破所有制界限,发展各类资本参与的混合所有制企业集团。把大型煤炭企业集团培育成为优化煤炭工业结构的主体、大型煤炭基地开发建设的主体、平衡国内市场供需关系的主体、参与国际市场竞争的主体,逐步形成若干个由国有资本控股、担负跨省区市煤炭供应的大型煤炭企业集团,提高国家对煤炭资源的控制力和对煤炭市场的调控力,保障煤炭供应安全,促进煤炭工业健康稳定协调发展。根据资源分布特点、企业发展现状、对国民经济的重要程度以及长远发展的要求,煤炭企业战略性重组的重点区域是晋陕蒙宁、华东、东北、西南等地区,要依托大型煤炭基地内外部优势条件,兼并联合区域内中小型煤矿,加快发展坑口电厂,大力发展煤炭深加工和综合利用产业,以神骅铁路、大秦铁路和拟规划建设的输煤铁路为纽带,加强与铁路沿线电厂联营,参与铁路、港口的建设和股份制改造,形成煤炭、电力、化工、铁路和港口运输等综合经营的大型企业集团。

(五)整合改造中小型煤矿

综合运用经济、法律和必要的行政手段,加快中小型煤矿的整合改造,实行集约化开发经营。鼓励大型煤炭企业兼并改造中小型煤矿。积极推进中小型煤矿技术改造,规模以上煤矿必须采用壁式开采工艺。继续整顿关闭布局不合理、不符合安全标准、浪费资源和不符合环保要求的小型煤矿,坚决取缔违法经营的小型煤矿。瓦斯、水、火等灾害严重的小型煤矿,重点予以整合,难以整合的限期退出。

《煤炭工业发展"十一五"规划》

(国家发改委 2007 年 1 月)

五　资源整合程序和矿业权管理

四、严格遵循煤炭资源整合程序

(一)县级(含,下同)以上地方人民政府确定纳入资源整合范围的矿井,并责令停止一切生产活动,暂扣采矿许可证,吊(注)销安全生产许可证、煤炭生产许可证和工商营业执照;供电部门限制供电,公安部门依法注销民用炸物品使用、储存许可证,并监督煤矿企业妥善处理剩余民用爆炸物品。

(二)县级以上人民政府制定资源整合方案,经省级人民政府批准后实施,对方案中明确直接关闭的矿井要立即实施关闭。

(三)拟设立的法人企业由工商行政管理部门对企业名称进行预核准。

(四)国土资源主管部门对整合后的资源依法划定矿区范围,对整合后的资源开发利用方案进行审查,并颁发(变更)采矿许可证。

(五)由整合矿井的法人主体委托有相应资质的设计单位进行矿井设计、安全设施设计,并按项目建设程序规定报批。经批准的设计中明确不予利用的井筒要立即封闭。矿井设计必须坚持高标准,采用先进技术、先进装备。

(六)矿井设计和安全设施设计经批准后,由整合矿井的法人主体委托有相应资质的施工单位按照批准的设计进行施工,并在规定的建设工期内完成施工。同时,委托有相应资质的监理单位进行施工监理。

(七)资源整合矿井建设项目完工后,由矿井法人主体向设计批准部门或机构提出竣工验收申请,有关部门或机构要在规定的时限内组织验收并审批。

(八)验收合格的矿井依法向有关证照颁发管理机关提出办证申请,取得各种证照后,方可投入生产。

《关于加强煤矿安全生产工作规范煤炭资源整合的若干意见》

[安监总煤矿(2006)48 号]

促进煤炭资源有偿使用和合理开发

(一)做好煤炭资源开发规划和矿业权管理。

加强煤田地质勘探,勘察程度具备规划条件的煤炭矿区,由山西省发展改革、煤炭行业、国土资源主管部门分别组织编制矿区总体规划、矿业权设置方案,在充分沟通和衔接的基础上,分别报国家发展改革委、国土资源部审批,并抄报财政部。勘察程度不具备规划条件的煤炭矿区,由国家出资勘查,具备规划条件后编制矿区总体规划、矿业权设置方案。依据矿区总体规划和矿业权设置方案,设置和出让探矿权、采矿权。本意见开始实施之日起,山西省境内不再设置由社会投资的普查程度以下的探矿权,已经取得的要限期提交普查报告,逾期不提交的不再受理探矿权延续登记申请。具体办法由山西省政府制定,报国土资源部备案。

(二)完善矿业权有偿取得制度。

现有煤矿无偿取得的矿业权要实行有偿取得。山西省要按照国家关于矿产资源矿业权出让转让、矿业权价款处置的有关规定,结合煤炭资源整合、中小型煤矿兼并重组和股份制改造,有序推进国有地方煤矿、非国有煤矿采矿权有偿取得制度的改革。

新设立煤炭资源矿业权,按照"统一规划、集中开发、一次置权、分期付款"的原则,以招标、拍卖、挂牌等市场竞争方式出让。其中,国有重点煤炭企业需要扩大矿区范围解决接续资源的,按国土资源部有关规定可以协议方式有偿取得探矿权和采矿权,出让价款比照同类条件下的市场价确定。国有重点煤炭企业现有井田周边由国家出资勘察形成的矿业权,同等条件下优先出让给该国有重点煤炭企业。鉴于煤炭矿业权市场化初期市场价格变化较大,为保障国家资源所有者权益,维护公平竞争,杜绝炒卖矿业权,对服务年限较长、一次性缴纳矿业权价款有困难的煤矿,可以按照国家有关规定分期确定和缴纳矿业权价款。

(三)合理分配和使用矿业权出让收益。

有偿出让煤炭资源矿业权收取的价款,由中央政府和山西省政府按2:8比例分成。矿业权价款中央留成部分按照国家有关规定使用;地方留成部分除了用于煤炭资源勘察、保护和管理支出外,主要用于解决由于煤炭开采造成的生态环境、国有企业办社会等历史遗留问题。具体办法由山西省政府提出,报财政部、国土资源部和国家发展改革委审定。对山西原国有地方煤矿、非国有煤矿已无偿取得矿业权的资源,其矿业权价款中央分成部分主要用于支持山西煤炭工业发展。具体办法由财政部、国土资源部商山西省政府确定。

《国务院关于同意在山西省开展煤炭工业可持续

发展政策措施试点意见的批复》

[2006年6月15日国函(2006)52号]

六　其他有关规定

(一)分离煤矿企业办社会职能。

加快分离国有煤炭企业(包括原国有重点煤矿)办社会职能,增强企业发展活力和市场竞争力。所需费用原则上由山西省政府负责筹集,主要通过地方分成的有偿处置原国有地方煤矿、非国有煤矿已无偿获得资源的矿业权价款来解决。要统筹规划,周密安排,确保矿区社会稳定。

(二)加快培育和发展大型煤炭企业集团。

结合大型煤炭基地建设,打破地域、行业和所有制界限,鼓励国内大型企业集团参与山西煤炭资源开发,加快培育和发展大同煤矿集团公司、山西焦煤集团公司,组建区域性的阳泉、潞安、晋城煤炭企业集团公司。鼓励大型煤炭集团公司采取收购、兼并、控股等多种形式整合地方煤矿特别是乡镇煤矿。在存量资源市场化过程中推进煤炭资源整合,引导和鼓励煤矿企业以"资源资产化管理、企业股份制改造、区域集团化重组"的方式,组建区域性、综合性煤炭企业集团。

(三)加快中小型煤矿股份制改造。

按照现代企业制度的要求,加快煤矿企业股份制改造。煤矿企业股份制改造过程中,要按照国家有关规定,对煤炭矿业权合理评估作价,防止资源资产流失。采取切实可行的措施,促使煤炭资源向优势企业集中,促进大型煤炭企业发展,带动中小型煤矿生产技术和管理水平的提高。乡镇煤矿股份制改造时,要充分兼顾乡(镇)、村的利益,调动基层的积极性,为煤矿企业发展创造良好的外部环境。

《国务院关于同意在山西省开展煤炭工业

可持续发展政策措施试点意见的批复》

[2006 年 6 月 15 日国函(2006)52 号]

加强煤炭资源开发管理和宏观调控。

由国土资源部会同国家发展改革委等部门进一步整顿和规范矿产资源开发秩序。国家发展改革委会同国土资源部等部门研究制订煤炭资源开发准入标准,促进煤矿企业改组、改制,鼓励大煤矿兼并、收购中小煤矿,走规模化、集约化经营道路,推进资源开发方式的转变,提高煤炭资源利用效率。

加强煤炭资源规划管理。国土资源部抓紧编制煤炭勘查规划和探矿权、采矿权设置方案,组织开展国家规划矿区煤炭资源普查和必要的详查。同时,加强对地方煤炭资源规划的协调指导。

国土资源部会同财政部、国家发展改革委等部门研究加强煤炭资源探矿权、采矿权一级市场管理的有关措施,探索建立国家煤炭等矿产地储备制度。同时,进一步规范煤炭资源等探矿权、采矿权交易市场,促进煤炭等矿业权有序流动和公开、公平、公正交易。

《国务院关于同意深化煤炭资源有偿使用制度改革试点实施方案的批复》

[2006 年 9 月 30 日国函(2006)102 号]

第四章　　产业组织

第十八条　　鼓励以现有大型煤炭企业为核心,打破地域、行业和所有制界限,以资源、资产为纽带,通过强强联合和兼并、重组中小型煤矿,发展大型煤炭企业集团。鼓励发展煤炭、电力、铁路、港口等一体化经营的具有国际竞争力的大型企业集团。鼓励大型煤炭企业参与冶金、化工、建材、交通运输企业联营。鼓励中小型煤矿整合资源、联合改造,实行集约化经营。

《煤炭产业政策》

[国家发展和改革委员会 2007 年 11 月 23 日颁布,(2007)80 号]

四、国家地质勘察基金(周转金)的煤炭勘察项目,优先安排国家规划矿区、大型煤炭基地矿区勘察。

五、根据矿产资源规划、煤炭工业发展规划、矿区总体规划和矿业权设置方案,逐步推进一个矿区由一个主体开发、引导和促进各类企业联合组建大型煤炭集团公司,并通过加大煤炭资源开发整合工作力度和加强矿业权管理等措施,调整设置不合理的矿业权,为大型煤炭企业集团发展创造条件。

六、国家提高从事煤炭资源勘察开采企业的资金、技术、安全和管理准入门槛,严格煤炭项目核准,矿业权申请人的资格审查,促进大型煤炭企业集团发展,淘汰和限制技术、管理落后、安全事故多发的煤炭企业。

七、国务院批准的重点煤炭资源开发项目和为国务院批准的重点建设项目提供配套煤炭资源的矿产地、已设采矿权需要整合或利用原有生产系统扩大勘察开采范围的毗邻其余、国家出资的为危机矿山寻找接替资源的找矿项目,以及经省级人民政府同意,报国土资源部批准的大型煤炭资源开发项目,可以协议方式,优先向大型煤炭企业有偿出让矿业权。

地方政府要加强国有煤炭企业分离办社会职能工作的组织实施和经费保障,加快推进国有煤炭企业分离办社会职能工作的步伐,减轻社会负担。

国家鼓励具备条件的大型煤炭企业上市,支持大型煤炭集团公司根据建设需要,发行企业债券。

《国家发展和改革委员会 财政部 国土资源部
国务院国有资产管理委员会 国家安全监督管理总局
关于印发煤炭企业组织结构调整意见的通知》

[发改能源(2007)2178 号]

主要参考文献

[1]亚当·斯密:《国富论》,陕西人民出版社,2001

[2]曼昆:《经济学原理》,生活·读书·新知三联书店,1998

[3]斯蒂格利茨:《经济学》,中国人民大学出版社,2000

[4]张伯伦:《垄断竞争原理》,上海三联书店,1968

[5]植草益:《产业组织论》,中国人民大学出版社,1988

[6]施蒂格勒:《产业组织和政府管制》上海三联书店,1989

[7]吴敬琏:《现代公司与企业改革》,天津人民出版社,1994

[8]厉以宁:《超越市场与超越政府》,经济科学出版社,1999

[9]洪银兴:《资本市场:结构调整和资产重组》,中国人民大学出版社,2002

[10]魏杰:《构建新的国有资产管理体制》,江苏人民出版社,1998

[11]中国煤炭工业协会:《中国煤炭经济研究:2001-2004》,煤炭工业出版社,2005

[12]邓力群:《当代中国的煤炭工业》,中国社会科学出版社,1988

[13]常修泽:《产权交易——理论与运作》,经济日报出版社,1995

[14]张维迎:《产权、政府与信誉》,生活·读书·新知三联书店,2001

[15]陈重:《公司重组与管理整合》,企业管理出版社,2001

[16]国家煤炭工业局:《煤炭工业"十五"计划和2015年规划》,2000

[17]周淑莲,郭克莎:《中国工业增展与结构变动研究》,经济管理出版社,2000

[18]杨德玉:《中国大型煤炭企业资源开发方略》,企业管理出版社,2006

[19]耿兆瑞:《当代美国煤炭工业》,煤炭工业出版社,1997

[20]纪成君:《中国煤炭产业经济研究》,经济管理出版社,2008

[21]黄盛初:《2004年世界煤炭发展报告》,煤炭工业出版社,2005

[22]马建堂:《结构与行为—中国产业组织研究》,中国人民大学出版社,1993

[23]中国能源战略研究课题组:《中国能源战略研究(2000—2050年》,中国电力出版社,1996

[24]毛林根:《结构、行为、效果》,上海人民出版社,1996

[25]吕薇:《产业重组与竞争》,中国发展出版社,2002

[26]《中国能源发展报告》编辑委员会:《中国能源发展报告(2001)》,中国计量出版社,2001

[27]李坤望,刘重力:《经济全球化:过程、趋势与对策》,经济科学出版社,2000

[28]杨宇光:《经济全球化中的跨国公司》,上海远东出版社,1999

[29]谢识予:《经济博弈论》,复旦大学出版社,1997

[30]芮明杰:《中国企业发展的战略选择》,复旦大学出版社,2000

[31]全球并购研究中心:《中国并购报告(2004)》,人民邮电出版社,2004

[32]张维迎:《企业理论与中国企业改革》,北京大学出版社,1999

[33]苏东水:《产业经济学》,高等教育出版社,2000

[34]彭致圭:《山西煤炭经济发展战略》,煤炭工业出版社,1999

[35]肖元真:《全球购并重组发展大趋势》,科技出版社,2000

[36]周大地:《中国能源问题研究》,中国环境出版社,2005

[37]张玉喜:《产业政策的金融支持:机制、体系与政策》,经济科技出版社,2007

[38]朱宝宪:《公司并购与重组》,清华大学出版社,2006

[39]岳福斌:《中国煤炭工业发展报告(2009)》,社会科学文献出版社,2009

[40]赵国浩:《中国煤炭工业与可持续发展》,中国物价出版社,2000

[41]吴宗鑫,陈文颖:《以煤为主多元化的清洁能源战略》,清华大学出版社,2001

[42]毛金明:《2005 年:山西经济金融运行分析与预测》,山西出版集团,山西经济出版社,2006

[43]毛金明:《2006 年:山西经济金融运行分析与预测》,山西出版集团,山西经济出版社,2007

[44]毛金明:《2007 年:山西经济金融运行分析与预测》,山西出版集团,山西经济出版社,2008

[45]毛金明:《2008 年:山西经济金融运行分析与预测》,山西出版集团,山西经济出版社,2009

[46]《中国统计年鉴》历年

[47]《中国金融年鉴》历年

[48]《山西统计年鉴》历年

[49]《晋煤产运销信息》,2008-2009 年

[50]《中华人民共和国宪法》,2004

[51]《中华人民共和国物权法》,2007

[52]《中华人民共和国矿产资源法》(修正版),1986

[53]《中华人民共和国矿产资源法实施细则》,1994

[54]《山西省人民政府关于进一步加快推进煤矿企业兼并重组整合有关问题的通知》,(晋政发[2009]10 号)

[55]《山西省煤炭产业调整和振兴规划》,(晋政发[2009]18 号)

[56]《关于加快兼并重组整合煤矿改造建设工作的安排意见》,(晋煤办基发[2009]83 号)

[57]安洋,刘鑫焱:"怎样看待山西煤炭重组?",《人民日报》,2009.11.15

[58]王松才:"山西煤炭业国进民退是否有利于市场化改革",《中国经济时报》,2009.08.13

[59]高永钰:"山西煤炭重组快马加鞭:补偿标准成难题",《第一财经日报》,2009.08.31

[60]王炤坤:"用最小代价和震荡打造'大煤炭经济'",《经济参考报》,2009.08.31

[61]潘红缨:"主要产美国在经济全球化进程中的经验与教训",《中国煤炭》,2000,(11)

[62]郭军:"中国煤炭市场结构取向",《管理世界》,2000,(4)

[63]郭军:"兖矿集团与德国鲁尔集团的比较分析",《管理世界》,2001,(6)

[64]仵自连:"产业重组是煤炭企业持续健康发展的必由之路",《北京工商大学学报(社会科学版)》,2006,(9)

[65]沙景华,佘延双:"关于发展我国矿业私募股权融资的建议",《中国国土资源经济》,2008,(7)

[66]沙景华,佘延双:"矿业融资的国际比较与分析",《中国矿业》,2008,(1)

[67]干飞,丁峰:"关于矿业资本市场的若干思考",《中国地质矿产经济》,2003,(5)

[68]贾丰:"矿业资本市场浅析",《中国矿业》,2003 年,第 4 期

[69]邹永生:"矿业资本市场与矿业融资",《中国地质矿产经济》,2003,(5)

[70]杨耀银,杨帆:"煤炭行业资金融通初探",《煤炭经济研究》,2001,(2)

[71]郝贵　杨兴平　张胜利："实施战略重组是我国煤炭企业的历史抉择"，《宏观经济管理》，2001，(11)

[72]于立宏，郁义鸿："美国煤电产业链纵向关系实证研究综述"，《煤炭经济研究》，2006，(4)

[73]孙兆学："从国际矿业发展趋势谈中国矿业发展对策"，《黄金》，2008，(1)

[74]黄盛初："国外大煤炭公司经营战略及开采技术发展趋势"，《中国煤炭》，2002，(11)

[75]潘克西："国际能源战略与煤炭产业组织"，《上海经济研究》，2003，(2)

[76]潘克西　濮津　向涛："中国煤炭市场集中度研究——中美煤炭市场集中度比较分析"，《管理世界》，2002，(12)

[77]蓝晓梅："世界大型矿业公司可持续发展及对我国煤炭企业的启示"，《煤炭经济研究》，2004，(10)

[78]毛艳丽　陈妍　郭艳玲："世界煤炭资源现状及钢铁公司的煤炭安全策略"，《冶金管理》，2009，(3)

[79]上海联合产权交易所、北京产权交易所、天津产权交易中心：《2008年中国产权交易市场年鉴》，上海社会科学院出版社，2008

[80]赵海龙、马伊安："关于国有煤炭企业资产重组战略选择风险防范的研究"，《中国总会计师》，2009，(1)

[81]赵世勇、陈其广："产权改革模式与企业技术效率"，《经济研究》，2007，(11)

[82]陆挺、刘小玄："企业改革模式和改制绩效——基于企业数据调查的经验分析"，《经济研究》，2005，(6)。

[83]刘小玄："企业边界的重新确定：分立式产权重组——大中型国有企业的一种改制模式"，《经济研究》，2001，(4)

[84]唐宗琨："不完全资本市场的功能残缺"，《改革》，1997，(5)

[85]刘勇："企业并购中政府行为的目标选择与寻租分析"，《经济评论》，2004，(2)

[86]徐波："资产重组中的政府行为分析：原因，问题和目标"，《金融研究》，2000，(4)

[87]张宇驰："政府行为与产业重组——基于山西煤炭业整合的分析"，《理论界》，2010，(2)

[88]王炜栋："我国并购融资的创新路径"，《经济导刊》，2004，(5)

[89]沙景华，佘延双："矿业融资的国际比较与分析"，《中国矿业》，2008，（1）

[90]《BP 世界能源统计 2008》，www.bp.com/statisticalreview.

[91]Energy Information Administration，"Energy Policy Act Transportation Study:Interim Report on National Gas Flows and Rates"，www.eia.gov.

[92]Energy Information Administration，"Performance Issues for a Changing Electric Power Industry，January 1995，www.eia.gov.

[93]Energy Information Administration，"Electrity Price in a Competitive Environment"，August 1997，www.eia.gov.

[94]Energy Information Administration，"The Changing Structure of the Electric Power Industry 1999:Mergers and Other Corporate Combinations"，www.eia.gov.

[95]National Energy Policy: Report of the National Energy Policy Development Group，2001.5，http://www.whitehouse.gov/energy/.

[96]Richard Bonskowski，The U.S. Coal Industry in the1990s: Low Prices And Record Production，http://www.eia.doe.gov/.

[97]Margaret Jess，"Restructuring Energy Industries: Lessons from Natural Gas"，EIA.